普通高等教育"十三五"规划教材

TRIZ创新思维与方法 理论及应用

TRIZ Innovative Thinking and Methods

李梅芳 赵永翔 编著

机械工业出版社

CHINA MACHINE PRESS

图书在版编目（CIP）数据

TRIZ 创新思维与方法：理论及应用 / 李梅芳，赵永翔编著 . —北京：机械工业出版社，2016.9（2025.6 重印）
（普通高等教育"十三五"规划教材）

ISBN 978-7-111-54923-9

Ⅰ. T… Ⅱ. ①李… ②赵… Ⅲ. 创造学 – 高等学校 – 教材 Ⅳ. G305

中国版本图书馆 CIP 数据核字（2016）第 224673 号

　　本书从创新思维、TRIZ 理论、传统创新方法的简要介绍入手，系统论述了 TRIZ 创新思维方法、技术系统进化法则、40 条发明原理及应用、技术矛盾及其求解、物理矛盾及其求解、物 – 场模型、76 种标准解法、TRIZ 方法之间的关系与适用范围总结、计算机辅助创新（CAI），构成了完整的 TRIZ 知识体系。全书穿插了大量实例，有助于读者理解 TRIZ 创新思维与方法。本书问题导向型的编著思路有助于读者掌握发明问题解决理论，并着手理论指导创新实践。

　　本书可作为大学本科生、研究生的教材，也可作为企业研发人员、管理人员、MBA 学生的参考书。

出版发行：机械工业出版社（北京市西城区百万庄大街 22 号　邮政编码：100037）
责任编辑：冯语嫣　　宋　燕　　　　　　　　责任校对：殷　虹
印　　刷：北京建宏印刷有限公司　　　　　　版　　次：2025 年 6 月第 1 版第 19 次印刷
开　　本：185mm×260mm　1/16　　　　　　印　　张：17　　插　页：1
书　　号：ISBN 978-7-111-54923-9　　　　　定　　价：45.00 元

客服电话：（010）88361066　68326294

前　言

　　"自主创新，方法先行"。创新方法是科学思维、科学方法和科学工具的总称，是自主创新的根本之源。由苏联发明家阿奇舒勒于1946年创立的"发明问题解决理论"（TRIZ），一直被作为苏联的国家机密加以保护，直至苏联解体后才被系统地传入西方国家，被西方发达国家视为法宝，之后逐渐为世界所知晓。

　　从长远来看，建设创新型国家，创新方法的推广应该从教育抓起，因此各级教育部门也开始探索适合各教育阶段的创新方法的课程设置及相关书籍与教材。

　　就创新教育而言，国外一直比较注重TRIZ理论的研究、教育和实践工作。苏联把注重国民创新能力的开发载入苏联宪法中，并在大学中开设"科学研究原理""技术创造原理"等相关创新课程，以提高学生的创新思维能力。从20世纪60年代末开始，苏联创办了各种形式的发明创造学校，成立了全国性和地方性的发明家组织，在这些组织和学校里，可以试验解决发明课题的新技巧，并使它更加有效。在美国的大学中，大多数院校都开设了TRIZ方面的课程，如麻省理工学院、康涅狄格大学、宾夕法尼亚州立大学等。在北欧和西欧，大多数院校都已经开展了学生创新能力的培养，许多院校都设有TRIZ课程。在日本和韩国，创新教育也非常普及，不少高校都开设了TRIZ课程。在这些国家，TRIZ理论不仅在大学里受到重视，即使是中学、小学也都安排了TRIZ理论的学习，甚至在幼儿园，就已经用挂图和漫画形式开始对学龄前儿童进行创新思维教育。关于TRIZ的教材也十分丰富，从漫画、通俗读物、科普读物，一直到学术研究著作的各类书籍几乎应有尽有。大多数学习过TRIZ理论的学生的收获在于将创新基因植入头脑，掌握了用系统的角度分析问题，以最终理想解的目标去解决问题的路径，而这将使学生在今后的学习、工作与生活中受益。

我国的创新方法推广及创新教育工作起步相对较晚，2007年由科技部、发改委、教育部和中国科协四部委联合发布《关于加强创新方法工作的若干意见》，发起并推动了一系列创新方法推广应用工作，先后确定黑龙江、四川、江苏等12个省市作为创新方法试点省市。国家"十二五"科技发展规划明确提出，要"加强科学思维、科学方法和科学工具研究，强化创新方法的应用推广"。近几年来，我国各创新方法试点省市正如火如荼地开展着以TRIZ理论为主的创新方法推广应用探索，推广的重点主要放在企业。随着社会对创新教育的日益重视以及我国创新方法工作的逐步深入，在我国高校中，已有清华大学、天津大学等50余所高校开设了与TRIZ相关的创新课程，课程开设情况主要有以下五种类型：一是将TRIZ理论作为机械创新设计课程中的一章来讲授；二是作为创新创业课程中的一章来讲授；三是作为公选课或限选课独立设课；四是以讲座或短期培训性质普及TRIZ理论；五是以学生社团的形式开展TRIZ理论的普及与应用。

本书作者自2008年攻读博士学位之初开始系统地接触TRIZ创新方法，前期以研究为主，作为主要成员全程参与了国家科技部专项课题"创新方法在创新型企业中的应用与推广"，湖北省科技厅攻关计划资助项目"基于TRIZ创新方法在湖北高新技术企业的应用研究"；在创新方法应用推广研究过程中，参加了"国家高新区技术创新方法推广培训班""湖北省技术创新方法培训班"与"首届湖北省创新方法骨干师资培训班"，系统地学习和掌握了TRIZ理论与创新方法，并获得了大量TRIZ创新方法在企业中推广与应用的经验、教训，积累了丰富的TRIZ应用实践案例。自2011年入职高校教学科研工作起，本书作者开始探索并开设"TRIZ发明创新思维与方法"全校性公共选修课程，之后承担了福州大学本科高等教育教学改革工程（课程建设项目），"基于创新能力培养的'TRIZ发明创新思维与方法'课程教学内容和教学方法的研究与实践"，该课程后来入选福州大学首批通识教育选修核心课程。为了更好地配合该课程教学工作，我们开发了具有自主知识产权的创新方法平台软件"TriInventor计算机辅助创新软件平台V1.0"（证书号：软著登字第0565131号），该软件平台集成了目前国际流行的TRIZ创新方法的几个主要模块，如技术矛盾与物理矛盾、发明原理与分离方法等，并有大量实际创新难题解决案例，作为本课程教学的辅助工具。

在教学过程中，我们发现，虽然发达国家开展了大量的创新方法课程教学，我国有一些高校也在探索开设创新方法课程，但目前与创新方法相关的书籍大多是面向社会读者的，非常缺乏为高校学生这类群体量身定制的创新思维与方法教材，这也激发并推动了我们开始着手编写本书。本书的编写得到了福州大学通识教育选修核心课程建设与教材建设重点立项的资助。本书的特色与创新主要体现在：①在编写风格上尽量考虑大学生读者的特点与要求；②安排大量的经典案例，特别是各类专业的学生都能很好理解的案例；③注重对使用者解决问题思维及能力的训练。

　　在本书的编写过程中，研究生李婷、黄凯、王亚娜、王彦彪、王晓强帮助收集、整理了大量的案例与资料。全书由李梅芳、赵永翔共同负责组织并编写。其中，李梅芳编写了第 1 ～ 5 章，并负责全书的统稿与修改；赵永翔编写了第 6 ～ 8 章，并负责全书的校对工作。

　　本书在编写过程中参阅了大量文献与研究资料，书后列出了主要参考文献。武汉理工大学管理学院博士生导师刘国新教授、福州大学经济与管理学院博士生导师唐振鹏教授对本书的编写提纲和书稿进行了审阅，并提出了许多宝贵意见，机械工业出版社的编辑们对本书的出版给予了大力支持与帮助。在此对他们表示衷心的感谢。

　　受作者水平与时间所限，书中缺陷在所难免，殷切期望能够得到读者与同行专家学者的批评和赐教，以便进一步修订和完善。

李梅芳　赵永翔

2016 年 4 月

教学建议

本课程是一门理论指导实践、方法性比较强的课程，主要讲述发明问题解决理论（TRIZ）的创新法则、原理与方法，重点阐释 TRIZ 各工具所包含的主要思想及其应用。该课程的设置旨在培养学生的发明创造与技术创新的思维与能力。通过该课程的学习，在校大学生可以了解创新方法，传播创新方法，突破惯性思维，树立创新有法可依的意识。通过对发明问题解决理论（TRIZ）的学习与实践，大学生可以逐渐培养创新思维，提升自身的发明创新素质。

教学方式方法及手段建议

本课程要求学生能运用 TRIZ 理论及其所蕴含的发明创新思维与方法解决产品研发、工艺设计甚至管理创新等过程中的实际问题，为学生今后的发明创新与产品研发实践提供思维与方法指导。建议在教学过程中，"教学重点在启迪思维，讲解方法和知识的要点，着重培养学生发现问题、分析问题和解决问题的能力""教学环节注重课堂讲授、课外阅读和练习、课堂讨论相结合，对学生提出必要的课外阅读量和练习量的要求，通过课堂讨论、撰写读书报告、解决实践中的创新难题等办法，检测学生学习的质与量""教学方法上综合运用课堂模拟、项目参与、角色扮演等形式多样的教学方法，使学生成为学习的主体"。同时，建议要求学生在加入本课程的学习前，自行组合若干个由 3～5 人组成的创新小组，每个小组提前准备好拟解决的技术创新难题（1～2 个），并在课程学习过程中运用所学的创新方法工具予以解决，在课程末期组织由企业技术研发人员与高校教师共同组成的专家队伍，参加各创新小组的难题答辩会，答辩成绩与该课程结业成绩的 60%。

学时分配建议（供参考）

序号	章节	教学内容	学习重点	学时安排
1	第1章	概述	创新思维的概念	2
			TRIZ 创新方法概述	
			常用的传统创新方法概述	
2	第2章	TRIZ 创新思维方法	九屏幕法	6
			STC 算子法	
			金鱼法	
			小人法	
			最终理想解法（IFR）	
			资源分析法	
			因果分析法	
3	第3章	技术系统进化法则	技术系统的概念	3
			技术系统进化法则	
			技术系统进化法则的应用	
4	第4章	40 条发明原理及应用	发明原理的主要内容	3
			应用案例	
			使用技巧	
5	第5章	技术矛盾及其求解	技术矛盾概述	3
			39 个通用工程参数	
			解决技术矛盾的矛盾矩阵方法	
6	第6章	物理矛盾及其求解	物理矛盾概述	3
			分离原理	
			运用分离原理解决物理矛盾	
7	第7章	物－场模型	物－场模型概述	5
			物－场分析的表示方法	
			物－场模型的类型	
			物－场分析的一般解法	
			一般解法的分析步骤及应用	
8	第8章	76 种标准解法	标准解法概述	3
			标准解法的构成及应用	
			标准解法与发明原理的关系	
9		上机实践	计算机辅助创新（CAI）的运用	4
10	合计			32

本书中 39 个通用工程参数所构建的矛盾矩阵表，参见本书附表。创造者只要明确定义问题的工程参数，就可以从矛盾矩阵表中找到对应的、可用于问题解决的发明原理。

目 录

第1章

概　　述

▌本章学习目标

1. 了解创新思维的基本概念、TRIZ 的形成与发展；

2. 熟悉 TRIZ 理论的主要内容；

3. 理解头脑风暴法、试错法、形态分析法、设问法等常用创新方法及其与 TRIZ 创新方法的关系。

1.1 创新思维

1.1.1 创新思维的内涵

思维是人脑对客观现实的概括和间接的反映，它反映的是事物的本质和事物间规律性的联系。创新思维是人类思维活动之一，是人类一切创新活动的基础。创新的核心在于创新思维。创新思维是指人们在认知世界的过程中，以及创造具有独创性成果的过程中，表现出来的特殊的认识事物的方式，是人们运用已有知识和经验增长开拓新领域的思维能力，即在人们的思维领域中追求最佳、最新知识独创的思维。正如爱因斯坦所说："创新思维是一种新颖而有价值的、非传统的，具有高度机动性和坚持性，而且能清楚地勾画和解决问题的思维能力。"创新思维不是天生就有的，它是通过人们的学习和实践不断培养和发展起来的。

创新思维是为解决实践问题而进行的，是具有社会价值的、新颖而独特的思维活动，也可以说，创新思维是以新颖独特的方式对已有信息进行加工、改造、重组，从而获得有效创意的思维活动和方法。因此，创新思维的客观依据是事物属性的多样性、联系的复杂性和事物变化的多种可能性，我们有无穷多的视角、无穷多的组合，以及无穷多的方法。

1.1.2　创新思维的特征

要更好地开发创新思维，应当首先对创新思维的主要特征和本质特征有一个明确的认识和准确的把握。创新思维的特征有以下几点。

1. 开拓性和独创性

创新思维在思路的探索上、思维方法上或思维的结论上，具有前无古人的独到之处，能从完美无缺或司空见惯的事物中提出怀疑，做出新的发现，实现新的突破，具有在一定范围内的首创性和开拓性。创新思维不同于常规思维，其探索的方向是客观世界中尚未认识的事物的规律，所要解决的是实践中不断出现的新情况和新问题，从而为人们的实践活动开辟新领域、新天地。

2. 灵活性和发散性

创新思维活动是一种开放的、灵活多变的思维活动，它的发生伴随想象、直觉、灵感等非常规的思维活动，因而具有极大的灵活性、随机性，不能完全用逻辑来推理。创新思维不局限于某种固定的思维模式、程序和方法，表现为可以灵活地从一个思路转向另一个思路，从一个意境进入另一个意境，多方位地探索解决问题的办法，因而具有多方向发散性和立体性的特征。

3. 探索性和风险性

创新思维的显著特点是在发展上求创新、求突破，是一种探索未知的活动。它是在探索中发现和解决问题的，没有成功的经验可以借鉴，没有现成的方法可以套用。因此，创新思维的过程是极其艰苦的探索过程，其结果也不能保证每次都取得成功，有时可能毫无成效，甚至可能得出错误的结论。这就是它本身所具有的风险性。但是，无论它取得什么样的结果，在认识论和方法论的范畴内都具有重要的意义。即使是它不成功的结果，也向人们提供了以后少走弯路的经验教训。

4. 开放性和伸展性

创新思维的空间，拥有面向现代化、面向世界、面向未来的思维聚集点，充满着与世界对接的宽阔领域，充分展示着广阔性、开放性，不自我封闭，不固定模式，不简单定论。在思维的时空上，可以通过扩大比较的参照系，来从多项比较中寻求最佳突破口。在判断是非的标准上，不唯书，不唯上，也不是凭借经验，而是从没有确定的目标中寻求新的标准，创造有生命力的新事物。

5. 综合性和概括性

没有综合，就没有创新。创新思维的综合性，就是善于选取前人智慧宝库中的精华，经过巧妙结合，形成新的富有创造性的成果。创新思维的概括性，就是把获取的大量概念、信息、事实、资料综合在一起，进行科学的概括整理，形成能够准确反映客观真理的概念系统。当然也要具有对客观事物的辩证分析能力，通过细微的观察后，进行深入分析，准确把握最能反映其本质属性的个性特点，从中概括出事物发展的规律。

6. 突发性和突变性

创新思维的进程不是连续的，而是间断的。其思维进程往往在某个特定的时间中断，而在某一不确定的时刻，所需要的思维结果又突然降临，从而表现为一种突发性。这种突发性思维成果的出现并不是偶然的，而是在长期量变的基础上所实现的质的飞跃。这种创新思维的突变性一般的表现形式是人们通常所说的直觉与灵感的顿悟。

1.1.3　创新思维的发展过程

研究表明，创新思维的进展具有明确的规律性，通常分为准备、酝酿、顿悟和验证四个阶段。

1. 准备阶段

创新的冲动来源于对现实的不满足，对已有结论的怀疑。发现问题是创新思维准备阶段的关键，也是所有创新活动的起点。在发现问题后，创造者应从各个方面充分地收集资料和信息，包括从他人的经验和教训之中，也包括从旧的问题和关系中发现新的信息。

2. 酝酿阶段

酝酿阶段是一个漫长的阶段，创造者根据自己提出的问题以及所收集的材料进行思考，做出各种可能的假想方案。在这一阶段，潜意识和显意识交替，发散思维和收敛思维同时作用，抽象和形象、归纳和概括、推理和判断等各种思维方式被能动地使用。在这一阶段，创造者可能从开始时的亢奋转向平稳，也可能会转向其他问题，但在他的大脑里问题和思绪仍在，这种看似平常的状态孕育着突破性的进展。

3. 顿悟阶段

在顿悟阶段，在各种创新方法的指引下，在获得突破性和新颖性结果的潜意识的驱使下，灵感突然降临，新意识、新观念、新思想和新发明由此产生。

4. 验证阶段

所有的新意识、新观念、新思想和新发明都必须得到科学的验证。在这一阶段，通常采用的是逻辑方法，通过观察、试验、分析等多种方法证明新结果的可重复性、合理性、严谨性、严密性和可行性。如果验证是否定的，创新又将回到酝酿阶段。

创新思维进展规律性的揭示可以给人们以下几点启示：①在问题确定后，信息的积累是创新得以实现的第一要素；②问题的解决可能是一个漫长的过程，失败是正常的，而快速的成功反而可能是不正常的；③只要经过内心充分的酝酿和殚精竭虑的思考，创新就会成为创造者的潜意识活动，顿悟虽不知何时到来，却极有可能在意料之外的时刻到来。

1.2　TRIZ 创新方法概述

TRIZ 是原俄文（Теории решения изобретательских задач）转换成拉丁文（Teoriya

Resheniya Izobreatatelskikn Zadatch）的首字母缩写，其英文全称是 Theory of the Solution of Inventive Problems，英文缩写为 TSIP，译成中文为"发明问题解决理论"。1946 年，以苏联海军专利部阿奇舒勒（G. S. Altshuler）为首的专家开始对数以百万计的专利文献加以研究，进行收集整理、归纳提炼，发现技术系统的开发创新是有规律可循的，并在此基础上建立了一套系统化的、实用的解决创造发明问题的方法。

TRIZ 有两个基本含义：表面上强调解决实际问题，特别是解决发明问题；本质上是由解决发明问题而最终实现（技术和管理）创新，因为解决问题就是要实现发明的实用化，这符合创新的基本内涵。

利用 TRIZ 理论，设计者能够系统地分析问题，快速找到问题的本质或者冲突，打破思维定式，拓宽思路，准确地发现产品设计中需要解决的问题，以新的视角分析问题。根据技术进化规律预测未来发展趋势，找到具有创新性的解决方案，从而缩短发明的周期，提高发明的成功率，使发明问题具有可预见性。因此，TRIZ 可以加快人们发明创造的进程，而且能得到高质量的创新产品，是实现创新设计和概念设计的最有效方法。

目前，TRIZ 被认为是可以帮助人们挖掘和开发自身的创造潜能，系统地阐述发明创造和实现技术创新的新理论，被欧美等国的专家认为是"超级发明术"。一些创造学专家甚至认为阿奇舒勒所创建的 TRIZ 理论，是发明了发明与创新的方法，是 20 世纪最伟大的发明。

1.2.1 TRIZ 的起源

在苏联正式解体之前，TRIZ 理论一直是苏联的国家机密，在军事、工业、航空航天等领域均发挥了巨大作用，成为创新的"点金术"，让西方发达国家一直望尘莫及。随着苏联的解体，大批 TRIZ 专家移居欧美等发达地区，将 TRIZ 理论传播到美国、欧洲、日本、韩国等地，TRIZ 才被世人所知。

1926 年 10 月 15 日，TRIZ 之父阿奇舒勒出生于苏联的塔什干市⊖，于 1931 年举家迁往阿塞拜疆的巴库市。他自幼喜欢发明创造，14 岁时就获得了首张专利证书，专利作品是水下呼吸器，即用过氧化氢分解氧气的水下呼吸装置成功地解决了水下呼吸的难题。在 15 岁时，他制造了装有使用碳化物做燃料的喷气式发动机的船；在 17 岁时，他就获得了人生中的第一张发明证书。

从 1946 年开始，阿奇舒勒开始了发明问题解决理论的研究工作，对不同工程领域中的大量发明专利进行研究、整理、归纳、提炼，发现技术系统创新是有规律的，并在此基础上建立了一套体系化的、实用化的解决发明问题的方法。为了验证这些理论，他相继做了许多发明，例如获得苏联发明竞赛一等奖的排雷装置、船上的火箭引擎、无法移动潜水艇的逃生方法等，其中多项发明被列为军事机密，阿奇舒勒也因此被安排到海军专利局工作。

⊖ 现位于乌兹别克斯坦。

1948 年 12 月，阿奇舒勒写了一封信给斯大林，指出当时的苏联缺乏创新精神，发明创造处于无知和混乱的状态。结果这封信给他带来了灾难，他被判刑 25 年，并被押解到西伯利亚。在斯大林去世一年半后，阿奇舒勒获释。1961 年，阿奇舒勒撰写的第一本有关 TRIZ 理论的著作《怎样学会发明创造》出版了。阿奇舒勒经过研究发现，有 15 000 对技术矛盾可以通过运用基本原理从而相对容易地解决。在以后的时间里，阿奇舒勒将其全部精力致力于 TRIZ 理论的研究和完善，他于 1970 年亲手创办的一所 TRIZ 理论研究和推广学校，后来培养了很多 TRIZ 应用方面的专家。在阿奇舒勒的领导下，由苏联的研究机构、大学和企业组成的 TRIZ 研究团体，分析了世界上近 250 万份高水平的发明专利，总结出各种技术进化所遵循的规律和模式，以及解决各种技术冲突和物理冲突的创新原理和法则，建立了一个由解决技术难题，实现创新开发的各种方法、算法组成的综合理论体系，并综合多学科领域的原理和法则，形成了 TRIZ 理论体系。

从 1985 年开始，早期的 TRIZ 专家中的一部分移居到欧美等地，从而促进了 TRIZ 在全世界范围内的传播。1989 年，阿奇舒勒集合了当时世界上数十位 TRIZ 专家，在彼得罗扎沃茨克建立了国际 TRIZ 协会，阿奇舒勒担任首届主席。国际 TRIZ 协会从建立至今一直是 TRIZ 理论最权威的学术研究机构，目前它在全球 10 多个国家和地区拥有 30 余个成员组织，共拥有数千名 TRIZ 专家。

1.2.2 TRIZ 的主要内容

TRIZ 包含着许多系统、科学且富有可操作性的创造性思维方法和发明问题的分析方法。TRIZ 几乎可以被用于产品的整个生命周期，包括从项目的确定到产品性能的改善，直至产品进入衰退期后新的替代产品的确定。TRIZ 的基本内容主要包括：

1. 技术系统进化法则

阿奇舒勒的技术系统进化论可以与自然科学中的达尔文生物进化论和斯宾塞的社会达尔文主义齐肩，被称为"三大进化论"。产品进化理论主要研究产品在不同阶段的特点和可能的进化方向，以便于确定对策，给出产品的可能改进方式。技术系统进化法则分别是提高理想度法则、完备性法则、能量传递法则、协调性法则、子系统的不均衡进化法则、向超系统进化法则、向微观级进化法则、动态性和可控性进化法则。它们可以应用于产生市场需求、定性技术预测、产生新技术、专利布局和选择企业战略制定的时机等，也可以用来解决难题，预测技术系统，产生并加强创造性问题的解决工具。

2. 最终理想解

最终理想解是 TRIZ 保证解法过程收敛性的重要手段，通过在解题之初就分析并确定最终理想解，使得 TRIZ 在解题的任一阶段都是目标明确的。在解决问题之初，首先抛开各种客观限制条件，通过理想化来定义问题的最终理想解，以明确理想解所在的方向和位置，保证在问题解决过程中沿着此目标前进并获得最终理想解，从而避免了传统创新设计方法中缺乏目标的弊端，提升了创新设计的效率。

3. 40 条发明原理

阿奇舒勒对大量的专利进行了研究、分析和总结，提炼出了 TRIZ 中最重要的、具有普遍用途的 40 条发明原理。它的作用主要是解决系统中存在的技术矛盾，为一般发明问题的解决提供了强有力的工具。

4. 矛盾矩阵表

TRIZ 在对众多的发明问题进行分析的基础上，给出了 39 个标准参数，并根据这 39 个标准参数构造了矛盾矩阵表。创造者只要明确定义问题的工程参数，就可以从矛盾矩阵表中找到对应的、可用于问题解决的发明原理。矛盾矩阵表仍在不断地完善之中，到目前为止仍有许多矛盾单元的解法存在空位，需要补充解法，而已经存在某些解决方法的单元也需要进一步地充实。

5. 物理矛盾和四大分离原理

当一个技术系统的工程参数具有相反的需求，就出现了物理矛盾。比如说，要求系统的某个参数既要出现又不存在，或既要高又要低，或既要大又要小等。相对于技术矛盾，物理矛盾是一种更尖锐的矛盾，创新中需要加以解决。物理矛盾所存在的子系统就是系统的关键子系统，系统或关键子系统应该具有为满足某个需求的参数特性，但另一个需求要求系统或关键子系统又不能具有这样的参数特性。分离原理是阿奇舒勒针对物理矛盾的解决而提出的，分离方法共有 11 种，归纳概括为四大分离原理，分别是空间分离、时间分离、条件分离和整体与部分的分离。

6. 物 - 场模型分析

阿奇舒勒认为每一个技术系统都可由许多功能不同的子系统组成，因而每一个系统都有它的子系统，而每个子系统都可以再进一步地细分，直到分子、原子、质子与电子等微观层次。无论是大系统、子系统还是微观层次都具有功能，所有的功能都可分解为两种物质和一种场（即二元素组成）。物 - 场分析是 TRIZ 重要的分析工具，它通过研究系统构成的完整性，构成系统各要素之间作用的有效性，以帮助创造者更好地了解系统并获得解决问题的方向。

7. 发明问题的标准解法

标准解法是阿奇舒勒于 1985 年创立的，共有 76 种，主要用于条件和约束确定后的发明问题的解决，是主要针对物 - 场模型分析的。如果问题所需要的解可以在 76 种解中获得，问题的解决会变得十分便捷。标准解法也是解决非标准问题的基础，非标准问题主要应用 ARIZ 进行解决，而 ARIZ 的主要思路是将非标准问题通过各种方法进行变化，转化为标准问题，然后应用标准解法来获得解决方案。

8. 发明问题解决算法

ARIZ（Algorithm for Inventive Problem Solving）称为发明问题解决算法，是 TRIZ 的一种主要工具，是解决发明问题的完整算法，该算法主要针对问题情境复杂、矛盾及其相关部件不明确的技术系统，是一套以客观技术系统进化模式为基础的完整的问题解决综合程序。它通过对初始问题进行一系列变形及再定义等非计算性的逻辑过程，实现对问题的逐步深入分析和转化，最终达到解决问题的目的。

9. 科学效应知识库

TRIZ 中的科学效应知识库提供了大量的科学效应，利用这些效应，可以很好地选择并构建对象作用所需的场，同时确定相互作用的对象双方。TRIZ 是基于知识的方法，而科学效应知识库则是知识的重要组成部分。

TRIZ 理论的核心思想主要体现在三个方面：首先，无论是一个简单的产品还是复杂的技术系统，其核心技术都是遵循着客观的规律发展演变的，即具有客观的进化规律和模式。其次，各种技术难题、矛盾和矛盾的不断解决是推动这种进化过程的动力。最后，技术系统发展的理想状态是用尽量少的资源实现尽量多的功能。图 1-1 列出了 TRIZ 的基本理论体系。

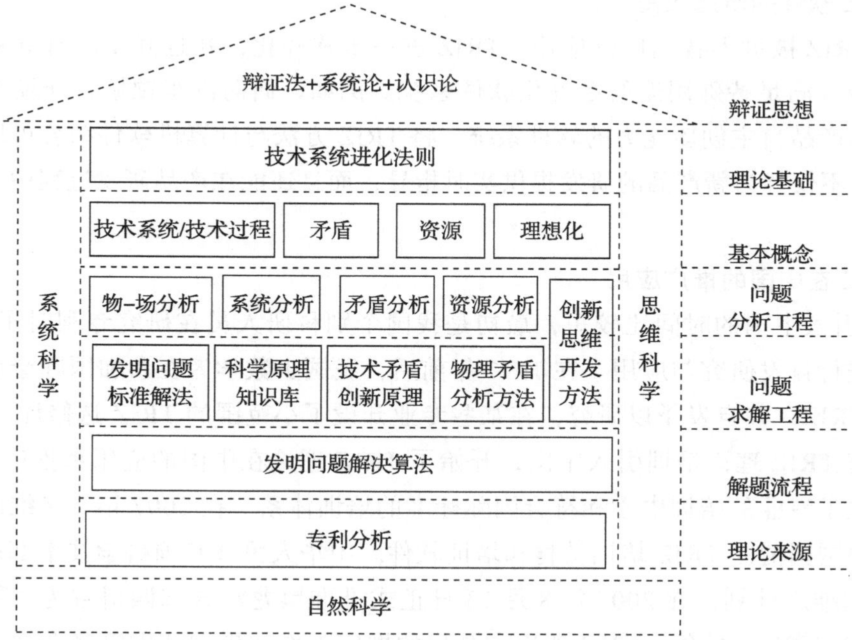

图 1-1　TRIZ 的基本理论体系

1.2.3　TRIZ 发展的动态与趋势

经过多年来的发展，TRIZ 已经被世界各国所接受，它为创新活动的普及和促进提供了良好的工具和平台。从目前的发展现状来看，TRIZ 今后的发展趋势主要集中在 TRIZ 自身的完善和进一步的拓新研究。

1. TRIZ 自身的完善

从 TRIZ 的发展历史来看，TRIZ 已经是一个欠发展的且应用了 50 多年的旧系统，虽然对西方国家而言比较新，但它已处在 S 曲线的"成熟期"位置，应该有一个新的突破性的方法来取代 TRIZ 方法的全部或部分内容。TRIZ 是在苏联计划经济体制的社会环境下形成的，计划经济下科技、企业间很难存在竞争，但随着经济的全球化和新经济的崛起，科技、企业不得不面临更为残酷激烈的竞争。传统 TRIZ 对于那些急于学习创新性方法并展开应用的企业工程师来说，显得过于庞杂。此外，传统 TRIZ 还存在一些没有完全解决的问题或缺陷，如目前 TRIZ 知识库中还没有当前十分热门的信息技术和生物技术的成果。因此，为了适应现代产品设计的需要，TRIZ 不得不加强自身的现代化建设，这是当前国际上 TRIZ 研究的重点之一。

2. TRIZ 在非技术领域的研究与应用

由于 TRIZ 这套方法论具有独特的思考程序，可以提供管理者良好的架构和解决问题的程序，一些学者对其在管理中的应用进行了研究，并取得了成果。因此，TRIZ 未来必然会朝向非技术领域发展，应用层面也会更加广泛。

3. TRIZ 软件的研究应用

随着 TRIZ 被世界各国广泛应用，TRIZ 进一步软件化，并且开发出有针对性的、适合特殊领域、满足特殊用途的系列化软件系统。例如，面向汽车领域，开发出有利于提高我国汽车产品自主创新能力的软件系统。将 TRIZ 方法与计算机软件结合可以释放出巨大的能量，不仅能为新产品的研发提供实时指导，而且还能在产品研发过程中不断扩充和丰富。

4. TRIZ 在中国的推广应用

TRIZ 引入中国的时间比较短，最初是我国个别科研人员在研究专利时了解到 TRIZ 理论，并进行自发研究与应用。在 1997 年前后，我国少数学者在参加国际会议的时候再次接触了 TRIZ，并自发予以研究，在某些专业开设了小范围的 TRIZ 选修课。2001 年亿维讯公司将 TRIZ 理论培训引入中国，开始了 TRIZ 理论在中国的应用和推广。2006 年，亿维讯建立了专业的培训中心和符合国际标准的培训体系。在 2007 年，亿维讯进一步推出了适合中国国情的 TRIZ 培训教材和培训软件。中华人民共和国科学技术部启动了创新方法的研究推广计划，在 2007 年 8 月 13 日正式批准黑龙江省和四川省为"科技部技术创新方法试点省"。至今，TRIZ 理论在高校的推广工作在黑龙江省已经全面展开，各大高校也开始引入、学习和研究 TRIZ，同时政府及企业越来越重视对 TRIZ 的学习和推广应用。

5. TRIZ 发展展望

技术的发展进程可以归纳为三个阶段：研发中试阶段、企业推广阶段和产业扩散阶段。虽然不是所有的技术都会沿着这条路径推进，但是能够显著提升产业品质、优化产业结构、延长产业发展周期的技术（如信息技术）。如果把 TRIZ 也看作一个技术研发推广的过程，那么 TRIZ 已经有了半个多世纪的发展，但由于 TRIZ 体系本身的技术成熟度、产业适应性、学习难度等方面的原因，TRIZ 的发展在目前仍然处在"中试"到"部分企业推广"的阶段，处于"技术"发展的早期。因而，推动 TRIZ 的普及、TRIZ 的教育导入、TRIZ 的企业推广和产业扩散等工作，仍然有很长的路要走。

1.3　其他常用的创新方法概述

1.3.1　头脑风暴法

头脑风暴法通常指一群人开动脑筋，进行自由地、创造性地思考与联想，并各抒己见，在短暂的时间内解决问题的大量构想的一种方法。这种方法是当今最负盛名的，同时也可以说是最具适用性的一种集体创造性地解决问题的方法。

头脑风暴法（brainstorming）简称 BS 法，又名智力激励法、脑轰法、畅谈会法、群议法等，发明者是现代创造学的创始人、美国 BBDO 广告公司副经理亚历克斯·奥斯本（Alex Osborn，如图 1-2 所示）。奥斯本于 1938 年首次提出头脑风暴法，最初用于广告设计，是一种集体创造性思维方法。"头脑风暴"的概念源于医学，原指精神病患者头脑中短时间出现的思维紊乱现象，称为脑猝变。病人发生脑猝变时会产生大量各种各样的胡乱想法。创造学中借用这个概念比喻思维高度活跃、打破常规的思维方式而产生大量创造性设想的状况。头脑风暴法是运用群体创造原理，充分发挥集体创造力来解决问题的一种创新思维方法。其中心思想是，激发每个人的直觉、灵感和想象力，让大家在和睦、融洽的气氛中自由思考。不论什么想法，都可以原原本本地讲出来，不必顾虑这个想法是否"荒唐可笑"。

图 1-2　亚历克斯·奥斯本

实施头脑风暴法要组织 5～10 个人参加的小型会议。这种会议之所以会导致大量新创意的诞生，主要有以下原因：

（1）在轻松、融洽的气氛中，每个人都能敞开想象，自由联想，各抒己见。

（2）能够产生互相激励，互相启发的效果。每个人的创意都会引起他人的联想，引起连锁反应，形成有利于解决问题的多种创意。

（3）在会议讨论时更能激发人的热情，激活思维，开阔思路，益于突破思维定式和旧观念的束缚。

（4）竞争意识的作用。争强好胜的天性，会使与会者积极开动脑筋，发表独到见解和新奇观念。

1. 头脑风暴法的基本规则

在使用头脑风暴法解决问题时，为了减少群体内的社交抑制因素，激励新想法的产生，提高群体的创造力，必须遵守以下四项基本规则。

（1）暂缓评价。对现有观点的批评不仅会占用宝贵的时间和脑力资源，而且容易使得参与者自危，发言更加谨慎保守，从而遏制新观点的诞生。因为所有的想法都有潜力成为好观点、好方法，或者能够启发他人产生新的想法，所以在实施头脑风暴法时，应将评论"束之高阁"，这是必须经常强调的一点。在头脑风暴会议上，会议主持人和会议参与者对各种意见、方案的正确与否，不得当场做出评价，更不能当场提出批评或指责。参与者着重于对想法进行丰富和拓展。这种将评论放在后面的"评价阶段"进行的"延迟评判"策略，可以产生一种有利的气氛，有助于参与者提出更多的想法。

（2）鼓励提出独特的想法。参与者在轻松的氛围下，就像与家人聊天一样，各抒己见，避免人云亦云、随波逐流、思维僵化，有利于提出独特的见解，甚至是异想天开的、荒唐的想法。这样便可能开辟新的思维方式，提供比常规想法更好的解决方案。若要产生独特的想法，可以反过来看问题，也可以换一个角度考虑问题，甚至可以撇开假设等。

（3）追求数量。如果追求方案的质量，容易将时间和精力集中在对该方案的完善和补充上，从而影响其他方案的提出和思路的开拓，也不利于调动所有成员的积极性。如果头脑风暴会议结束时有大量的方案，就极可能发现一个非常好的方案。因此，头脑风暴法强调所有的活动应该以在给定的时间内获得尽可能多的方案为原则。

为此，参与者应该尽可能地解放思想，无拘无束地、独立地思考问题，并希望所有与会者都畅所欲言，而不必顾虑自己的想法或说法是否离经叛道或荒唐可笑。

（4）重视对想法的组合和改进。可以对他人好的想法进行组合、取长补短，进行改进，以形成一个更好的想法，从而达到"1 + 1 = 3"的效果。与单纯提出新想法相比，对想法进行组合和改进可以产生出更好、更完整的想法。因此，头脑风暴法能更好地体现集体智慧。

现代发明创新课题涉及技术领域广泛，因而靠个别发明家单枪匹马式的冥思苦想来求得问题解决的方法将变得软弱无力，收效甚微。相比之下，类似头脑风暴法这种群体式的发明战术则会显得效果更好。

2. 头脑风暴法的具体步骤

（1）通过头脑风暴产生新想法。由于每个人的知识结构不同，对同一个问题求解的出发点也不同，每个人先是在自己熟悉的领域及了解的方面发表意见。每个人都会在某一不同方向提出设想，在此方向上再进行延伸，形成一条设想链。通过小组每位成员提出的不同设想，从而形成一条设想链。

（2）对新想法进行分析过滤。对大量的设想进行筛选分析，确定可能的解，该解作为后续设计的出发点。本步骤将耗费大量的时间和精力，而且存在取舍选择的难度，所以效率低下。许多问题的解决都因为该步骤而延误时间。

3. 头脑风暴法的优点及其局限性

（1）头脑风暴法具有以下的优点。

1）它消除了妨碍自由想象的清规戒律，使小组成员人人平等，在轻松愉悦的氛围中自由联想，有助于新创意的出现。

2）集体讨论能够满足人们进行社会交往的需要，能大大地提高工作效率。在相同的时间内，集体活动总比个体活动容易产生更多的创意，因而也就更有可能产生高质量的问题解决方案。

3）在集体中更容易创造出适合创造性思维的环境，成员间相互启发，能产生更多高质量的创意。

4）充分体现集体的智慧。在头脑风暴环境下，有利于将他人的创意加以综合与发展，从而形成更有价值的问题解决方案。

（2）头脑风暴法的一些局限性。

1）小组成员之间若有矛盾或冲突，就会形成不愉快的气氛，从而抑制了思维的自由性，抑制了新创意的产生。

2）有时因为头脑风暴会议的失控，使头脑风暴会议违背了"暂缓评价"的规则，出现消极的评价，甚至相互批评或谴责，这些必将使人们的创意热情受到"激冷"，从而减少了产生的创意数量，降低了创意质量。

3）小组成员中的一些具有支配欲的人控制讨论进程的试图，会引发会议讨论方向偏离目标方向的问题，并会减少其他人参与讨论的机会。

4）一些地位较高或者具有权威性的人，可能会对其他成员施加有形或者无形的压力，使他们很难产生突破性的创意。

5）集体讨论会花费更多时间，因此当要解决的事情很紧急时，集体创意方法可能并不适用。

总体来说，头脑风暴法适合于解决那些相对比较简单、严格确定的问题，比如研究产品名称、广告口号、销售方法、产品的多样化研究等。因此，头脑风暴法对于解决第 1 级、第 2 级发明问题是有效的。但在更加复杂的发明问题中，采用这种方法不可能立即猜想出解决方案，因此它不是一种能快速收敛到发明结果的方法。

例 1-1

电线除冰问题

美国北方冬季寒冷，大雪积压在电线上（见图 1-3），有将电线压断的危险。电力部门紧急召开了智力激励会，会上各种意见层出不穷，有人提出了这样一条意见："还不如带把大扫帚，坐直升机上去扫雪。"这句看似玩笑的话引起了一个工程师的注意，一种简单可行而且高效的清雪方案也冒了出来：如果能在大雪过后，即刻派出直升机沿电线飞行，用螺旋桨产生的气流扇雪，就可以实现清雪功能，在该工程师提出上述创意后，又有人提出了如"扫雪飞机""特种螺旋桨"之类的想法。智力激励会后，专家对各种方案进行了分析，最后确定采用扇雪方案，一种专门清除电线积雪的小型直升机也被发明出来了。

a)　　　　　　　　　　　　b)

图 1-3　电线积雪

1.3.2　试错法

试错法是指人们通过反复尝试运用各和各样的理论或方法，直到错误被充分地减少，达到能够正确解决问题的一种创新方法，它是一种随机寻找解决方案的方法。

千百年来，人们常用试错法来求解发明问题。当人们发现了问题以后，通过反复尝试各种各样的方案，直到问题能够合理解决，通常大部分尝试都处于问题解决者所熟悉的同一方向。当一个人用尽了所有常规方法后，就会尝试去猜想正确的解决方案。这样要经过一个漫长的寻找过程，也可能碰巧走对路子并解决问题，但取得这种结果的概率是很小的。多数情况下，对所想到的可能方案均进行了尝试之后仍不能解决问题，需要考虑其他可能的解决方案。甚至因条件限制，尝试无法继续进行，只能精疲力竭地宣告终止。试错法的模型如图 1-4 所示。

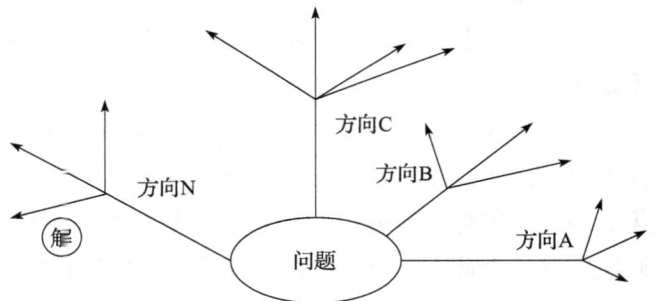

图 1-4　试错法的模型

阿奇舒勒的学生与合作者尤里·萨拉马托夫对试错法做出这样的评价："人类在试错法中损失的时间和精力，远比在自然灾害中遭受的损失要惨重得多。"在 20 世纪，"在发达资本主义国家中，50% 的研究刚刚开展，就因为没有发展前途而被迫终止了；在苏联，有 2/3 的研究根本无法进入生产领域"，这都是试错法致命性的缺陷。因为为解决问题而付出的上百万次尝试的代价，往往让所有人都感到难以承受。当尝试的代价达到人们能够投入的上限的时候，试错法的尝试就被迫终止。由此可见，用试错法解决问题具有一定的盲目性，所付出的代价（人力与财力）是非常巨大的。

▌例 1-2

爱迪生为人类带来光明

很多人都读过爱迪生的发明故事。爱迪生是举世闻名的美国电学家和发明家，他除了在留声机、电灯、电话、电报、电影等方面有许多的发明和贡献以外，在矿业、建筑业、化工等领域也有不少著名的创造和真知灼见。爱迪生不仅有聪慧过人的头脑，更有不懈努力的精神，因此，他获得了巨大的成功。据记载，他在发明电灯时（见图 1-5），用过的灯丝材料有 1 600 多种金属材料和 6 000 多种非金属材料，而搜集的各种材料更是多达 14 000 多种。他在实验新型蓄电池时，用过 9 000 多种材料，失败达 50 000 多次。

爱迪生的发明，为人类文明和进步做出了巨大的贡献。爱迪生勇于实验、不畏失败的探索精神和执着的研究态度，确实令人敬佩，值得我们学习。但是这种方法确实效率低，资源浪费大，费时费力。因此，在我们获得新的创新方法之后，应该尽量少用或不用传统的试错法。

图 1-5　爱迪生发明电灯

总之，对解决简单的发明问题（第一级、第二级），试错法效果明显，此时可能的解决方案的数目不超过 10 个或 20 个，找到正确的解决方案并不困难。而对于较复杂的发明问题（第三级），由于可能存在成百上千个可能的解决方案，试错法的效率就非常低，解决发明问题的周期较长，所付出的代价很高。从这个角度上说，试错法不应该成为我们提倡的优先采用的创新方法。

1.3.3　形态分析法

形态分析法（morphological analysis，MA）是由美国加州理工学院教授兹维基与矿物学家里哥尼合作创建的一种方法，这是一种系统搜索和程式化求解的创新技法。这种方法是以建立形态学矩阵为基础，通过对创造对象进行因素分解，找出因素可能的全部形态（技术手段），再通过形态学矩阵进行方案综合，得到方案的多种可行解，从中筛选出最佳方案。

所谓因素是指构成某种事物各种功能的特性因子；所谓形态是指实现事物各种功能的技术手段。以某种工业品为例，反映该产品特定用途或特定功能的性能指标可作为其基本因素，而实现该产品特定用途或特定功能的技术手段可作为其基本形态。若某产品以"时间控制"功能作为其基本因素，那么"手动控制""机械定时器控制""电脑控制"则为该因素的基本形态。

形态分析法的步骤是：

第一步：确定创造对象的主要设计因素

所选设计因素（特征或功能）的属性应为同级，且相互之间具有合理的独立性。设计因素的组合应满足产品的性能要求，但因素的数目不宜过多，一般以 3 ~ 7 个为宜。

第二步：列出每一因素的可能形态

这些形态既应包括特定设计的已有子解，也应包括或许可行的新解。将每一个设计因素的形态组合起来，可以得到问题的全解。

第三步：构建形态学矩阵

以设计因素为纵轴，可能形态为横轴，构建形态学矩阵。

第四步：找出可行解

从矩阵的每行中一次选择一个可能形态，即可得到一种可能答案，理论上由此可得到所有的可能解答。若可能解答的数目不是很多，则可全部考虑作为潜在的解答。

第五步：找出最佳可行解

对所有的可行解进行分析、比较和评估，从中选出一个最佳的可行解。

形态分析法的最大优点是对每一个解答都要进行可行性分析，有利于找出最佳可行解，其主要缺点是使用不便、工作量大。当可能解答的数量很多时，由于分析和寻找最佳可行解的工作量很大，常常容易模糊发明的目标。如果采用选择性形态分析，就可忽略不适当的组合。

例 1-3

设计太阳能热水器

有一种太阳能热水器，它的主要结构是一个有玻璃盖的矩形箱子。人们把它放在屋顶上，让阳光透过盖在矩形箱子上的玻璃盖子，照在箱底上。阳光由箱底经反射、吸收或散热后，加热箱子里的水，供人们使用。在使用时，人们抽进冷水，让水流过箱子后变热；然后流进室内暖气片内，进行循环。

经专家们的研究表明，影响太阳能热水器性能最重要的变量是箱底的颜色、质地和箱子的深度。那么，我们怎样才能设计出一台性能更优越的太阳能热水器呢？

解题步骤如下：

第一步：确定创造对象的主要设计因素

我们列出箱底颜色、质地和箱子深度三个因素。

第二步：列出每一因素的可能形态

找出影响每个因素变化的可能方案。

第三步：构建形态学矩阵

列出形态表，如表 1-1 所示。

表 1-1　太阳能热水器形态表

因素 形态	箱底颜色	箱底质地	箱子深度
1	白色		
2	银白色	有光泽	深
3	灰色	粗糙	适中
4	黑色		浅

第四步：找出可行解

根据上面的形态表，我们可以组合各种可能性，得到 $4 \times 2 \times 3 = 24$ 种组合设计方案。

第五步：找出最佳可行解

对这些方案分别进行试验，从中选出最优的方案。

1.3.4　设问法

发明、创造、创新的关键是能够发现问题，提出问题。设问法就是对任何事物都多问几个为什么，就是提出了一张提问的单子，通过各种假设式的提问寻找解决问题的途径。

如何提问？常用的方法有奥斯本检核表法、和田十二法、5W2H 法等。下面分别对这几种方法进行介绍。

1. 奥斯本检核表法

检核表法是根据需要研究的对象的特点列出有关问题，形成检核表，然后一个个地核对讨论，从而发掘出解决问题的大量设想。奥斯本检核表法是针对某种特定要求制定的检核表，主要用于新产品的研制开发。亚历克斯·奥斯本提出的检核表因思路比较清晰，内容比较齐全，在产品开发方面适用性很强，故得到广泛应用，并被誉为"创造技法之母"。奥斯本检核表法罗列了以下九个方面的问题：

（1）能否改变。现有事物或产品的形状、色彩、声音、气味、味道等性质能否加以改变，这是从人的眼、耳、鼻、舌、身 5 种感官入手，探索新的途径。例如，小号上的消音器就是根据这一思路发明出来的。

（2）能否借用。现有事物的原理、方法、功能能否转移或移植到别的领域中去应用。例如有人根据电吹风的原理，开发出旅馆业使用的被褥烘干机。

（3）能否他用。现有事物中能否引入其他新的设想，这一思路有助于形成系列成果。例如火柴引入新设想后，开发出一系列新产品，包括防风火柴、长效火柴、磁性火柴、保险火柴等。

（4）能否扩大。现有事物能否稍加改造以提高其使用价值，使用价值的提高包括增加功能、延长寿命、降低成本等方面，这一思路尤其适用于老产品改造更新，如自行车链罩。

（5）能否缩小。现有事物能否缩小体积、减轻重量或分割为若干部分，但前提必须是保持原有功能，其结果往往是降低成本甚至增加功能。例如，现行铁路线上的铁轨，其横截面为"工"字形，正是"能否缩小"这一思路的结果。

（6）能否替代。现有事物能否用其他材料作为代用品来制造，这样不仅能节约成本，而且往往能简化工艺，简便操作。例如，用纸代替木料做铅笔芯外围的材料，用塑料代替金属制造某些机器零件等。

（7）能否调整。现有事物能否变换排列顺序、位置、时间、型号、内部元件等。例如，生产和生活中有不少同步现象引起一定的社会问题，企业、机关同时上下班给交通、能源都带来很大压力，从能否更换的思路出发，采取错开上下班时间和轮休的办法，就能解决大问题。

（8）能否颠倒。现有事物的原理、功能、工艺能否颠倒过来，这个问题主要用来引导逆向思维。这方面的典型成果是人类根据电对磁的效应发明了电动机，反之，又根据磁对电的效应发明了发电机。

（9）能否组合。现有的若干种事物或事物的若干部分能否组合起来，使之成为功能更大的新成果，这一思路追求的是整体化效应和综合效果。例如，坦克就是攻击性武器（大炮），防御性设施（堡垒）和运载工具（机动车）三者的组合。

奥斯本检核表法属于横向思维，以直观的方式激发思维活动。该方法操作十分方便，效果也相当好。奥斯本检核表法可细分为九大类 75 个问题，这 75 个问题不是奥斯本凭空想象的，而是他在研究和总结大量近现代科学发现、发明、创造事例的基础上归纳出来的，如表 1-2 所示。

表 1-2　奥斯本检核表法

序号	类型	详细的问题
一	能否改变	1 能否改变功能？ 2 能否改变颜色？ 3 能否改变形状？ 4 能否改变运动？ 5 能否改变气味？ 6 能否改变音响？ 7 能否改变外形？ 8 是否还有其他改变的可能性？
二	能否借用	9 有无类似的东西？ 10 利用类比能否产生新概念？ 11 过去有无类似的问题？ 12 能否模仿？ 13 能否超过？
三	能否他用	14 有无新的用途？ 15 是否有新的使用方法？ 16 可否改变现有的使用方法？
四	能否扩大	17 能否增加些什么？ 18 能否附加些什么？ 19 能否增加使用时间？ 20 能否增加频率？ 21 能否增加尺寸？ 22 能否增加强度？ 23 能否提高性能？ 24 能否增加新成分？ 25 能否加倍？ 26 能否扩大若干倍？ 27 能否放大？ 28 能否夸大？
五	能否缩小	29 能否减少些什么？ 30 能否密集？ 31 能否压缩？ 32 能否浓缩？ 33 能否聚合？ 34 能否微型化？ 35 能否缩短？ 36 能否变窄？ 37 能否去掉？ 38 能否分割？ 39 能否减轻？ 40 能否变成流线型？
六	能否替代	41 能否代替？ 42 用什么代替？ 43 还有什么别的排列？ 44 还有什么别的成分？ 45 还有什么别的材料？ 46 还有什么别的过程？ 47 还有什么别的能源？ 48 还有什么别的颜色？ 49 还有什么别的音响？ 50 还有什么别的照明？
七	能否调整	51 能否变换？ 52 有无可互换的成分？ 53 能否变换模式？ 54 能否变换布置顺序？ 55 能否变换操作工序？ 56 能否变换因果关系？ 57 能否变换速度或频率？ 58 能否变换工作规范？
八	能否颠倒	59 能否颠倒？ 60 能否颠倒正负？ 61 能否颠倒正反？ 62 能否头尾颠倒？ 63 能否上下颠倒？ 64 能否颠倒位置？ 65 能否颠倒作用？
九	能否组合	66 能否重新组合？ 67 能否尝试混合？ 68 能否尝试合成？ 69 能否尝试配合？ 70 能否尝试协调？ 71 能否尝试配套？ 72 能否重新组合物本？ 73 能否重新组合目的？ 74 能否重新组合特性？ 75 能否重新组合观念？

应用奥斯本检核表法是一种强制性思考过程，有利于突破不愿提问的心理障碍。很多时候，善于提问就是一种创造。

2. 和田十二法

和田十二法是指人们在观察、认识一个事物时，可以考虑是否能从十二个方面提出问题并加以解决。和田十二法是我国学者许立言、张福奎在奥斯本检核表法的基础上，借用基本原理，加以创造而提出的一种思维技法。它既是奥斯本检核表法的一种继承，又是一种大胆的创新。

（1）加一加。现有事物能否增加什么（比如加大、加高、加厚等），能否把这一事物与别的事物叠加在一起。例如，橡皮和铅笔加在一起组合成带橡皮头的铅笔；收音机和录音机叠加就形成了收录机。

（2）减一减。现有事物能否减去些什么（如尺寸、厚度、重量等），能否省略或取消什么。根据这一思路，简化体汉字就是繁体汉字减一减的产物。

（3）扩一扩。现有事物能否放大或扩展，能否提高功效。例如，幻灯、电影、投影电视等就是扩一扩的成果。

（4）缩一缩。现有事物能不能缩小或压缩。例如，袖珍词典、压缩饼干等就是缩一缩的成果。

（5）变一变。现有事物能不能改变其固有属性（如形状、颜色、声音、味道或次序）。例如，彩色电影、电视正是黑白电影、电视变一变的产物；食品、文具等方面的不少系列产品也是根据变一变的思路开发出来的。

（6）改一改。现有事物是否存在不足之处需要改进，这里的改进是对原有事物的不足之处而言的。和田路小学的一个学生曾根据这一思路发明了多用触电插头，并在国际青少年发明竞赛中获奖。

（7）联一联。现有事物和其他事物之间是否存在联系，能否利用这种联系进行发明创造。例如，干湿球温度表就是根据空气温度和湿度之间的联系开发出来的新产品。

（8）学一学。能否学习、模仿现有的事物而从事新的发明创造。传说鲁班从茅草的锯齿形叶片把手掌拉破得到启发，进而模仿草叶边缘的形态发明了新的工具（即锯），这就是学一学的典型事例。

（9）代一代。现有事物或其一部分能否用其他事物来替代，替代的结果必须保证不改变事物的原有功能。这一思路在材料工业领域有广泛的应用价值，许多合金、工业塑料、新型陶瓷材料等都是这一思路的成果。

（10）搬一搬。现有事物能否搬到别的条件下去应用，或者能否把现有事物的原理、技术、方法等搬到别的场合去应用。例如，用嘴吹气会发声的哨子搬到水壶口上，就产生了能自动报告水烧开了的新产品；搬到鸽子身上便转换为鸽哨，不仅能指示鸽子的行踪，而且能提供悠扬的乐声。

（11）反一反。现有事物的原理、方法、结构、用途等能否颠倒过来，这是要求逆向思维的思路。例如，吸尘器的发明，起初是想发明一种利用气流除尘的清洁工具，试用时发现这会导致尘土飞扬，效果很差，结果反其道而行之，发明了吸尘器。

（12）定一定。对现有事物的数量或程度变化，是否能做一些规定，这是一种定量化的思路。定量化是人们对客观事物的认识逐渐精确化的标志，也为创造发明提供了有效的途径。典型成果如尺、秤、天平、温度计、噪声显示器等。

如果按这十二个"一"的顺序进行核对和思考，就能从中得到启发，诱发人们创造性的设想。因此，无论是和田十二法还是奥斯本检核表法，都是一种打开人们创造思路，从而获得创造性设想的思路提示法。

3. 5W2H 法

5W2H 法是由第二次世界大战中美国陆军兵器修理部首创的。发明者用 5 个以 W 开头的英语单词和 2 个以 H 开头的英语单词进行设问，发现解决问题的线索，寻找发明思路，进行设计构思，从而创造出新的发明项目，这就叫作 5W2H 法。该方法简单、方便，易于理解、使用，富有启发意义，被广泛用于企业管理和技术活动，对于决策和执行性的活动措施也非常有帮助，也有助于弥补考虑问题的疏漏。**其操作步骤如下：**

第一步：做什么（What）

条件是什么？哪一部分工作要做？目的是什么？重点是什么？与什么有关系？功能是什么？规范是什么？工作对象是什么？

第二步：怎样（How）

怎样做省力？怎样做最快？怎样做效率最高？怎样改进？怎样得到？怎样避免失败？怎样求发展？怎样增加销路？怎样达到效率？怎样才能使产品更加美观大方？怎样使产品用起来方便？

第三步：为什么（Why）

为什么采用这个技术参数？为什么不能有响声？为什么停用？为什么变成红色？为什么要做成这个形状？为什么采用机器代替人力？为什么产品的制造要经过这么多环节？为什么非做不可？

第四步：何时（When）

何时要完成？何时安装？何时销售？何时是最佳营业时间？何时工作人员容易疲劳？何时产量最高？何时完成最为适宜？需要几天才算合理？

第五步：何地（Where）

何地最适宜某物生长？何处生产最经济？从何处买？还有什么地方可以作为销售点？安装在什么地方最合适？何地有资源？

第六步：谁（Who）

谁来办最方便？谁会生产？谁可以办？谁是顾客？谁被忽略了？谁是决策人？谁会受益？

第七步：多少（How much）

功能指标达到多少？销售多少？成本多少？输出功率多少？效率多高？尺寸多少？重量多少？

5W2H 法的优势主要有：

（1）可以准确界定、清晰表述问题，提高工作效率。

（2）有效掌控事件的本质，完全抓住了事件的主骨架，抓住事件的本质进行思考。

（3）简单、方便，易于理解、使用，富有启发意义。

（4）有助于思路的条理化，杜绝盲目性。

（5）有助于全面思考问题，从而避免在流程设计中遗漏项目。

提出疑问对于发现问题和解决问题是极其重要的，创造力高的人，都具有善于提问的能力。众所周知，提出一个好问题，就意味着问题解决了一半。在发明设计中，对问题不敏感，看不出毛病是与平时不善于提问有密切联系的。从根本上说，学会发明首先要学会提问，善于提问。

1.3.5　其他常用创新方法与 TRIZ 创新方法的比较

在本章之前，我们详细地介绍了人们经常使用的解决发明问题的方法，这些方法基本上都是以心理机制为基础的，它们的程序、步骤、措施大都是根据人们克服发明创新的心理障碍而设计的。传统的创新方法撇开了各领域的基本知识，方法上高度概括与抽象，因此具有形式化的倾向。而这些偏向于形式化的传统创新方法，在运用中受到使用者经验、技巧和知识积累水平的制约，因此，有人把对传统的创新方法的运用称为是一种艺术，而不是一种技术或科学。传统的创新方法虽然有一定的价值意义，但过于依赖于非逻辑思维，运用的效果波动很大，培训起来难度也比较大，因此不适于大范围培训推广。

而对于 TRIZ，它是建立在科学和技术的方法基础之上，具有普适性的解决发明问题的专门工具，其原理、法则、程序、步骤、措施等，来源于人类长期探索与改造自然的实践经验的总结，以便于设计者快速找到发明问题的有效解决方案。与传统创新方法相比，TRIZ 的主要优点是它可以从成千上万个解法中找出解决复杂发明问题的方案，它反对在可能的候选方案中进行搜索的想法。因此，整个方法形成了良好的体系，具有严密的逻辑性，对学习、培训和应用比较便利，有效性较高，可以广泛应用于各个领域，指导人们创造性地解决问题。

传统的创新方法与 TRIZ 方法的比较如表 1-3 所示。

表 1-3　传统的创新方法与 TRIZ 方法的比较

序号	传统创新方法	TRIZ 方法
1	趋向于容易做的事，简化任务的要求	趋向于更高水平、更复杂的任务要求
2	趋向于避免"不可能"的路径	强调遵循解决"不可能性"的路径

（续）

序号	传统创新方法	TRIZ 方法
3	趋向于原型目标不精确的视觉图像	趋向于最终理想结果目标的精确图像
4	对象目标的"平面图像"	对象目标的"整体"图像，考虑对象的子系统与超系统及其整体目标
5	作为"单一图像"的对象/目标图像	如果存在连续发展路径的话，将目标解为"过去－现在－将来"的历史轨迹
6	目标/对象是更多难以改变的图像	"柔性"的、可调整的目标图像，易于做时间与空间上的变化与调整
7	回忆提供了相似而弱模拟的图像	回忆提供了其他东西，因此是强模拟的，要求利用新原理与新程序来经常更新信息
8	"专业势垒"随时间增强	"专业势垒"随时间逐步减弱直至消失
9	不增加思考的可控性	更好地掌控思考，发明人综合评述构思的路径可容易地控制构思过程与实际的差距
10	解决发明问题的过程不易快速收敛	解决发明问题的过程快速收敛

  TRIZ 的基础是技术系统进化的客观规律，它既可被认知，也可被用于解决发明问题。在运用 TRIZ 理论解决发明问题时，可以根据技术系统进化的客观规律来初步确定解决问题的方向，有效地避免了各种传统创新方法中反复进行的大量探索工作。根据这些规律，开发出解决发明问题的专用工具，它们包括物－场分析和发明问题的标准解法，解决技术冲突和物理冲突的创新原理，以及发明问题解决算法等。通过查找和应用物理、化学、几何和生物等的效应与原理，可以帮助人们解决系统中的功能实现问题，让这些效应与原理类的知识作为技术系统实现功能和操作的新原理，从而满足系统所要求的作用。

  在以上 TRIZ 的各种创新的思维、方法和工具的支持下，TRIZ 解决发明问题的过程是可以快速收敛的（见图 1-6），而且发明的级别和效率也是比较高的（见图 1-7）。

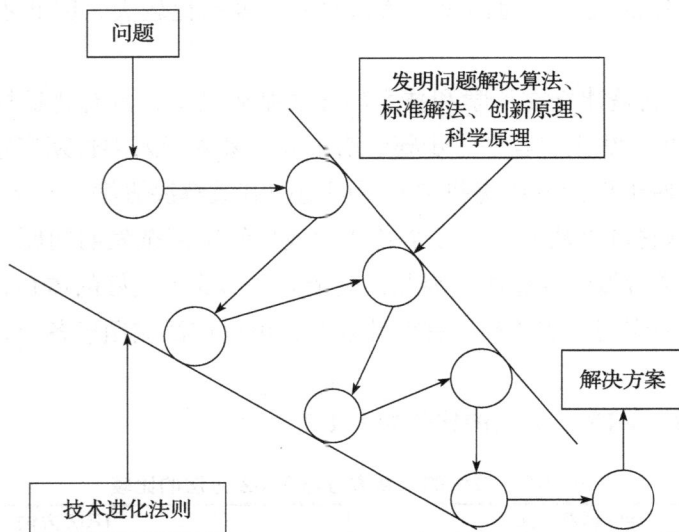

图 1-6　TRIZ 定向、收敛的有效解决方案

　　综上所述，TRIZ 揭示了发明创造的内在规律和原理，可以快速确认和解决系统中存在
的冲突或问题；能够帮助人们打破思
维定式，突破思维障碍，激发创新思
维，从更新更广的角度分析问题，进
行逻辑性和非逻辑性的系统思维；能
够基于技术系统进化规律准确地确定
探索方向，预测未来的发展趋势，打
破知识领域的界限，实现技术上的突
破，从而有助于开发出更加富有竞争
力的新产品。

　　当然，我们在学习研究 TRIZ 的同
时，不要忽略了传统创新方法的作用。
尽管单独使用传统的创新方法往往不

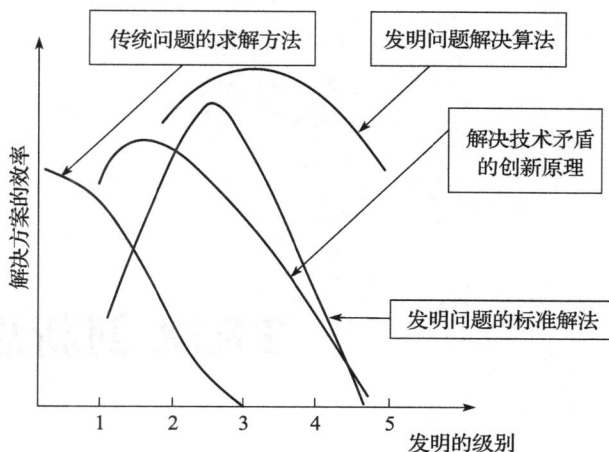

图 1-7　传统创新方法与 TRIZ 方法的效率比较

容易获得高水平的发明，但在很多场合，TRIZ 方法与传统创新方法的结合应用是比较常
见的情况。例如，在由具体问题抽象成 TRIZ 的问题模型时，以及在从 TRIZ 的解决方案
模型演绎成具体解决方案时，都需要或多或少地应用诸如头脑风暴法、形态分析法等。以
TRIZ 为核心，同时结合其他创新方法，互相取长补短，也是目前一部分学者研究的创新
方法的内容之一。

思考题

1. 创新思维的内涵及特征是什么？
2. 简述什么是 TRIZ。
3. TRIZ 的主要内容包括哪几个方面？
4. 头脑风暴法的优缺点有哪些？
5. 简述形态分析法的定义及其流程。
6. 与传统创新方法相比，TRIZ 有哪些优势？

第2章

TRIZ 创新思维方法

本章学习目标

掌握九屏幕法、STC 算子法、金鱼法、小人法、最终理想解法（IFR）、资源分析法、因果分析法等 TRIZ 创新思维方法及其使用步骤，并能够运用这些思维方法解决问题。

2.1　九屏幕法

九屏幕法是 TRIZ 中典型的"系统思维"方法，即对情景进行整体考虑，不仅考虑目前的情境和探讨的问题，而且还有它们在层次和时间上的位置和角色。它是 TRIZ 理论用于系统分析的重要工具，可以很好地帮助使用者进行超常规思维，克服思维惯性，被阿奇舒勒称为"天才思维九屏图"。

九屏幕法是一种综合考虑问题的方法，是指在分析问题和解决问题时，不仅要考虑当前的系统，还要考虑它的超系统和子系统的过去和将来。九屏幕法具有可操作性、适用性强的特点，可以更好地帮助使用者质疑和超越常规，克服惯性思维，为解决生活和工程中的疑难问题，提供清晰的思维路径。

九屏幕法能够帮助人们从结构、时间及因果关系等多维度对问题进行全面、系统的分析，使用该方法分析和解决问题时，不仅要考虑当前系统，还要考虑它的超系统和子系统。不但要考虑当前系统的过去和未来，还要考虑它的超系统和子系统的过去和未来。简单来说，九屏幕法就是以时间为轴，来观察过去、现在和未来这三种状态；以空间为轴，来考虑"当前系统"及其"组成（子系统）"和"系统环境和归属（超系统）"。因而，从时间与空间的二维角度来思考问题，共同构成了至少九个屏幕的图解模型（见图 2-1）。

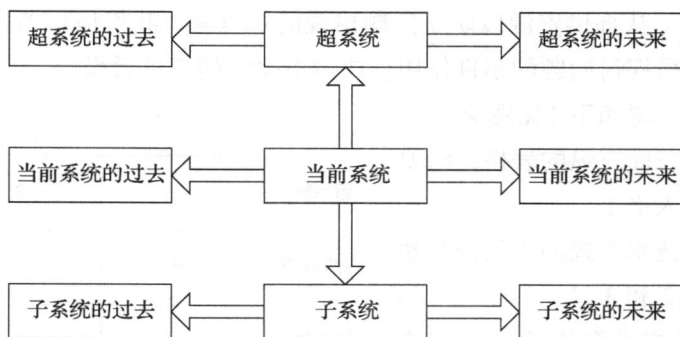

图 2-1　九屏幕法

当前系统是指正在发生当前问题的系统，或是指当前正在普遍应用的系统。当前系统的子系统是构成技术系统之内的低层次系统，任何技术系统都包含一个或多个子系统。在底层的子系统在上级系统的约束下起作用，在底层的子系统一旦发生改变，就会引起高级系统的改变。当前系统的超系统是指技术系统之外的高层次系统。

1. 从"时间"轴考虑

从"时间"轴考虑，主要包括：

（1）当前系统的"过去"。当前系统的"过去"可以让我们考虑在问题出现前发生于合适层级（包括系统、超系统或子系统）上的事件。通常，这些事件是制造过程中的"先前"操作，或者是系统寿命周期的"先前"阶段。因此，每个屏幕都可以代表发生在"过去"的多个事件。从防止问题出现的观点来看，我们应该对这些事件进行考虑，因为它们可以进行改变，这样问题就不会在将来出现。

（2）当前系统的"未来"。当前系统的"未来"可以让我们考虑在问题出现后发生于合适层级（包括系统、超系统或子系统）上的事件。通常，这些事件是制造过程中的"后续"操作，或者是系统寿命周期的"后续"阶段。因此，每个屏幕都可以代表发生在"未来"的多个事件。从消除问题不良后果的观点来看，我们应该对这些事件进行考虑，因为它们可以进行改变，这样潜在损害就会被补偿。

2. 从"空间"轴考虑

从"空间"轴考虑，主要包括：

（1）"子系统"。"子系统"可以让我们考虑系统包含的单元，系统在适当的时段（即过去、现在或未来）处于运行状态。通常，此类子系统或者代表系统的某些组件，或者代表系统所消耗的"投入"，或者代表系统所产生的"产出"。"有意"与"无意"的投入都应予以考虑，"有用"（产品）与"有害"（废物、副产品、副作用）的产出也是如此。因此，每个"子系统"屏幕都可包含多个不同的子系统、投入及产出。

（2）"超系统"。"超系统"可以让我们考虑某一高级别系统的单元，该高级别系统在适当的时段（即过去、现在或未来）包含系统。通常，此类超系统或者代表系统所参与的某过程，或者是系统运行于其中的邻近环境。因此，每个"超系统"屏幕都可包含多个不同的超系统及环境。从提供资源以防止问题出现的观点看，我们应该考虑此类超系统的组件，这样就能抵消所探讨问题的不良作用，或者消除它的不良后果。

九屏幕法操作步骤如下（见图 2-2）：

第一步：画出三横三纵的表格，将要研究的技术系统填入格 1。

第二步：考虑技术系统的子系统和超系统，分别填入格 2 和 3。

第三步：考虑技术系统的过去和未来，分别填入格 4 和 5。

第四步：考虑超系统和子系统的过去和未来，填入剩下格中。

	过去	现在	将来
超系统		3	
当前系统	4	1	5
子系统		2	

图 2-2　九屏幕法示意图

第五步：针对每个格子，考虑可用的各种类型资源。

第六步：利用资源规律，选择解决技术问题。

九屏幕法的主要作用是帮助我们查找解决问题所需的资源，所以它又形象地被称为"资源搜索仪"。常言道"巧妇难为无米之炊"，解决任何问题都需要使用资源。有些资源以显性形式存在，一般都能被发现并加以利用，这类资源称为"显性资源"。有些资源则是以隐性形式存在，一般不易被发现，也就谈不上利用，这类资源叫作"隐性资源"。一个人的创新能力往往决定于他发现和利用资源的能力。利用九屏幕法查找资源的思路如下：

（1）从系统本身出发，考虑可利用资源。

（2）考虑子系统和超系统中的资源。

（3）考虑系统的过去和未来，从中寻找可利用的资源。

（4）考虑子系统和超系统的过去和未来。

例 2-1

太空笔问题

据说，早期美国航天员在太空中用钢笔写不出字来，这是因为太空中缺乏重力的缘故。于是，美国航空航天局决定划拨 100 万美元的专款对此问题进行攻关。研究是在极其秘密的状态下进行的，经过半年多夜以继日的集中攻关，最后研制出了一款专用的、十分精密的"太空钢笔"。

在庆祝会上，美国宇航局的一位官员突生疑问：我们如此费力，那么苏联航天员在太空中，是用什么笔写字的呢？

谍报人员费尽周折侦察之后，回来报告：苏联航天员用的是铅笔。

以上只是一则幽默。但是，它提醒人们不要固守一种定式思维，否则永远无法领略创新的真谛和魅力。

我们不必考虑研发太空笔是一个"真"问题，还是一个"伪"问题，但我们可以使用九屏幕思维方式，来进行分析。如图 2-3 所示，当前系统是普通钢笔，当前问题是在失重的情况下写不出字。

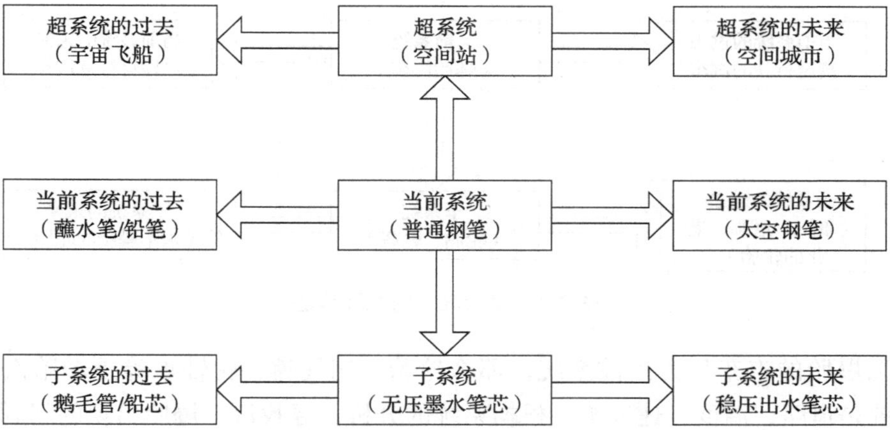

图 2-3 钢笔系统的九屏幕法

由以上分析可见，钢笔"系统的过去"形式之一是铅笔；钢笔"子系统的过去"形式之一是铅芯。其实，稍加分析就可以由图 2-3 引导我们得出结论：笔是一种留下书写痕迹的工具。普通钢笔在太空失重的情况下无法正常书写，而铅笔则不受重力影响，不管在太空还是地面都可以实现书写功能，而且结构简单，成本低廉。

但是，尽管美国在早期太空活动中的宇航员也都是使用铅笔，铅笔却不是理想的太空用笔。因为，铅笔书写后的字迹很容易被弄得模糊，因此，保存字迹的可靠性不高；笔尖容易折断漂浮在空间站内，容易被人体吸入；铅笔尖是导电的石墨材料，易引发电器短路。

1967 年，美国一家私人公司自筹 200 万美元开发了真正的 AG7 型太空笔，其基本原理是：笔芯采用密封结构，内部充有一定压力的氮气，靠气体压力代替地球上的重力，把墨水推向笔尖。在地面和太空失重状态下，这种笔都可以正常使用。如果研发人员能够使用九屏幕法来分析问题，或许太空笔可以早些面世。

例 2-2

应用九屏幕法分析爆胎汽车

汽车出故障，比如说汽车突然爆胎，这是一件很危险的事情，如果处理不当会引发较为严重的交通事故，造成人员伤亡。

我们可以应用九屏幕法从时间和空间上考虑，查找问题出现的原因，寻求解决问题的方案（见图 2-4）。

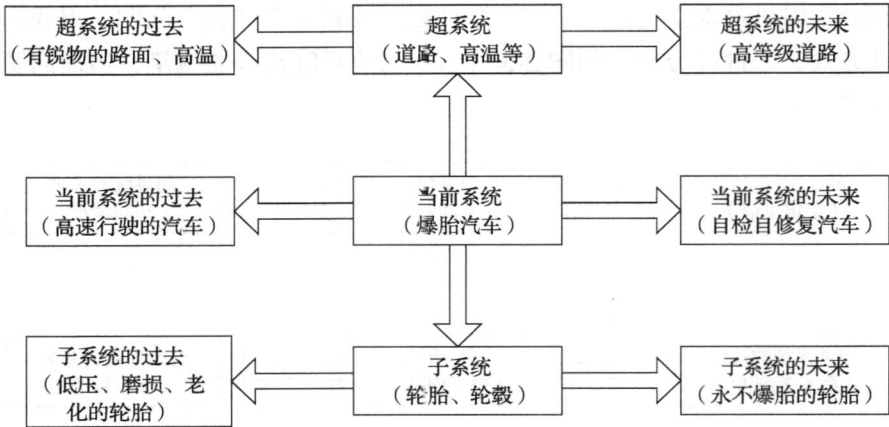

图 2-4   爆胎汽车的九屏幕法

我们以爆胎的汽车作为当前系统，那么轮胎、充气嘴、轮轴承等是爆胎汽车的子系统，超系统是道路、温度、速度等。根据系统的分析，寻找汽车爆胎出现的问题，并找出相应的解决方案和开发更好的防爆或修复装置。

九屏幕法的扩展

为了更好地应用九屏幕法，可以在上述系统的基础上进行改进，不仅考虑当前系统，也同时考虑当前系统的反系统、反系统的过去和未来、反系统的超系统和子系统以及它们的过去和未来（见图 2-5）。

图 2-5   九屏幕法的改进

通过采用九个以上的屏幕时，会对所研究的问题有更加深入的理解和研究。也就是说，当解决技术系统升级问题时，还要考虑反系统的九个屏幕。我们可以把反系统理解成一个功能与原先的工程系统刚好相反的技术系统。例如，为了改进铅笔的特性，我们不仅需要考察铅笔的九屏幕方案，而且还需要考察橡皮的九屏幕方案。这种方法获得的信息，有助于创新者发现更加有效的问题解决方案。

例 2-3

橡皮擦与铅笔

有一个美国画家，他的家境很贫寒，经常是铅笔用到了很短也舍不得扔，橡皮用到了很小也舍不得扔。一天，他在认真地画一幅画并沉浸其中时，他发现画面上有错误要修改，却找不到那块小小的橡皮。等他好不容易找到了橡皮，却又不知道那一小截铅笔被扔到哪里去了。为了避免再出现这种麻烦，画家想来想去，用一根线将橡皮头与铅笔连起来。

这种方式被画家的一个朋友看见了，于是又想出更好的办法：用铁皮将橡皮固定在铅笔的顶端。这种橡皮与铅笔合一的方法，后来被申请了专利。这项专利每年带给画家和他的朋友 50 万美元的专利费。

我们可以采用九屏幕法，对铅笔与橡皮这样一对"写字"与"消字"的工具，进行系统与反系统的分析（见图 2-6）。

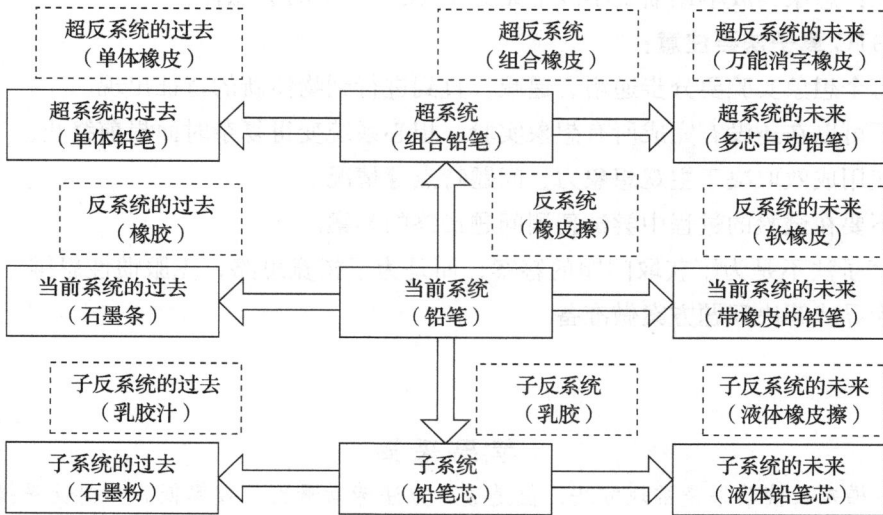

图 2-6　铅笔及其反系统（橡皮）的九屏幕

结果表明，在"子系统的将来"里有液体铅笔芯，这体现了圆珠笔的基本书写原理；而在"子反系统将来"里有液体橡皮擦，这又体现了消字水的基本原理。如果将两者叠加，就可以作为后续产品创新的新思路（如：有消字功能的圆珠笔）。

在创新思维中，平常加平常可以等于不平常。关键在于，平常的叠加产生了不平常的功能。橡皮头和铅笔都是司空见惯的日常用品，但将两者结合起来，就产生了一个广受欢迎的新产品。善于创新者绝不会对常见的东西熟视无睹，而是把这些东西作为自己创新的起点和条件。

2.2　STC 算子法

STC 算子法，即尺寸－时间－成本（size-time-cost），这是一种非常简单的工具，它通过以极限方式想象系统，来打破思维定式。我们可以进行一种发散思维的想象试验，即将尺寸（S）、时间（T）和成本（C）这三个因素按照三个方向和六个维度进行变化，也就是将这三个因素分别逐步递增和递减，递增可以到最大，递减可以到最小，直到系统中有用的特性出现。这种分析问题和查找资源的方法叫作 STC 算子法。它是一种让大脑进行有规律的、多思维的发散方法，能比一般的发散思维和头脑风暴更快得到我们想要的结果。

STC 算子法是将尺寸、时间和成本因素进行一系列变化的思维实验，其步骤分析如下：

第一步：明确研究对象现有的尺寸、时间和成本。

第二步：想象其尺寸逐渐变大以至无穷大（S→∞）时会怎样？

第三步：想象其尺寸逐渐变小以至无穷小（S→0）时会怎样？

第四步：想象其作用时间或速度逐渐变大以至无穷大（T→∞）时会怎样？

第五步：想象其作用时间或速度逐渐变小以至无穷小（T→0）时会怎样？

第六步：想象其成本逐渐变大以至无穷大（C→∞）时会怎样？

第七步：想象其成本逐渐变小以至无穷小（C→0）时会怎样？

使用 STC 算子法要注意：

（1）每个想象实验要分步递增、递减，直到进行到物体新的特征出现。

（2）不可以在还没有完成所有想象实验，担心系统变得复杂时而提前终止。

（3）使用成效取决于主观想象力、问题特点等情况。

（4）不要在试验的过程中尝试猜测问题最终的答案。

STC 算子法不是为了获取问题的答案，而是为了拓宽思路，克服惯性思维，从多维度看问题，为寻找解决问题方案做准备。

▍例 2-4

苹 果 采 摘

使用活梯来采摘苹果是常规方法，但是这种方法劳动量大、效率低。如何让采摘苹果变得更加方便、快捷和省力呢？

我们可以应用 STC 算子法沿着尺寸、时间、成本三个方向来做六个维度的发散思维尝试（见图 2-7）。

可能改进方案如下：

第一步：明确研究苹果树现有的尺寸、时间和成本。

明确苹果树的高度、苹果的收获时间，以及苹果树的收获成本。

第二步：假设苹果树的尺寸趋于零高度。

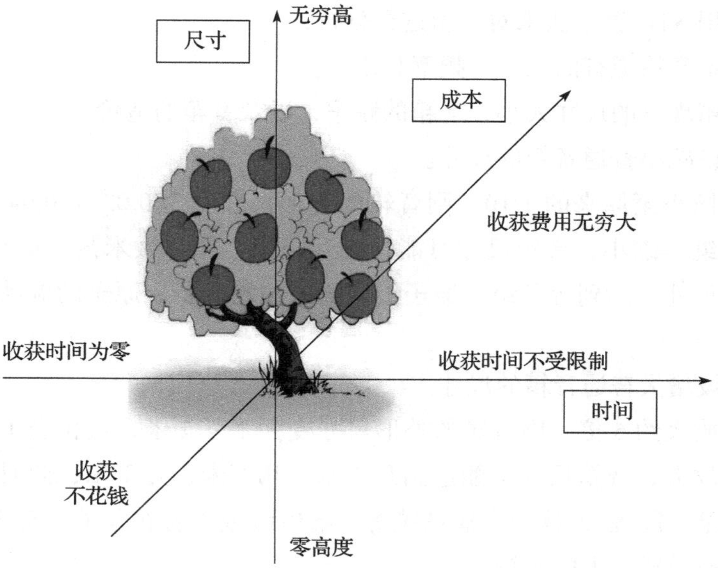

图 2-7　应用 STC 算子法分析采摘苹果问题

这种情况下不需要活梯，其中一种解决方案就是种植低矮的苹果树。

第三步：假设苹果树的尺寸趋于无穷高。

将这种方法转移到常规尺寸的苹果上，我们可以将苹果树整形成梯子形树冠，这样就可以代替活梯。

第四步：如果要求收获的时间趋于零。

这种情况要保证苹果在同一时间落地，可以借助于轻微爆破或压缩空气喷射来实现。

第五步：如果收获的时间不受限制。

这种情况下，没有必要采摘苹果，任由苹果自由落地而无损坏就好了。因此，可以采用在苹果树下铺设草坪或松软土层，防止苹果落地摔伤，还可以具有一定倾斜度，使苹果滚动至某一位置，然后集中。

第六步：假设收获的成本费用要求很低。

让苹果自由掉落，这样花费的成本趋于零。

第七步：假设收获的成本费用不受限制。

我们可以采用昂贵的设备，如发明一台苹果采摘机器人，这样可以进行机械化的操作。

例 2-5

音　箱

目前普通音箱的外形尺寸为 0.2 ～ 0.4 米。一般来说音量大小、音质好坏与音箱大小的关联性较大。

我们可以采用 STC 算子法来对音箱进行分析：

第一步：确定音箱现有的尺寸、频率和成本。

明确普通音箱现有的尺寸大小、音箱的频率，以及音箱的造价。

第二步：假设减小普通音箱的尺寸。

将普通音箱缩小至原来的 1/10，则音箱的外形尺寸变为 0.02 ~ 0.04 米，这相当于便携式耳机大小。继续缩小，音箱尺寸可能达到几毫米、几百微米甚至更小，如小蜂鸣器。再继续缩小音箱尺寸，达到分子级、原子级。通过控制分子、原子的振动也能实现音箱的各种功能。

第三步：假设增大普通音箱的尺寸。

将普通音箱放大约 5 倍，则音箱的外形尺寸变为 1 ~ 2 米，这相当于影剧院中常用的音箱大小。继续放大，音箱尺寸可能达到几十米、几百米、几千米，此时音箱相当于一幢楼房、高山（像敲山震虎）、整个广播系统等。再继续放大音箱尺寸，整个地球、太阳系、银河系等都可以被看成巨大的音箱。

第四步：假设降低音箱的频率。

200Hz 以下是低频段。通过调整低频来调整声音的丰满度、浑厚度、力度。

第五步：假设提高音箱的频率。

6 000 ~ 20 000Hz 就是所谓的"高频"。通过调整高频来保证声音传播效果，模拟出自然声音。

第六步：假设降低音箱的造价。

如果对音箱音质好坏要求不高，或者是从便携角度出发，音箱可以做得尽量简单，尺寸小，其制造成本低。降低造价，直至趋于零，可能就是未来需要研究的分子、原子音箱。

第七步：假设增加音箱的造价。

一台音质好的音箱造价约为几千元甚至几万元。如增大至上百万元、上千万元、上亿元，则音箱可扩展至局域广播网、省市广播网、全球广播网。

2.3　金鱼法

金鱼法来源于伟大的俄国诗人普希金的童话诗《渔夫和金鱼的故事》。金鱼法又叫情境幻想分析法，是幻想式解决构思中区分现实部分和幻想部分，再从解决构思的幻想部分分出现实与幻想两部分。

幻想情境 1 – 现实部分 1 = 幻想情境 2

得到了剩余的幻想部分（幻想情境 2），幻想部分 2 中还没有现实的部分。

幻想情境 2 – 现实部分 2 = 幻想情境 3

得到了幻想部分 3，那么同样一直往下推论，直到找不出现实东西为止。这样就可以集中精力解决幻想部分，只要这个幻想部分解决，整个问题也就迎刃而解。

使用金鱼法的步骤如下所示：

金鱼法是一个反复迭代的分解过程，其本质是将幻想的、不现实的求解构思，变为可行的解决方案。它的详细的解题流程如图 2-8 所示。

具体来说，金鱼法的应用可以分为以下五个步骤：

第一步：将不现实的想法分为现实和幻想两个部分。精确界定什么想法是现实的，什么样的想法看起来是不现实的。

第二步：提出问题，并回答问题，幻想部分为什么不现实。尽力对此进行严密而准确的解释，否则最后可能又得到一个不可行的想法。

第三步：提出问题并回答问题，在什么条件下幻想部分可变为现实。

第四步：列出子系统、系统、超系统的可利用资源。

第五步：从可利用资源出发，对情境加以改变，才能实现看似不可行的部分，从而提出可能的解决方案。

如果方案不可行，再次回到第一步，再将幻想构思部分进一步分解为现实和幻想两部分。如此反复进行，直至得到完全的、能实现的解决方案。

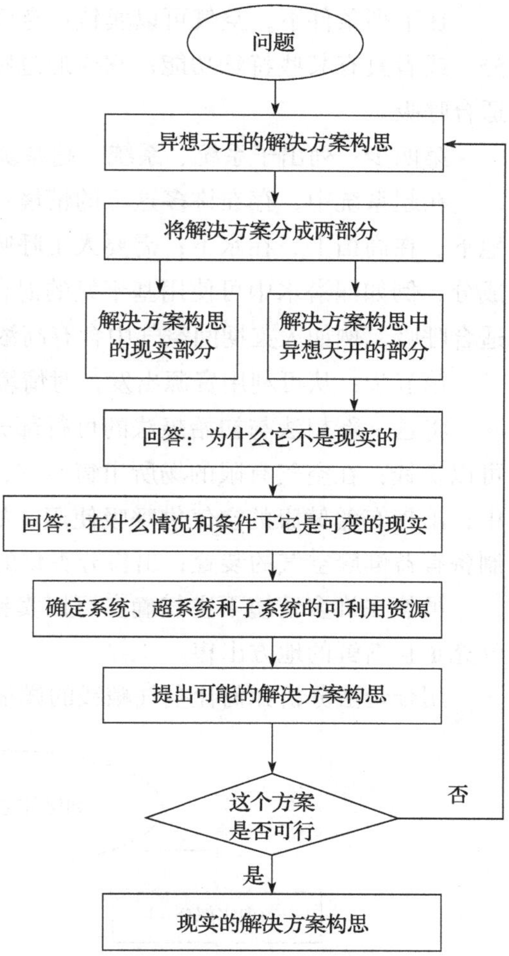

图 2-8　金鱼法详细的解题流程图

例 2-6

如何让空气赚钱

一个没有任何资源优势的山区，一个没有品牌优势的农村，一堆不善于炒作的穷人，守着唯一的优势——没有污染的新鲜空气。新鲜的空气值钱吗？应该如何来卖？

用金鱼法分析步骤如下：

第一步：将不现实的想法分为两个部分——现实部分与幻想部分。

精确界定什么样的想法是现实的，什么样的想法看起来是不现实的，其中现实部分：空气、钱、赚钱；不现实部分：出售空气。

第二步：提出问题并回答问题，解释为什么幻想部分不可行。

由于空气为大家享有，它在我们的身边取之不尽，因而认为它不能卖钱。

第三步：提出问题并回答问题，在什么条件下幻想部分可变为现实。

在下列条件下，空气可以卖钱：空气资源缺乏，即它的供应有限；它包含某些特殊成分，或者具有某些特殊功能；它要通过特定手段来输送，而不能直接呼吸；周围的大气不适合呼吸。

第四步：列出子系统、系统、超系统的可利用资源。

在超系统中，存在许多这样的情境：空气供给不充足，例如在飞机中、在飞船中、在地下、在高山上、在水下；需要人工呼吸，例如在心脏病发作期间；需要空气中含有特殊成分，例如深潜水中可使用基于氦的混合物，肺病患者可使用桉树芳香化的空气；空气不适合呼吸，例如火灾期间空气中含有高浓度的一氧化碳。

第五步：从可利用资源出发，对情境加以改变，实现看似不可行的幻想部分。

将这一新想法与初始想法的可行部分，组合为可行的解决方案。在下列条件下，空气可以卖钱：在空气有限的场所出售空气，例如在水下或地下作业时，在污染严重的大城市中；出售有益健康的空气供呼吸使用，如海上或山区的空气；出售空气净化装置，或者可制备有益健康空气的装置；出售芳香化的空气。

虽然在许多情境下空气确实可以卖钱，但它仍然不能在"正常条件下"出售，即在空气充足且新鲜的地方出售。

用金鱼法分析如何让空气赚钱的详细流程图，如图 2-9 所示。

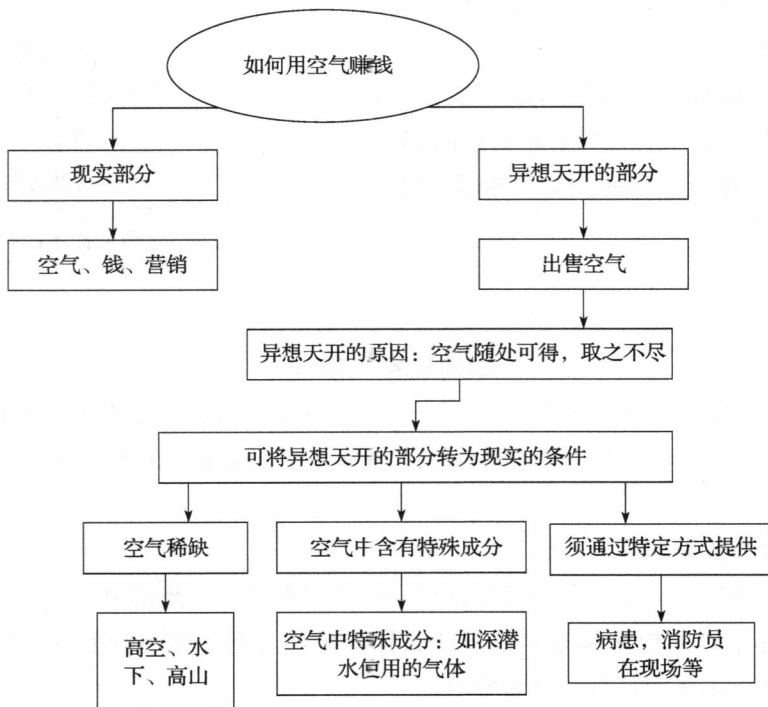

图 2-9 金鱼法分析让空气赚钱的详细流程图

▌例 2-7

如何获得长距离的游泳池

运动员在普通游泳池进行游泳训练需要反复掉头转弯，若能单向、长距离地游泳就会提高训练效果，但这样就需要建造像河流一样的超大型游泳池，不仅造价高，占地面积也不允许。若能在造价低廉的小型游泳池里进行单向、长距离地游泳训练就好了，但这样显然是不切实际的，属于幻想式的解决构思。

如图 2-10 所示的方形游泳池和如图 2-11 所示应用金鱼法进行问题分解。

图 2-10　室内方形游泳池　　　　　　图 2-11　金鱼法：问题分解

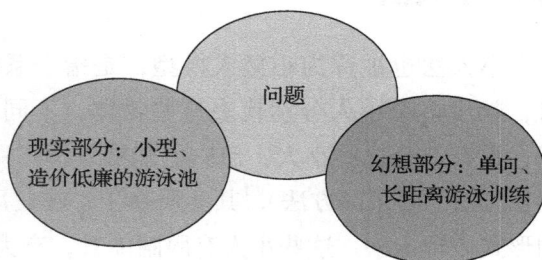

用金鱼法分析步骤如下：

第一步：将不现实的想法分为两个部分——现实部分与幻想部分。

现实部分：小型、造价低廉的游泳池；幻想部分：单向、长距离的游泳训练。

第二步：提出问题并回答问题，解释为什么幻想部分不可行。

运动员在小型游泳池内很快就能游到对岸，需要改变方向。

第三步：提出问题并回答问题，在什么条件下幻想部分可变为现实。

运动员体型较小、运动员游速极慢、运动员游泳时停留在同一位置，止步不前。

第四步：列出子系统、系统、超系统的可利用资源。

超系统：天花板、空气、墙壁、游泳池的给水排水系统；系统：游泳池的面积、体积、形状；子系统：池底、池壁、水。

第五步：从可利用资源出发，对情境加以改变，实现看似不可行的幻想部分。

在下列条件下可以实现幻想（即实现运动员游速极慢）：在游泳池内灌注黏性液体，从而降低游泳者游动速度，增加负荷使其不能向前游动；实现运动员游泳时停留在同一位置——借助供水系统的水泵，在游泳池内形成反方向流动水道，类似于跑步机，如图 2-12 所示；游泳池闭路式：形成环形泳道，如图 2-13 所示。

图 2-12　逆流游泳

图 2-13　环形游泳池

2.4　小人法

　　小人法也被称为小矮人模型，是指当系统内的部分物体不能实现必要的功能和任务时，就用多个小人分别代表这些物体，不同的小人表示执行不同的功能或具有不同的矛盾，重新组合这些小人，使它们能够发挥作用，执行必要的功能。小人法类似于一种拟人类比方法（即认同方法），其实质在于，在使用这种方法的过程中，把研究对象以很多小人的形式表现出来。这些小人有眼睛能看，有大脑能想，有手能做动作。

　　小人法是一种很好的工具，它可以打破技术或专业术语导致的思维定式，并可用于微观级别上的分析系统。在实际分析过程中，应根据实际情况，对小人进行分组、组合，使小人能够发挥各自的作用，完成必要的功能，从而构成小矮人模型。

　　小人法的具体步骤如下：

　　第一步：把对象中各个部分想象成一群一群的小人（当前怎样）。

　　第二步：把小人分成按问题条件而行动的组（分组）。

　　第三步：研究得到的问题模型（有小人的图）并对其进行改造，以便实现解决矛盾（应该怎样，即打乱重组）。

　　第四步：过渡到技术解决方案（实际应该怎样）。

　　小人法能够生动地描述技术系统中出现的问题，通过小人表示系统，打破原有对技术系统的思维定式，更容易解决问题，获得理想解决方案。

▋例 2-8

快速对旅客进行安检

　　为了防止旅客身上携带枪支、匕首等金属武器和物品，机场进行严格安检时会产生问题。一方面，要准确、高效地探测人身上是否携带金属物品和金属武器，但往往需要较长时间；另一方面，又不能占用很长时间来检查每位旅客，因为这会影响旅客通过的速度（如图 2-14 所示）。

　　系统的组成部分： 金属武器、旅客衣物、检测设备或材料等。

现状：无法快速地检测旅客是否携带金属物品，保证旅客的人身安全。

解题思路：用多个小人表示执行不同功能的组件，然后重新组合这些小人，使小人发挥作用；反过来再将小人固化成具有某种功能组件，解决实际问题。

用小人法模拟这个矛盾的具体步骤：

第一步：把对象中各个部分想象成一群一群的小人（当前怎样）。

将这一矛盾视为一个系统，这一系统分布着多个小人。

第二步：把小人分成按问题条件而行动的组（分组）。

按照各自功能指向，将这些小人进行分类组合。假设金属武器是小黑人，需要系统检测出来；假设旅客衣服是小黄人，

图 2-14　机场安检

它将小黑人团团包围起来，尽量避免被系统检测出来；假设有一种检验设备或材料是小红人，它负责穿透小黄人，方便快速地将小黑人检测出来，不让危险品被带上飞机。

第三步：研究得到的问题模型（有小人的图）并对其进行改造，以便实现解决矛盾（应该怎样，即打乱重组）。

回答如何使小红人发挥作用，解决矛盾。例如，可以选择一种材料，即小红人，当它与小黄人（衣服）相遇时不会改变前进的方向，而与小黑人（金属物品）相遇时则会改变前进的方向；又如，可以选择一种交变磁场，即小红人，当它与小黄人（衣服）相遇时不会产生电涡流，而与小黑人（金属物品）相遇时，则会在该金属导体表面产生电涡流，进而产生一个新的微弱磁场。

第四步：过渡到技术解决方案（实际应该怎样做）。

在实用中，选择交变磁场作为小红人，将它安置在一个安检门上，安检内部有若干个发射线圈和若干个接收线圈，分别发射和接收音频信号。一旦发现新的微弱磁场，可以在接收线圈中感应出电压，并通知计算机发出报警信号。

例 2-9

在行驶汽车中喝热饮

当在行驶的汽车中喝热饮料（茶、咖啡）时，饮料洒出并烫伤乘客是完全有可能的。对装有饮料的杯子的矛盾要求是：一方面，杯子必须让液体自由流出供人饮用；另一方面，在杯子翻倒时，它又要留住液体，不致烫伤他人。是什么使该问题如此难以求解？主要是因为人们在心理上默认杯子是由不能改变的固体材料制成的。

系统的组成部分：热饮、杯子、杯子上方的空气。

现状：汽车行驶时，喝热饮容易使人烫伤。

解题思路：用多个小人表示执行不同功能的组件，然后重新组合这些小人，使小人发挥作用。反过来再将小人固化成具有某种功能组件，解决实际问题。

第一步：把对象中各个部分想象成一群一群的小人（当前怎样）。

将这一矛盾视为一个系统，这一系统分布着多个小人。

第二步：把小人分成按问题条件而行动的组（分组）。

按照各自功能指向，将这些小人进行分类组合。假设液体饮料是小黑人，杯子壁是小白人，杯子上方的空气是小灰人。当杯子翻倒时，小黑人可移动，比小灰人强壮，不受小白人的约束，可同时离开杯子（见图 2-15）。

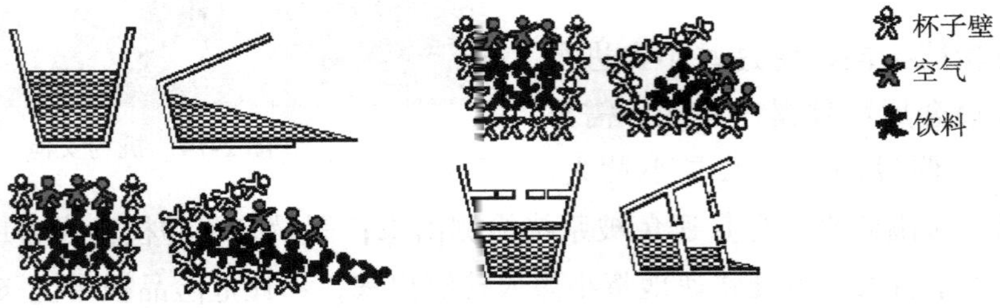

图 2-15　小人法示例

第三步：研究得到的问题模型（有小人的图）并对其进行改造，以便实现解决矛盾（应该怎样做，即打乱重组）。

回答如何使小灰人发挥作用，解决矛盾。可以让小黑人分小组离开杯子，但不能让它们同时离开。由于小黑人与小灰人都是可移动的，不能阻止小黑人移动，因而只有小白人能执行此功能。将小黑人重新排列，以便于小黑人分小组离开，但不允许同时离开，因此，小白人应该构成狭窄的过道，以便于小黑人一个一个地通过。

第四步：过渡到技术解决方案（实际应该怎样）。

可以在杯子上设置数层环形薄膜，薄膜在杯子翻倒时会改变自身的倾角。在薄膜上开出小孔，以便于少量的液体流出供人饮用。实际生活中，有些热饮杯是在杯边缘处有一个小嘴，这样流出的水较少，不容易倾洒出来。

2.5　最终理想解法

TRIZ 理论在解决问题之初，首先抛开各种客观限制条件，通过理想化来定义问题的最终理想解（Ideal Final Result，IFR），以明确理想解所在的方向和位置，保证在问题解决过程中沿着此目标前进并获得最终理想解，从而避免了传统创新设计方法中缺乏目标的弊端，提升了创新设计的效率。虽不是永远都能达到最终理想解，但是它能给问题的解决指明方向，也有助于克服思维惯性。

阿奇舒勒对 IFR 做这样的比喻："可以把最终理想结果比作绳子，登山运动员只有抓住它才能沿着陡峭的山坡向上爬。绳子不会向上拉他，但是可以为其提供支撑，不让他滑下去。只要他松开绳子，肯定会掉下来。"

理想化：在解决发明问题的过程中，虽然无法确定如何消除矛盾，但总有可能归纳出理想化的解决方案，得到一个理想化的最终结果。

所有的系统都是朝着提高理想化程度的方向发展。理想化是科学研究中创造性思维的基本方法之一，它主要是在大脑中设立理想的模型，通过理想实验的方法来研究客观运动规律。

理想化模型的表现是没有实体、没有物质，也不消耗能量，但能实现所需要的功能。理想化模型所涉及的要素包括理想系统、理想过程、理想资源、理想方法、理想机器、理想物质等。其中，理想系统没有实体、没有物质，也不消耗资源，但能实现所需要的功能；理想过程就是只有过程的结果，而没有过程本身，突然获得所需要的结果；理想资源就是存在无穷无尽的资源供随意使用，而且不必受其他条件约束；理想方法就是不消耗能量和时间，只是通过自身调节获得所需的功能；理想机器就是没有质量、体积，但能完成所需要的工作；理想物质就是没有物质，但功能却得以实现。

理想化是系统的进化方向，不管是有意改变还是系统本身的进化发展，系统都是在向着更理想的方向发展。系统的理想化用理想度进行衡量。

理想度公式见式（2-1）：

$$I = \frac{\sum B}{\sum H} \tag{2-1}$$

式中　I(Ideality)——理想度；

　　　　B(Benefits)——有用功能；

　　　　H(Harm)——有害功能；

　　　　$\sum B$——有用功能之和；

　　　　$\sum H$——有害功能之和。

显然，理想度越高，现实理想解就越接近于理论解。当理想度为无穷大时，现实理论解就变成了理论理想解。

理想化的方法：TRIZ 理论中的系统理想化，按照理想化涉及的范围大小，分为部分理想化和全部理想化两种方法。在技术系统创新设计中，首先考虑部分理想化，当所有的部分理想化尝试失败后，才考虑系统的全部理想化。

1. 部分理想化

部分理想化是指在选定的原理上考虑通过各种不同的实现方式使系统理想化，是创新设计最常用的理想化方法，贯穿于整个设计过程中。

部分理想化常用到以下六种模式：

（1）加强有用功能。通过优化提升系统参数，应用高一级进化形态的材料和零部件，给系统引入调节装置或反馈系统，让系统向更高级进化，获得有用功能作用的加强。

（2）降低有害功能。通过对有害功能的预防、减少、移除或消除，降低能量的损失、浪费等，或采用更便宜的材料、标准件等。

（3）功能通用化。应用多功能技术增加有用功能的数量。例如，手机还包含了 PDA、游戏机、MP3、照相机、摄影、录音、GPS、上网等通用功能，功能通用化后，系统获得理想化提升。

（4）增加集成度。集成有害功能，使其不再有害或有害性降低，甚至变害为利，以减少优化功能的数量，节约资源。

（5）个别功能专用化。功能分解，划分功能的主次，突出主要功能，将次要功能分解出去。例如，近年来专用制造划分越来越细，元器件、零部件制造交给专业厂家生产，汽车厂家只进行开发设计和组装。

（6）增加柔性。系统柔性的增加可提高其适应范围，有效降低系统对资源的消耗和空间的占用。例如，以柔性设备为主的生产线越来越多，以适应当前市场变化和个性化定制的需求。

2. 全部理想化

全部理想化是指对同一功能通过选择不同的原理使系统理想化，它是在部分理想化尝试失败无效后才考虑使用。

全部理想化主要有以下有四种模式：

（1）功能的剪切。在不影响主要功能的条件下，剪切系统中存在的中性功能，以及辅助功能让系统简单化。

（2）系统的剪切。如果能够通过利用内部和外部可用的或免费的资源后可省掉辅助子系统，则能大大降低系统的成本。

（3）原理的改变。为简化系统或使过程更为方便，如果通过改变已有系统的工作原理可达到目的，则改变系统的原理，获得全新的系统。

（4）系统替换。依据产品进化法则，当系统进入衰退期，需要考虑用下一代产品来替代当前产品，完成更新换代。

IFR 的步骤如下：

一个技术系统中，一定有某些不理想的、需要改进的元件。确认系统中非理想化状态的元件，并确认 IFR 是问题解决的关键所在。IFR 的确定和实现可以根据以下六个步骤（见图 2-16）进行：

第一步：设计的最终目的是什么？

第二步：IFR 是什么？

第三步：达到 IFR 的障碍是什么？

第四步：出现这种障碍的结果是什么？

第五步：不出现这种障碍的条件是什么？

第六步：创造这些条件时可用的资源是什么？

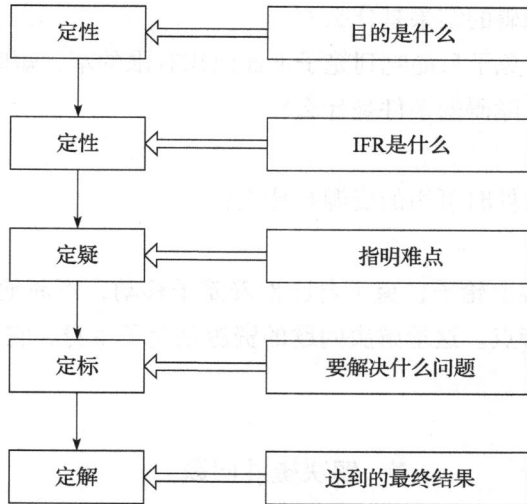

图 2-16　确定 IFR 的流程图

上述问题一旦被正确地理解并描述出来，问题也就得到了解决。当确定了创新产品或技术系统的 IFR 后，检查其是否符合 IFR 的特点，并进行系统优化，以确认达到或接近 IFR 为止。**IFR 同时具有以下四个特点：**

（1）保留了原系统的优点。

（2）消除了原系统的不足。

（3）没有使系统变得更复杂。

（4）没有引入新的缺陷，或者新的缺陷很容易解决。

因此，设定了 IFR，就是设定了技术系统改进的方向。IFR 是解决问题的最终目标。即使理想的解决方案不能 100% 获得，也会引导创新者得到最巧妙和有效的解决方案。

例 2-10

解决兔子吃草问题

农场主有一大片农场，放养大量的兔子。兔子需要吃到新鲜的青草，农场主不希望兔子走得太远而照看不到，也不愿意花费大量的劳动割草运回来喂兔子，这个难题如何解决？

应用 IFR 的分析步骤如下：

第一步：设计的最终目的是什么？

兔子能够吃到新鲜的青草。

第二步：IFR 是什么？

兔子永远自己能吃到青草。

第三步：达到 IFR 的障碍是什么？

为防止兔子走得太远照看不到，农场主用笼子放养兔子，但放养兔子的笼子不能移动。

第四步：出现这种障碍的结果是什么？

由于笼子不能移动，兔子只能吃到笼子下面面积有限的草，短时间内，草就会被吃光。

第五步：不出现这种障碍的条件是什么？

笼子下永远有青草。

第六步：创造这些条件时可用的资源是什么？

兔子、笼子、草。

解决方案：给笼子装上轮子，兔子自己推着笼子移动，不断地获得青草。这个解决方案完全符合 IFR 的四个特点。这里解决问题的资源是兔子本身，它会自动找青草吃。

例 2-11

解决熨斗问题

平时衣服起了褶皱需要用熨斗来熨烫平整。但是使用熨斗一直有这样一个问题，假如你在熨衣服的时候突然来了电话，或者有人敲门等事情打扰，可能你会离开熨衣板去处理这些事情，结果回来时发现熨斗就放在衣服上，衣服已经被熨斗烧了一个大洞。

在这种情况下，你一定会想，如果熨斗能自行站立起来该有多好啊！这显然是熨斗设计的一个 IFR。

应用 IFR 的分析步骤如下：

第一步：设计的最终目的是什么？

衣服不会被熨斗烫坏。

第二步：IFR 是什么？

熨斗能自行保持站立状态。

第三步：达到 IFR 的障碍是什么？

熨斗无法自行站立，需要靠人来摆放成站立状态。

第四步：出现这种障碍的结果是什么？

如果人忘记把熨斗摆放成站立状态，熨斗长时间与衣服接触，衣服被烫坏。

第五步：不出现这种障碍的条件是什么？

有一个支撑力将熨斗从平行状态支起。

第六步：创造无障碍条件的可用资源是什么？

熨斗的自重、形状。

我们可以思考有什么东西可以自行保持站立状态，小孩子也马上能够想到一种最常见的玩具——不倒翁。那么不倒翁是如何实现这种神奇的状态的？相同的原理是否可以应用在熨斗的设计上呢？

解决方案：把熨斗的尾部设计成圆柱面或者球面，让重心移到尾部，因此熨斗像不倒翁一样，平时保持自动站立的姿态。使用时，轻轻按倒即可；不使用时，只要你一松手，熨斗就自动站立起来，脱离与衣服的接触。这样，你可以放心地去做别的事情了。

▌例 2-12

解决割草机问题

用割草机割草时，噪声大、产生空气污染、消耗能源、高速旋转的草飞出时可能会伤害到人，请提出改进方案。

应用 IFR 的分析步骤如下：

第一步：设计的最终目的是什么？

客户需要的是漂亮、整洁的草坪。

第二步：IFR 是什么？

不用割草就能保持漂亮、整洁的草坪。

第三步：达到理想结果的障碍是什么？

草要生长。

第四步：出现这些障碍可能产生什么后果？

必须割草，否则就不能保持漂亮、整洁的草坪。

第五步：不出现这些障碍的条件是什么？

不让草生长，保持一定的高度。

第六步：创造这些条件存在的可用资源是什么？

生物技术的发展，可能有对草进行改良的方法。

解决方案：发明一种"聪明草种"，这种草生长到一定高度后就停止生长，割草机不再被采用，问题被彻底解决（见图 2-17）。

这一例题的分析结果给出了很有趣的结论：由于最终理想解的确定，我们甚至抛弃了现存的所有方式。但将理想解定义为"不用割草就能保持漂亮、整洁的草坪"，就必须克服原有的"草总是要割的"这一思维惯性；而对于这一点，如果已经真正理解了 IFR 的含义，是不难得出的。当然，在实际操作时，考虑的问题可能会更多，如这种草种的研发成本、维护成本等，它们都是消耗的资源，都将降低理想度。所以在决策时还必须做全面的考虑。

a）工程设计　　b）太阳能自动割草机　　c）药物施做　　d）基因改造品种

图 2-17　割草机系统的 IFR

2.6 资源分析法

系统资源包括内部资源和外部资源。内部资源是指在矛盾发生的时间、区域内部存在的资源，是系统内部的组件及其属性。外部资源是指在矛盾发生的时间、区域外部存在的资源，包括从外部获得的资源及系统专有的超系统资源、廉价易得资源。这两大类资源又可分为现成资源、差动资源和派生资源。现成资源是指在当前状态下可被直接使用的资源，如物质资源、场资源、空间资源、时间资源、信息资源和功能资源等。差动资源则是指物质与场的不同特性形成的某种技术特征资源，如结构特性、材料特性、各种参数特性等。而派生资源则是指通过某种变换，使不可用资源得以利用或改变设计使之与设计相关，从而可以利用的特性资源。

资源分析是对理想的资源，即无限的、免费的资源的分析利用，系统化地考虑可用的资源，因而直接触发解决问题的创新灵感。在设计过程中，合理地利用资源可使问题的解更容易接近理想解。如果利用了某些资源，还可能取得附加的、未曾设想的效益。另外，设计过程中用到的资源不一定很明显，需要认真挖掘才能成为有用资源。**运用资源分析，应该遵循以下基本原则：**

（1）将所有的资源首先集中于最重要的子系统中。

（2）合理地、有效地利用资源，不可造成浪费。

（3）将资源集中到特定的时间和空间。

（4）利用其他过程中损失或浪费的资源。

（5）与其他子系统分享有用资源，动态地调节这些子系统。

（6）根据子系统隐含的功能，利用其他资源。

（7）对其他资源进行变换，使其成为有用资源。

在此原则指导下，参照图 2-18 的资源分析流程进行资源分析。

例 2-13

如何使凉伞产生风

夏天的太阳灼人，人们通常用凉伞遮阳。不过很多人希望凉伞除了能用来遮阳以外，还可以给人带来一些风。如何解决这一问题？

应用资源分析如下：

第一步：可用资源分析。

凉伞实体：伞面、伞柄等；环境：阳光，阳光照射产生的温度场等；以及持伞的人。

第二步：解决方案。

例如，利用太阳能资源，通过太阳能电池提供电源，由小电机带动电风扇供风；如利用温度场产生空气对流以形成风；如利用持伞之人手动产生风。

由此可见，不同的资源选择将导致不同的设计结果，如图 2-19 所示为带风扇的帽子。

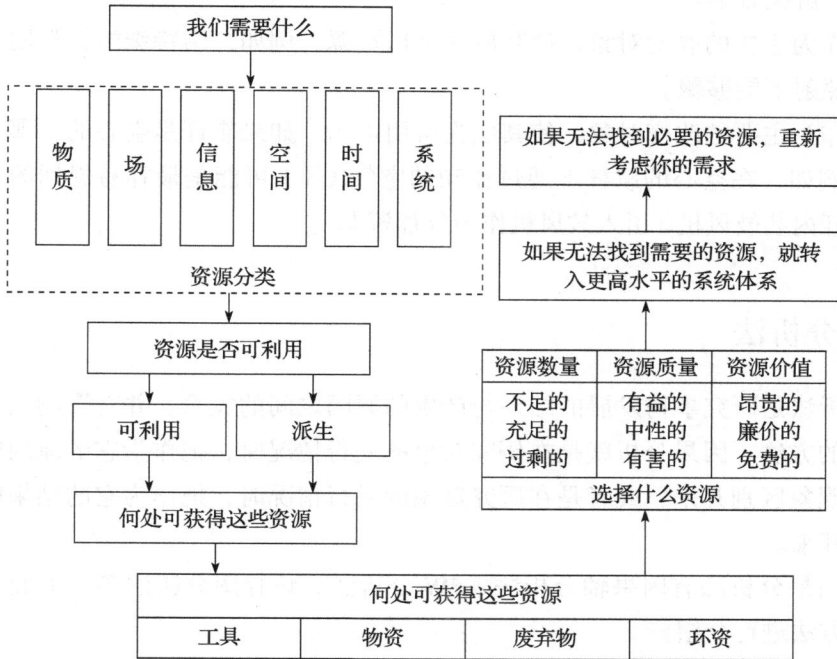

图 2-18　资源分析流程图

图 2-19　带风扇的帽子

图 2-20　飘扬的旗帜

例 2-14

如何使旗帜飘扬

在一个拍摄现场需要一面随风飘荡的旗帜（见图 2-20），但没有风，而由于拍摄要求在 100 米的范围内不应该出现鼓风机造风。如何解决这一问题？

运用资源分析如下：

第一步：可用资源分析。

旗帜、旗杆；阳光，阳光照射产生的温度场等；由于主要的限制是不能出现影响拍摄的物品，所以如果引入的物质成本不是太高，只要它满足限制条件都是可以被接受的。

第二步：解决方案。

将旗帜作为主要的改变对象，使其成为可用资源。例如，用特殊的材料制造旗帜，使它在阳光的照射下能够飘荡。

将旗杆作为主要的改变对象，使其成为可用资源。如果旗杆是空心的，那么其中大有文章可做。例如，在空心的旗杆上通过流动的空气（风）可能是最容易想到的，最直接的做法是在旗杆内装鼓风机（引入鼓风机作为外加资源）。

2.7   因果分析法

因果分析法是研究事物发展的结果与产生的原因之间的关系，并对影响因果关系的因素进行分析的方法。因果分析就是在研究对象的先行情况时，把作为它的原因的现象与其他非原因的现象区别开来，或者是在研究对象的后行情况时，把作为它的结果的现象与其他现象区别开来。

常见的因果分析法有因果轴分析法、5W 分析法、鱼骨图分析法等，下面分别对这几种因果分析方法进行介绍。

2.7.1   因果轴分析法

为了发现隐藏在表层问题之后的真正问题，寻找解决问题的薄弱点，并分析解决问题的系统资源，以降低解决问题的成本，研究者们常常借助三轴问题分析法（见图 2-21），即沿流程时序轴（操作轴）、系统层次轴（系统轴）和因果关系轴（因果轴）对初始问题进行分析与定义，将复杂的工程问题分解成若干子问题。此处重点介绍因果关系轴的因果轴分析法。

因果轴分析法，即因果链分析法，通过构建因果链探明事件发生的原因和产生的结果之间关系的分析方法，以找出问题产生的根本原因。

因果轴分析的目的是由于根本原因与产生结果之间存在的一系列因果关系，这

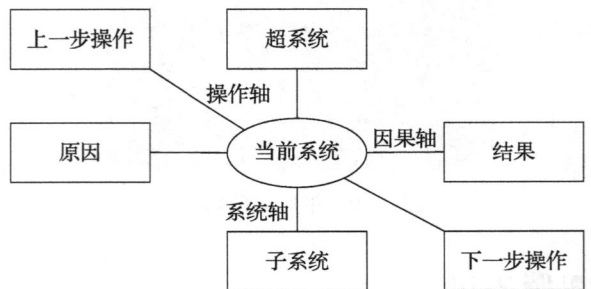

图 2-21   三轴问题分析法

样便可构成一条或多条关系链，通过发现问题的产生原因与发现链中的薄弱环节，为解决问题寻找切入点。

因果轴分析的步骤如下所示：

第一步：原因轴分析。

目的：了解事件的根本原因，确定解决问题的最佳时间点。

分析过程如下：

（1）从发现的问题出发，列出其直接原因。

（2）以这些原因为结果，寻找产生这些结果的上一层原因，按照前面两个步骤的方法继续分析，直至找到根本原因。

（3）结束原因轴分析的判定条件：当不能继续找到上一层的原因时，或当达到自然现象时，或当达到制度、法规、权利、成本等极限时，则不再寻找原因（见图 2-22）。

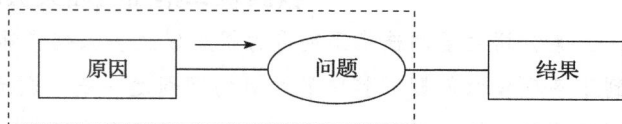

图 2-22　原因链模型

对应一个问题，可能会有多个原因，因此原因轴可以有多条链。

第二步：结果轴分析。

目的： 了解问题可能造成的影响，并寻找可以掌控结果发生、蔓延的时机和手段。

分析过程如下：

（1）从目前的现象出发，推测其继续发展可能会造成的各种结果。

（2）从每个直接结果出发，再寻找可能产生的下一步结果，按照前面两个步骤的方法继续分析。

（3）结束结果轴分析的判定条件：当不能继续找到下一层的结果时，当达到重大人员、经济和环境损失时，当达到技术系统的可控极限时，结束分析。

（4）将每个现象与其后果用箭头连接，箭头从现象指向后果，构成结果链（见图 2-23）。

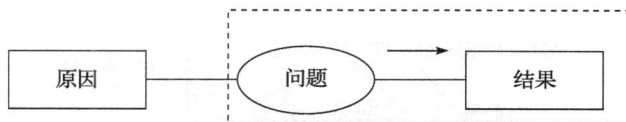

图 2-23　结果链模型

（5）原因链与结果链构成因果轴（见图 2-24）。

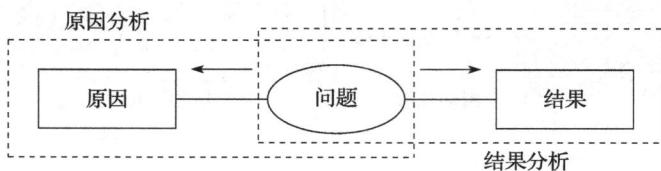

图 2-24　因果链分析模型

对应一个问题，可能会有多个结果，因此结果轴可以有多条链。

因果轴分析要注意以下几点：

（1）如果因果关系不能确定，应增加其他方法进行分析，如定性分析或定量分析。

（2）如果同一个结果有多个原因，应该分析这些原因与造成的问题（现象）之间，以及原因之间的关系，通常只有一个是原因，其他是导致结果出现的条件。

（3）有时候从一个实际问题开始进行结果轴分析，其严重后果已经显而易见，就不需要继续分析结果轴。如果一个问题引发后续多种后果，有必要了解这些后果出现的关系，如时间先后关系、共存关系或排斥关系。

例 2-15

铁路机车柴油机油泵振动因果轴分析

某公司主要制造多系列电力机车以及多系列柴油机等产品。试制新型发动机的过程中，遇到了多项技术问题，其中最严重的问题之一是：润滑油管路振动超标。当柴油机运转的时候，润滑管路系统会产生高频振动，影响了产品的性能。表 2-1 描述了几个主要振动测量部位的测量值和期望值。

表 2-1   振动测量值

位置	测量的振动频率（mm.S^{-1}）	期望的振动速率（mm.S^{-1}）
油泵出口	30 ~ 40	25
溢流阀	50 ~ 60	40
波纹管阀	35 ~ 50	30

图 2-25 是油泵的结构图。

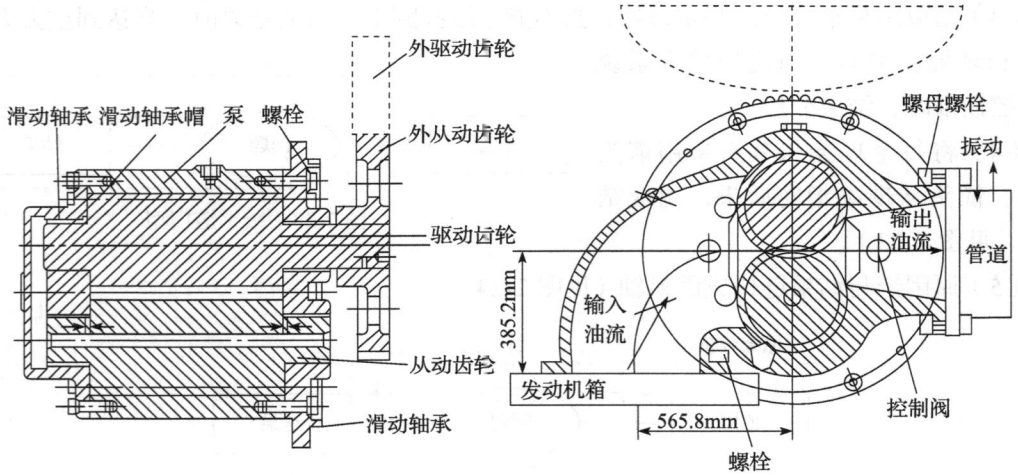

图 2-25   油泵的结构图

从振动测量结果结合结构图可以看出，柴油机管路的振动主要有三方面：波纹管动、溢流阀连接处的振动、油泵出口振动。

而对于"油泵出口振动"，我们采用前述提到的各种因果分析方法，可进一步分析其产生的原因，并把这些原因运用因果轴分析的形式表达出来，如图 2-26a 所示。如图 2-26b 所示的是采用图形化的规范描述后的情形。

```
                        ┌──────────┐
                        │ 外驱动齿轮 │
                        │  的扭振   │
                        └────┬─────┘
                             ↓
┌──────────┐   ┌──────────┐   ┌──────────┐
│主动齿轮和从动│→ │主动齿轮和从 │   │柴油机和油泵间的│
│齿轮的冲击啮合│   │动齿轮之间的振动│   │连接刚度不足 │
└──────────┘   └──────────┘   └──────────┘
      │              │              │
┌──────────┐   ┌──────────┐   ┌──────────┐
│ 存在困油区 │→ │油泵内油压 │→ │出口处存在 │→ │油泵箱体振动│
└──────────┘   │  脉动   │   │气穴紊流  │   └──────────┘
               └──────────┘   └──────────┘        │
                                            ┌──────────┐
                            ┌──────────┐    │油泵出口振动│
                            │溢流阀连接处 │    └──────────┘
                            │  振动    │         │
                            └──────────┘    ┌──────────┐
                            ┌──────────┐ → │柴油机管路振动│
                            │ 波纹管振动 │    └──────────┘
                            └──────────┘
```

a）油泵出口振动原因分析

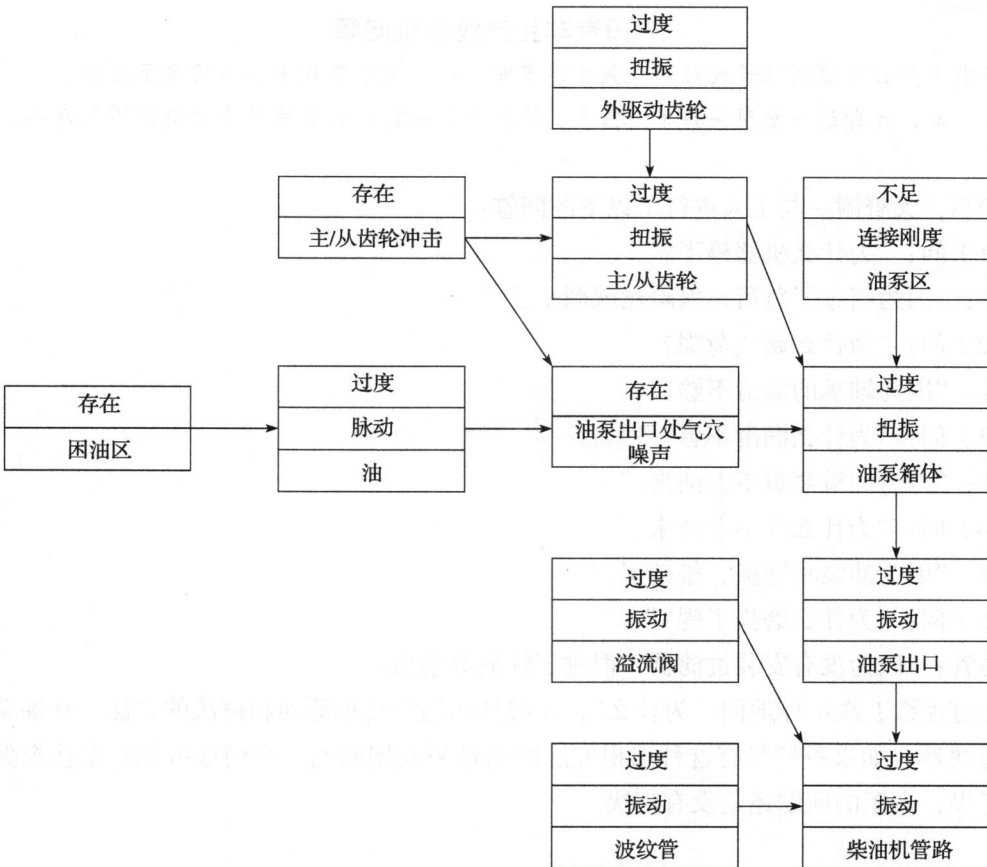

b）油泵出口振动图形化的规范描述

图 2-26　油泵振动因果轴分析

2.7.2　5W 分析法

5W 分析法，即 5 个"为什么"分析法，最初由丰田公司提出并在丰田公司广泛采用，因此也被称为丰田五问法。5W 分析法是一种用不断问"为什么"来寻找现象的根本原因的方法，这种方法是对现象发生的可能原因进行分析，在事实的基础上寻找根本原因的分析方法。它是一种更进一步的因果分析方法。

5W 分析法用在原因调查阶段，要真正解决问题必须找出问题的根本原因，而不是问题表象。根本原因总是隐藏在问题的背后，因此在原因调查阶段需认真收集问题发生的原因以及相关的数据。

用 5W 分析法寻找问题的根本原因时，要注意以下两点：

（1）所找的原因必须建立在事实基础上，而不是猜测、推测、假设的。

（2）阐明现象时为避免猜测，需到现场去察看现象。

▋例 2-16

丰田汽车生产线停机问题

丰田汽车公司前副社长大野耐一先生，曾举了一个例子来找出停机的真正原因。

有一次，大野耐一发现一条生产线上的机器总是停转，虽然修过多次但仍不见好转。

于是，大野耐一与工人进行了以下的问答：

（1）问："为什么机器停了？"

答："因为超过了负荷，保险丝就断了。"

（2）问："为什么超负荷呢？"

答："因为轴承的润滑不够。"

（3）问："为什么润滑不够？"

答："因为润滑泵吸不上油来。"

（4）问："为什么吸不上油来？"

答："因为油泵轴磨损、松动了。"

（5）问："为什么磨损了呢？"

再答："因为没有安装过滤器，混进了铁屑等杂质。"

经过连续五次不停地问"为什么"，才挖到问题的真正原因和解决的方法，在油泵轴上安装过滤器。如果我们没有这种追根究底的精神来发掘问题，我们很可能只是换根保险丝草草了事，真正的问题还是没有解决。

▋例 2-17

杰斐逊纪念堂的外墙破损问题

杰斐逊纪念堂坐落于美国华盛顿，为纪念美国第三任总统托马斯·杰斐逊而建，1938 年在罗斯福主持下开工，至 1943 年杰斐逊诞生 200 周年，杰弗逊纪念堂落成并向公众开放。杰斐逊纪念堂的外墙是由花岗岩制成，近年来脱落和破损严重，再继续下去就需要推倒重建，要花纳税人一大笔钱，这需要市议会的商讨决议，在议员们投票之前需要请专家分析一下根本原因，并找出一些可行的解决方案。

外墙采用花岗岩，花岗岩经常脱落和破损，专家发现：

（1）为什么外墙花岗岩脱落和破损？

脱落和破损的直接原因：经常使用去污性能较强的清洗液，而清洗液中含有酸性成分。

（2）为什么花岗岩表面特别脏？

因为鸟粪特别多。

（3）为什么鸟愿意在这个大厦上聚集？

因为大厦上有一种鸟喜欢吃的蜘蛛。

（4）为什么大厦的蜘蛛特别多？

因为楼里有一种蜘蛛喜欢吃的虫。

（5）为什么这个大厦会滋生这种虫？

因为大厦采用了整面的玻璃幕墙，阳光充足，温度适宜。

因此，解决方案就明显而简单了：拉上窗帘。

2.7.3　鱼骨图分析法

鱼骨图是由日本管理大师石川馨先生创建的，故又名石川图。鱼骨图是一种发现问题根本原因的方法，它也可以称为因果图。

鱼骨图分析法把问题以及原因采用类似鱼骨的图样串联起来，鱼头是问题点，鱼骨则是原因，而鱼骨又可分为大鱼骨、小鱼骨、细鱼骨，小鱼骨是大鱼骨的支骨，细鱼骨又是小鱼骨的支骨，必要时还可以再细分下去。大鱼骨是大方向，小鱼骨是大方向的子因，而细鱼骨则是子因的子因。鱼骨图分析法与头脑风暴法结合是比较有效的寻找问题原因的方法之一。鱼骨图基本结构图如图 2-27 和图 2-28 所示。

鱼骨图由特性（现象或待解决的问题）①、主骨②、要因③、大骨④、中骨⑤、小骨⑥、孙骨⑦等构成。

特性①：某种现象或待解决的问题，画在鱼骨图的最右端。

主骨②（即主刺）：画在特性①的左端，可用粗线表示。

要因③：一般鱼骨图有 3 ～ 6 个要因，并用大骨④将要因和主骨连接起来。绘图时，一般情况下应保证大骨与主骨成 60° 夹角，中骨与主骨平行。要因一般用四方框圈起来。

图 2-27　鱼骨图基本形状

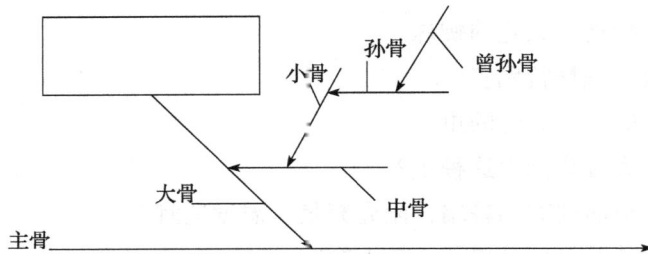

图 2-28　鱼骨图的构成

要因的确定方法：召开头脑风暴研讨会，在最初的草案阶段，对于制造类鱼骨图的大骨通常采用 6M 确定要因（见图 2-29）。6M 是指人员（man）、测量（measurement）、环境（mother-nature）、方法（methods）、材料（materials）、机器（machine）。

图 2-29　制造类 6M 要因图

6M 方法常规鱼骨图如图 2-30 所示。

对于服务与流程类鱼骨图，如图 2-31 和图 2-32 所示。

图 2-30　6M 方法常规鱼骨图

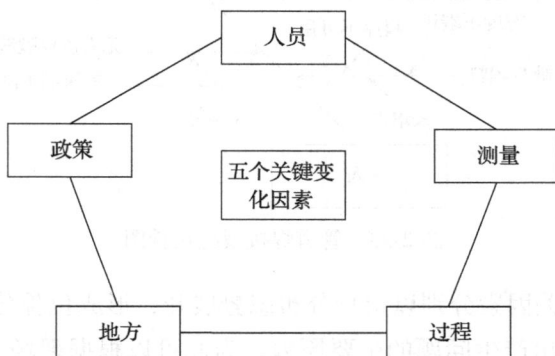

图 2-31　服务与流程类鱼骨图模板

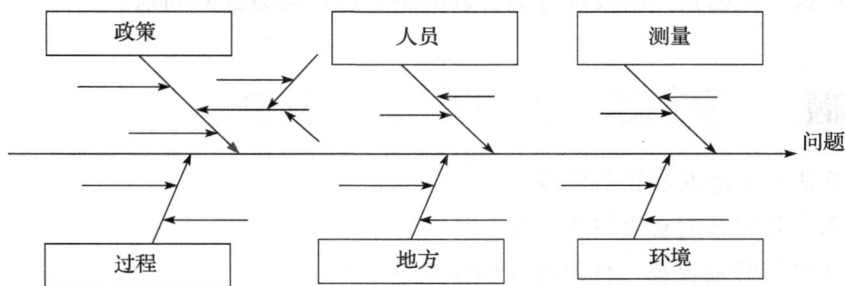

图 2-32　服务与流程类鱼骨图

中骨⑤要说明"事实"，小骨⑥要围绕"为什么会那样?"来描述，孙骨⑦要更进一步来追查"为什么会那样?"。

中骨、小骨、孙骨的记录要点：要围绕事实系统整理要因，要因一般使用动宾结构的形式，如："没有照明""没有盖子""没有报警""学习不足""注意不足"。

例 2-18

管道焊接裂缝问题

管道焊接裂缝鱼骨图如图 2-33 所示。图中的"鱼头"表示的是需要解决的问题，即管道焊接出现裂缝的问题。根据现场调查，可以把产生管道焊接出现裂缝问题的要因概括为三类：管道缺陷、扩产和人的因素。在每一类要因中包括若干造成管道焊接裂缝的可能因素，如焊接设备存在缺陷、采购的管道存在裂缝、无人监控裂缝等。

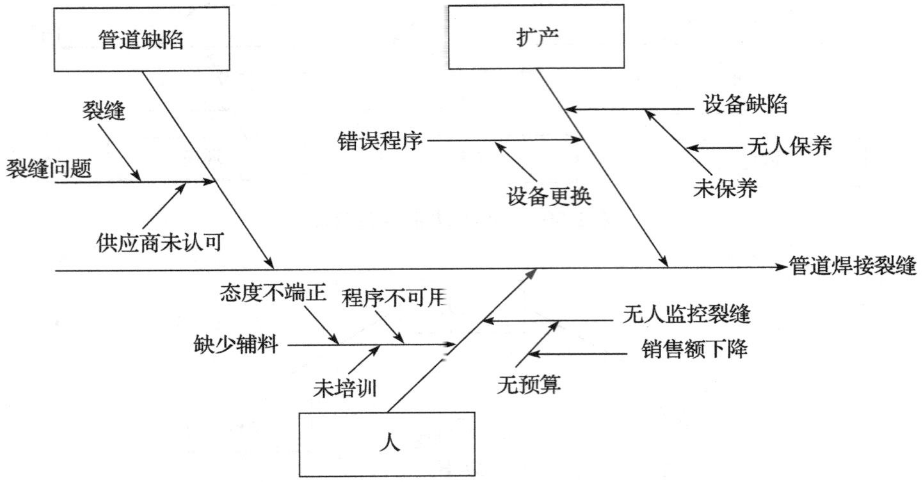

图 2-33 管道焊接裂缝鱼骨图

将三类要因及其相关因素分别以鱼骨分布态势展开，形成鱼骨分析图。

下一步的工作是找出产生问题的主要原因，为此可以根据现场调查的数据，计算出每种原因或相关因素在产生问题过程中所占的比重，以百分数表示。

最后针对这三大因素提出改进方案，以解决管道焊接裂缝的问题。

思考题

1. 简述九屏幕法的概念及其操作流程。

2. 利用九屏幕法分析来测量毒蛇的长度。

3. STC 算子法包括哪些流程，使用时应该注意什么？

4. 用金鱼法分析如何让毯子飞起来？

5. 什么是小人法，小人法的具体步骤有哪些？

6. 理想化的方法有哪些？

7. 实验室里，实验者需要研究酸液对多种金属的腐蚀作用，他们将大约 20 个各种金属的实验块摆放在容器底部，然后泼上酸液，关上容器的门并开始加热。实验持续约两周后，打开容器，取出实验块，在显微镜下观察表面的腐蚀程度。实验人员发现在实验的同时，酸液把容器壁也给腐蚀了。请用 IFR 解决问题。

8. 什么是资源分析，应该有哪些基本原则？

9. 什么是因果轴分析，它的目的是什么？

10. 什么是鱼骨图分析，它有什么特性？

第3章

技术系统进化法则

▋本章学习目标

1. 了解技术系统的基本概念；
2. 熟练掌握十大进化法则，并能加以运用解决实际的发明创新问题；
3. 了解技术系统进化法则的应用场合。

技术系统进化理论是 TRIZ 方法的核心内容之一。该理论强调所有技术系统一直处于变化之中，进化过程中会产生很多不可预知的矛盾或冲突，每解决一次技术矛盾或冲突，就意味着技术系统的进化发展，即解决冲突是进化的唯一方法。

阿奇舒勒在分析大量技术专利的过程中发现，技术系统是不断进化的，而技术系统进化的动力源于技术子系统的不均衡性，这与哲学上的对立统一规律相对应。技术系统的变化总是遵循从量变到质变的规律，由点到线，由面到三维空间；在系统层面上，则由单系统向双系统和复合系统方向演变。这些演变促进了事物从低级系统向高级系统的进化，表现在产品上，是由单功能向多功能、由低效率向高效率的转化，这些转化的极限就是理想化。理想化则是 TRIZ 的最高准则，产品的进步过程始终反映在产品性价比的不断改善中。

3.1 技术系统

我们学习和运用 TRIZ 的过程，应当是一个循序渐进、逐步深入的漫长过程。我们学习和运用 TRIZ 的目的，首要任务就是解决技术系统中存在的各种难题。可以说，技术系统是 TRIZ 里最重要的基础概念，TRIZ 里面所有的原理、法则、模型、矛盾、进化、理想度内容等都是围绕技术系统展开的。

3.1.1 系统

1. 系统的基本概念

不同的学科，由于研究范围的不同，常常给出不同的系统定义。因此，对系统的定义有多种不同的表述。

一般系统论的创始人贝塔朗菲说："系统可以定义为相互关联的元素的集合。"以后他又将系统的定义扩充为："系统的定义可以确定为处于一定的相互关系中并与环境发生关系的各组成部分（要素）的总体（集合）。"我国著名的系统科学家钱学森则认为："所谓系统，是由相互制约的各个部分组成的具有一定功能的整体。"也有人认为："系统是由若干具有特定属性的组成元素经特定的联系而构成的、与周围环境相互联系的、具有特定结构和功能的整体。"

目前，学术界比较认同的系统定义为：系统，是指由若干相互联系、相互作用的部分组成的，在一定环境中具有特定功能的有机整体。组成系统的各个部分，被称为要素、单元或子系统。由于系统可以划分为不同层次的要素，所以，要素具有相对性。

2. 系统的基本组成要素

从上述对系统的不同定义可知，要完整地规定或描述系统，必须包括如下五个基本要素：系统的组成、系统的结构、系统的环境、系统的功能和系统的边界。

（1）系统的组成。系统的组成是指系统的所有组成元素的集合。

任一系统都是由若干组成元素组成的整体，单一元素不是系统，必须由两个或两个以上元素才能组成系统。组成元素是构成系统的最小部分或基本单元，即不可再划分的单元，基本特征是具有基元性。元素的不可分性，是相对于它所属的系统而言，离开这种系统，元素本身又成为由更小组成元素构成的系统。

（2）系统的结构。系统不是其组成诸元素毫无联系的、偶然的堆积，系统不同于堆积物。系统中各组成元素必须处于一定的相互关系之中，这些元素相互联系、相互作用形成相对稳定的、特定的组织形式（或结合方式），才能构成系统。系统的结构就是指系统的各组成元素之间相互关系和相互作用的总和，是系统各组成元素相互结合的方式。

（3）系统的环境。系统的环境是指与系统发生相互作用又不属于这个系统的所有事物的总和。之所以系统的环境也是系统的一个基本因素以及描述系统的一个基本参量，是因为系统对于环境固然有相对独立性，但是环境对系统的存在和发展有极大影响和作用：环境为系统提供生存条件，环境对系统进行选择，控制着系统的发展，加速或延缓系统的发展过程。

（4）系统的行为和功能。系统的行为和功能都是描述系统整体的形状，描述系统作为一个整体同环境相互关系的范畴。行为原是心理学和行为科学的概念，被定义为人类日常生活所表现的一切动作。控制论创始人维纳把行为的概念推广应用于人以外的一切系统，如动物、机器和社会等。按照维纳等人的意见，可以把系统的行为定义为一个系统相对于它的环境做出的任何变化，或者说，一个系统可以从外部探知的任何变化，都可以称作行为。一个系统相对于它的环境做出的变化，可以区分为三种情况：一是对环境的某一刺激（输入）的反作用，即对一定输入做出一定的输出响应；二是对环境的某一刺激（变化）的响应，这一响应并不反作用于环境，即在一定输入下系统本身状态的变化；三是不由环境引起的自发活动，包括系统本身状态的变化或系统对环境的输出。

系统的功能也是描述系统与环境关系的范畴，可以理解为系统在与环境相互联系中表现出来的系统对环境产生某种作用的能力，或系统对环境变化和作用做出相应或反应的能力。控制论中把系统的功能定义为系统将一定的输入变换为一定的输出的能力。

（5）系统的边界。系统与环境之间存在着边界，子系统与整体系统之间存在着边界，一个子系统与其他子系统之间也存在着边界。边界的重要性一点也不亚于系统本身。边界的存在是客观的，凡是系统都有边界。把系统与环境分开来的东西，称为系统的边界（boundary）。从空间看，边界是把系统与环境分开来的所有点的集合（曲线、曲面或超曲面）。系统边界在系统与环境之间扮演着一个双重角色：一方面将系统的质与环境的质区分开来，另一方面它又将系统和环境通过系统的输入输出方式联系起来，形成了系统与环境之间各种各样的相互关系。系统与环境之间的相互影响和相互作用的性质与程度是由边界的性质决定的。通过改变边界的性质，使系统与环境之间的影响不对称。边界的这种性质决定了系统的结构、功能和行为的变化和发展。

3. 系统的特性

系统的一般特征包括整体性、相关性、层次性、有序性、环境的制约性与系统的适应性、动态性、复杂性和随机性等，对于人造系统来说，还有目的性特征。

（1）整体性。系统整体性又称为非可加性，指的是系统是由若干要素组成的具有一定新功能的有机整体，各个作为系统子单元的要素一旦组成系统整体，就具有独立要素所不具有的性质和功能，形成了新的、系统的、质的规定性，从而表现出整体的性质和功能不等于各个要素的性质和功能的简单加和。

（2）相关性。系统的联系，是指系统内各部分之间发生的物质、能量、信息的传递和交流，结果是某一部分的变化会导致另外部分的变化，这就是所谓相关性。

在系统内，各元素不是孤立存在的，而是按照一定的关系相互联系的。系统中相互关联的部分或部件形成"部件集"，"集"中各部分的特性和行为相互制约、相互影响，这种相关性确定了系统的性质和形态。

（3）层次性。系统的层次性指的是，由于组成系统的诸要素的种种差异，包括结合方式上的差异，使系统组织在地位与作用、结构与功能上表现出等级秩序性，形成了具有质的差异的系统等级，层次概念就反映这种有质的差异的不同的系统等级或系统中的等级差异性。

（4）有序性。世界上大多数系统都有复杂的层次结构。所谓系统的结构，是指构成系统的诸要素的性质、数量、比例、空间排列以及时序组合。由于系统的结构、层次和功能的动态演变有某种方向性，因而使系统具有有序性的特征。

（5）环境的制约性与系统的适应性。系统不是孤立存在的，它要与周围事物发生各种联系。这些与系统发生联系的周围事物的全体，就是系统的环境。系统的功能，一方面取决于系统内部的结构和联系；另一方面，要受环境的影响和制约。

（6）系统的动态性、复杂性和随机性。物质和运动是密不可分的，各种物质的特性、形态、结构、功能及其规律性，都是通过运动表现出来的，要认识物质，首先就要研究物质的运动。

系统的状态与功能不是一成不变的。系统不仅作为一个功能实体而存在，而且作为一种运动而存在。系统的内部联系是一种运动，系统与环境的相互作用也是一种运动。无论是系统要素的状态和功能，还是环境的状态都不是一成不变的，所以系统的功能是时间的函数。

（7）目的性。系统目的性指的是，系统在与环境的相互作用中，在一定的范围内其发展变化不受或少受条件变化或途径经历的影响，坚持表现出某种趋向预先确定的状态的特性。

按照系统目的的不同，可以将系统分为两类：一类是由矿物、植物和动物等自然物天然形成的系统，统称为自然系统；另一类是人们为达到某种目的而人为地建立（或改造过）的系统，统称为人造系统。

3.1.2　技术系统

19 世纪中叶，达尔文提出了"物竞天择、适者生存"为核心思想的生物进化论，认为生物存在着从低级到高级、从简单到复杂、从种类少到种类多的进化规律。与达尔文的生物进化论相类似，在 20 世纪中后期，阿奇舒勒通过对众多技术发展历程的研究和总结，提出了技术系统进化理论。阿奇舒勒认为，技术系统同样也面临"自然选择，优胜劣汰"的问题，只不过实施这种选择行为的是人类社会，选择的标准是"技术系统是否满足人类社会的需要"。由此，阿奇舒勒认为，技术系统的进化不是随机的，而是遵循一定的客观规律的；同生物系统的进化类似，技术系统也面临着自然选择，优胜劣汰。

关于技术系统（technical system，TS）的概念，不同学者给出了不同的定义，到目前为止还没有一个公认的、标准的定义。但是，在已有的许多定义中，还是有许多共同点的。在对这些定义进行分析的基础上，笔者认为，作为一类特殊的系统，与自然系统（如自然生态系统、天体系统……）相比，技术系统应该具有如下三个鲜明的特征：

（1）技术系统是一种"人造"系统。技术系统不同于自然系统，它是人类为了实现某种目的而创造出来的。因此，技术系统与自然系统的最大差别就是明显的"人为"特征。

（2）技术系统能够为人类提供某种功能。人类之所以创造某种技术系统，就是为了实现某种功能。因此，技术系统具有明显的"功能"特征。在对技术系统进行设计、分析的时候，应该牢牢地把握住"功能"这个概念。

（3）技术系统由多种元素组成。技术系统由能量源、动力装置、传输装置、执行装置、控制装置等组成。

由此我们可以将技术系统总结为：技术系统是指能够提供人们所需功能的相互联系的要素的组合，即技术系统是多个要素的集合，能够实现某种功能或多种功能，这些功能是人们所需的。例如，可以把一台计算机、一辆汽车、一栋楼房、一部电梯、一个交通系统等都看作技术系统。组成技术系统的各要素也可以看作是技术系统的子系统。

当技术系统置身于更大的系统时，它作为子系统，而更大的系统则是超系统。例如，一辆汽车在整个交通系统中，交通系统是超系统；一部手机在整个无线移动通信系统中，移动通信系统是超系统。超系统可以被认为是技术系统所隶属的外部环境。超系统的存在有着重要的意义，站在超系统的层面看待和处理问题，会让问题更容易理解和解决。

3.2　技术系统进化法则

技术系统的进化是指实现技术系统功能的各要素从低级到高级、从低效到高效，系统功能从单一到集成不断演化的过程。就具体的技术系统而言，设计者对某个或某些子系统的改进和完善，都提高了整个系统的性能；同时，也有可能降低了价格，即提高了性价比。这个不断提高的过程就是技术系统的进化过程。

3.2.1　S 曲线进化法则

阿奇舒勒通过对大量发明专利的分析，发现技术系统是沿着一条 S 形的曲线有规律地进化的。技术系统的进化程度主要是依靠设计者来推进的，如果没有引入新的技术或技术的新组合，它将停留在当前的技术水平上，而新技术的引入将推动技术系统的进化。

图 3-1 是一条典型的技术系统进化的 S 曲线。S 曲线描述了一个技术系统的完整生命周期和技术系统各项重要性能参数的发展变化规律。图 3-1 中的横轴代表时间，纵轴代表技术系统的某个重要性能参数。任何一个技术系统的进化都会经历四个阶段，分别是婴儿期、成长期、成熟期、衰退期，技术系统的各重要性能参数也同样会经历这四个阶段（见图 3-2）。技术系统和各重要性能参数所经历的四个阶段会呈现出不同的特点（见表 3-1）。

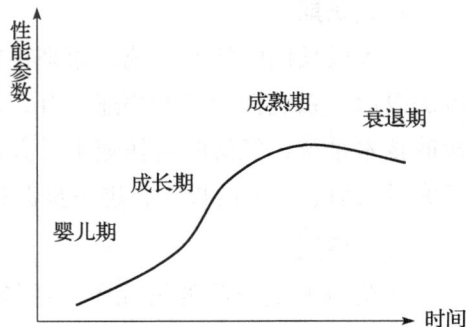

图 3-1　技术系统进化的 S 曲线

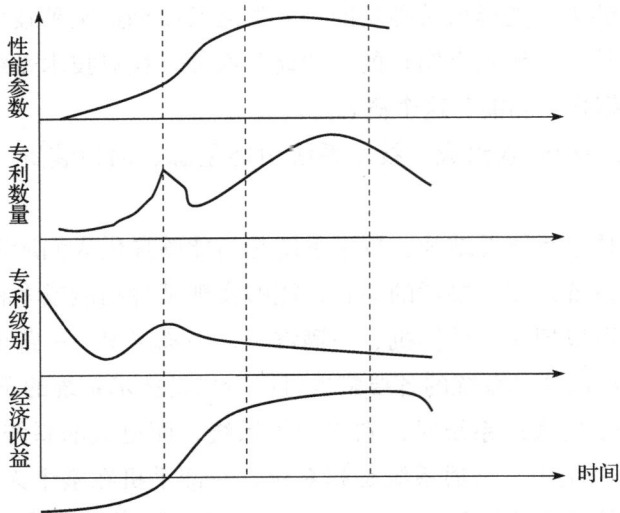

图 3-2   S 曲线对应的性能参数、专利数量、专利级别和经济收益曲线

表 3-1   S 曲线的各个阶段特征

序号	时期	特点
1	婴儿期	效率低，可靠性差，缺乏人力、物力的投入，系统发展缓慢
2	成长期	价值和潜力显现，大量的人力、财力、物力的投入，效率和性能得到提高，吸引更多的投资，系统高速发展
3	成熟期	系统日趋完善，性能水平达到最佳，利润最大并有下降趋势，研究成果水平较低
4	衰退期	技术达到极限，很难再有突破，将被新的技术系统代替，会有新的 S 曲线出现

1. 婴儿期

处于婴儿期的技术系统，尽管能够提供新的功能。但存在着效率低、可靠性差等问题。更为重要的是，由于技术系统中一些关键性的冲突没有得到解决，使得系统的性能难以得到本质性的提高，从而使人们感觉难以把握产品的未来，考虑到投入风险较大，通常只有少数眼光独到者才会进行投资。总体而言，处于此阶段的系统所能获得的人力、物力投入都非常有限，从而影响了系统性能的提升速度。产品所创造的利润很少，甚至可能为负值。

2. 成长期

进入成长期的技术系统，原来存在的各种问题逐步得到解决。特别是关键性冲突得到解决以后，系统性能开始快速提升，效率和可靠性也同步得到较大程度的提高。处于此阶段的技术系统，经济收益快速上升并凸显出来，从而增强了企业的投资信心和力度，吸引了大量人力、财力的投入，进一步促进技术系统的快速完善，推进技术系统得到快速发展。

3. 成熟期

在获得大量资源的情况下，系统从成长期会快速进入成熟期，这时技术系统已趋于完善，各类重要的冲突已基本得到解决，更多的是小范围内的性能改善。处于此阶段的产品已经进入大批量生产，并获得巨额的经济收益。处于成熟期的系统会消耗大量的特定资源、系统被附加一些与其主要功能完全不相关的附加功能。有理性和前瞻性的企业应在这一阶段开始进行下一代产品开发的准备，将上一代产品成熟期的利润拿出一部分作为下一代产品婴儿期的投入，以保证本代产品淡出市场时，由新的产品来承担起企业发展的重担。

4. 衰退期

成熟期后系统面临的是衰退期。处于此阶段的技术系统已达到极限，不会再有新的突破，该系统因不再有需求的支撑而面临被淘汰。此阶段，系统的性能参数、专利数量、专利级别、经济收益四个方面均呈现快速下降的趋势。

5. S 曲线的跃进

S 曲线揭示了技术系统最为简单的生命周期形式，但实际的进化方式则远较之复杂。当一个技术系统进化到一定程度时，必然会出现一个新的技术系统来代替它，即现有技术代替老技术，新技术代替现有技术，形成技术上的交替，就形成了S 曲线跃进（见图 3-3）。

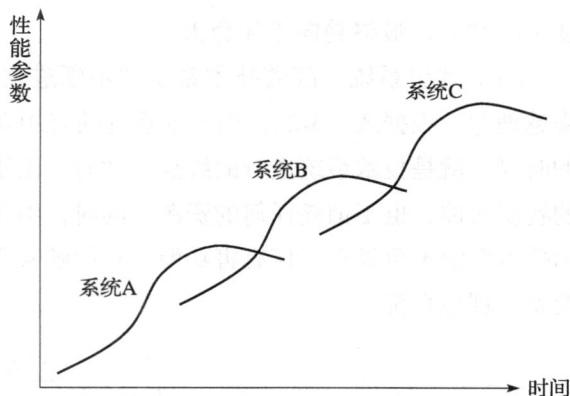

图 3-3　S 曲线跃进

3.2.2　提高理想度法则

1. 基本概念

（1）理想度。理想度的概念是 TRIZ 的基础之一，以它为基础引出了理想系统和最终理想解的概念。人类不断地改用技术系统使其速度更快、更好和更廉价的本质就是提高系统的理想度。

每个技术系统之所以被设计、制造，就是为了提供一个或多个有用功能（useful function，UF）。一个技术系统可以执行多种功能，在这些有用功能中，有且只有一个最有意义的功能，这个功能是技术系统存在的目的，称为主要功能（primary function，PF），主要功能也被称为首要功能或基本功能。注意：一个系统往往具有多个有用功能，但是到底哪个有用功能才是主要功能，就要具体问题具体分析了。另外，为了使主要功能得以实现，或提高主要功能的性能，技术系统往往还会具有多个辅助性的有用功能，称为辅助功能（auxiliary function，AF）或伴生性功能。同时，每个技术系统也会有一个或多个我们所不希望出现的效应或现象，称为有害功能（harmful function，HF）。

对于一个技术系统来说，从它诞生的那一刻起，就开始了其进化的过程。在进化过程中具体表现为：

在数量上，技术系统能够提供的有用功能越来越多，所伴生的有害功能越来越少。

在质量上，有用功能越来越强，有害功能越来越弱。

下面的公式就表示了技术系统的这种进化趋势，该公式是由戈尔多夫斯基（Goldovsky）在 1974 年首先提出来的。式（3-1）就是理想度的定义。

$$I = \frac{\sum B}{\sum H} \rightarrow +\infty \tag{3-1}$$

式中 I——理想度；

   $\sum B$——有用功能之和；

   $\sum H$——有害功能之和。

从式（3-1）可以看出，随着技术系统的进化，系统中的有用功能在数量上和质量上都是不断增加的；系统中的有害功能在数量上和质量上都是不断减小的。因此，系统的理想度不断增大，最终趋向于无穷大。

（2）理想系统。随着技术系统的不断进化，其理想度会不断提高，即技术系统变得越来越理想。根据式（3-2），当技术系统的有用功能趋向于无穷大，有害功能为零，成本为零的时候，就是技术系统进行的终点。此时，由于成本为零，所以技术系统已经不再具有真实的物质实体，也不消耗任何的资源。同时，由于有用功能趋向于无穷大，有害功能为零，表示技术系统不再具有任何有害功能，且能够实现其应该实现的一切有用功能。这样的技术系统就是理想系统。

$$I = \frac{\sum_{i=1}^{\infty} B_i}{\sum_{j=1}^{\infty} C_j - \sum_{k=1}^{\infty} H_k} \rightarrow +\infty \tag{3-2}$$

式中 C——成本；

   j——变量 C 的数量；

   k——变量 H 的数量。

在 TRIZ 中，理想系统是指作为物理实体它并不存在，也不消耗任何资源，但是却能够实现所有必要的功能，即系统的质量、尺寸、能量消耗无限趋近于零；系统实现的功能趋近于无穷大。因此，也可以说，理想技术系统没有物质形态（即体积为零，重量为零），也不消耗任何的资源（消耗的能量为零、成本为零），却能实现所有必要的功能。

（3）最终理想解。基于理想系统的概念而得到的针对一个特定技术问题的理想解决方案，称为最终理想解。

最终理想解是从理想度和理想系统延伸出来的一个概念，是用于问题定义阶段的一种心理学工具，是一种用于确定系统发展方向的方法。它描述了一种超越了原有问题的机制或约束的解决方案，指出了在使用 TRIZ 工具解决实际技术问题时应该努力的方向。这种解决方案可以看作是与当前所面临的问题没有任何关联的、理想的最终状态。

2. 正确理解理想度法则

理想化是推动系统进化的主要动力，提高理想度法则代表着所有技术系统进化法则的最终方向。提高理想度法则是所有其他进化法则的基础，贯穿其整个寿命的始终。根据上述关于理想度的描述，最理想的产品作为实体并不存在，但是其有用功能仍然能够实现。这种情况下的产品被称为最理想的产品，这种状况下的设计方案被称为理想化最终结果。由于最理想的产品在实际中并不存在，但理想化最终结果是产品设计的一个努力方向。

由于每一个系统在产生有用效应的同时，也不可避免地产生有害效应，从强化有用功能和减少有害功能的角度出发，所有系统均存在着被进一步理想化的可能，只有这样才能满足系统使用者的需求。

提高理想度可以从以下几个方面考虑。

（1）增加系统的功能。

▌例 3-1

计算机的进化

1946 年，在美国费城诞生了世界上第一台计算机，占地 170 平方米，重达 30 吨，需要占用一个大房间，而且耗电巨大。据说每次一开机，整个费城西区的电灯都为之黯然失色，而其功能却仅仅是进行计算。之后，计算机的发展经历了真空管、晶体管、集成电路、大规模集成电路和超大规模集成电路的发展阶段。体积和质量越来越小，而功能却越来越强大，理想化程度不断提高：目前的便携式计算机，质量及体积都很小，且具有文字处理、数学计算、通信、绘图和播放多媒体等功能。以后，随着进一步的深入研究，计算机的功能将更加强大，更加智能化，而其体积也将更加微型化，更小更轻便（见图 3-4）。

图 3-4　计算机的进化

（2）传输尽可能多的功能到工作元件上。

▍例 3-2

扫描打印复印一体机

随着技术的不断发展，原本独立的扫描仪、打印机、复印机已经集合成一台集以上功能为一体的一体机（见图3-5），产品功能得到增强，但是价格却低于以上三台之和。

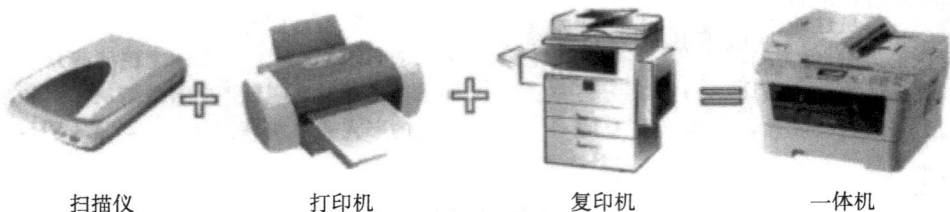

扫描仪　　　　　打印机　　　　　复印机　　　　　一体机

图 3-5　扫指打印复印一体机

（3）将系统的部分功能转移到超系统（即外部环境）中。

▍例 3-3

空中加油机

早期飞机的飞行航程只能由自身所携带油箱的大小决定。战斗机的巡航空域明显受到制约，进而也影响到军用机场的选址建设。即便在战斗过程中正处于攻击敌机的有利条件，若突然发现燃油告警，也只能悻悻而返了。随着现代战争的发展，战斗机航程的大幅增加趋势无法避免，这个问题曾使设计师大伤脑筋。多携带燃油意味着减少武器携带量，而武器携带量不足航程再远也变得毫无意义。最初，燃油箱是战机的一个子系统，技术系统进化后，燃油箱脱离了战机进化至超系统，成为独立的空中加油机（见图3-6）。飞机系统简化，不必再随机携带庞大的燃油箱。后来还衍生出"伙伴加油"方式，即战斗机通过携带小型加油舱可为其他同类战机加油。

图 3-6　空中加油机

（4）利用外部或内部已存在的可利用的资源。

▌例 3-4

飞机的隐形设计

飞机的隐身技术，即设法降低飞机的可探测性，使之不易被敌方发现、跟踪和攻击的专门技术，当前的研究重点是雷达隐身技术和红外隐身技术。早在第二次世界大战中，美国便开始使用隐身技术来减少飞机被敌方雷达发现的可能。

由于一般飞机的外形比较复杂，总有许多部分能够强烈反射雷达波，像发动机的进气道和尾喷口、飞机上的凸出物和外挂物、飞机各部件的边缘和尖端以及所有能产生镜面反射的表面。因此早期的隐身技术是对飞机的外形和结构做较大的改进。所以我们可以看到一些现役隐身飞机的外形十分独特，如美国的 F117 隐身战斗机，其隐身的主要原理是依靠奇特的外形设计、特种材料及特种涂料的共同作用。F117 采用隐身外形，造成许多难以改变的缺陷，如空气动力性能不好、飞行不稳定、机动性较差、飞行速度低、作战能力低下等。1999 年 3 月 27 日，一架 F117 误入敌方的探测和攻击范围，结果被老式的萨姆 3 导弹击落。随后另一架 F117 也被击伤。

目前，俄罗斯、美国等国家已经相继开始试验研究，利用在飞机周围产生等离子云的原理实现战斗机的隐身。例如利用放射性同位素发射的 α 粒，将周围空气电离，形成等离子体，吸收电磁波的能量，从而达到隐身的目的。

3.2.3　系统完备性法则

技术系统存在的必要条件是存在最小限度的可用性。

要实现某项功能，一个完整的技术系统必须包含以下四个相互关联的基本子系统：动力子系统、传输子系统、执行子系统和控制子系统。

图 3-7 中的四个子系统构成了一个最基本的技术系统。其中，动力子系统负责将能量源提供的能量转化为技术系统能够使用的能量形式，以便为整个技术系统提供能量；传输子系统负责将动力子系统输出的能量传递到系统的各个组成部分；执行子系统负责具体完成技术系统的功能，对系统作用对象（或称产品、工作对象或作用对象）实施预定的作用；控制子系统负责对整个技术系统进行控制，以协调其工作。

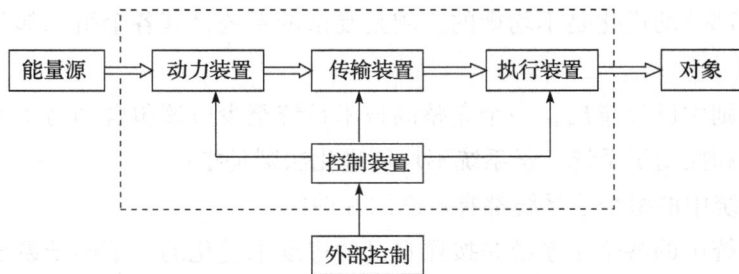

图 3-7　完备的技术系统结构

系统完备性法则指出，技术系统保持基本效率的必要条件是必须同时具备这四个基本的子系统，且具有满足技术系统最低功能要求的能力，才能称得上是一个有效的技术系统；在这四个基本的子系统中，哪怕只缺少一个子系统，也不能构成有效的技术系统；在四个基本的子系统中，如果任意一个子系统失效无法正常工作，那么整个技术系统也就无法正常工作了。

3.2.4 能量传递法则

技术系统除了具备基本的完备配置外，各部分之间还存在着能量的传递。能量传递法则指出能量应能够从能量源流向技术系统的所有元件，这是技术系统实现其基本功能的必要条件之一。反之，如果技术系统的某个元件接收不到能量，它就不能产生效用，那么整个技术系统就不能执行其有用功能，或者所实现的有用功能不足。技术系统的进化应该沿着使能量流动路径缩短的方向发展，以减少能量损失，具体可采取以下措施。

1. 提高系统各部分的传导率

能量从技术系统的一部分向另一部分的传递可以通过物质媒介（轴、齿轮等）、场媒介（磁场、电流等）。例如，目前远程电力输送一般采用铜或铝，未来的发展方向是超导材料。据统计，目前的铜或铝导线输电约有 15% 的电能损耗在输电线上，在中国每年的电力损失达 1 000 多亿度，若改为超导输电，节省的电能相当于新建数十个大型发电厂。

2. 减少能量转换的形式

能量守恒定律表述为能量既不会消灭，也不会创生，它只会从一种形式转化为其他形式，或者从一个物体转移到另外一个物体，而在转化和转移的过程中，能量的总和保持不变。例如火车的进化，由蒸汽火车（化学能→热能→压力能→机械能）、到柴油火车（化学能→压力能→机械能），再到电动火车（电能→机械能），减少了能量转换形式，降低了能量损失。

3. 使系统各部分间的能量传递路径最短

例如，手摇绞肉机代替菜刀，用刀片旋转运动代替刀的垂直运动，能量传递路径缩短，能量损失减少，同时提高了效率。

3.2.5 子系统不均衡进化法则

系统中各个部分的进化是不均衡的。越是复杂的系统，其各个组成部分的进化越是不均衡。

在完备性法则中已经指出，一个完整的技术系统至少应该包含动力子系统、传输子系统、执行子系统和控制子系统。子系统不均衡进化法则是指：

（1）技术系统中的每个子系统都有自己的 S 曲线。

（2）技术系统中的各个子系统是按照自己的进度来进化的，不同子系统的进化是不同步、不均衡的。

（3）技术系统中不同的子系统在不同的时刻到达自己的极限，率先到达自身极限的子系统将"抑制"整个技术系统的进化。这种不均衡的进化通常会导致子系统之间产生矛盾，只有解决了矛盾，技术系统才能继续进化。

（4）整个技术系统的进化速度取决于技术系统中进化最慢的子系统的进化速度。

在技术系统的进化过程中，最先达到极限的子系统成了抑制整个技术系统进化的障碍。很明显，通过消除这种障碍，可以使技术系统的性能得到较大幅度的改善。但是，在实际工作中，人们往往忙于改善那些非关键性的子系统，而对于"瓶颈"子系统却视而不见。例如，早期的飞机被糟糕的空气动力学特性所限制。然而，在很长的一个时期，工程师们不是想着如何改善空气动力学特性，而是将注意力都放在了如何提高飞机发动机的动力上，导致飞机整体性能的提升一直比较缓慢。

▮ 例 3-5

计算机散热系统

作为计算机发展的核心器件，CPU 一直被视作评价计算机性能的关键指标，作为计算机的一个子系统，工程师们对它的研究和应用投入了巨大的人力、物力和财力。截至今天，从技术水平来看，人们还可以在单位面积的硅片上集成更多的微型器件，但现实中却无法操作，因为大量器件的散热问题无法有效解决。恐怖的发热量已是个人电脑的致命杀手，虽然科学家们在不断地降低着各种硬件的功耗，但到目前为止，还没有一台电脑能够脱离散热器的束缚。当初被视为小角色的散热器（见图3-8），作为计算机的一个子系统，它的研究和应用明显滞后于CPU，从而成为制约计算机性能进一步提升的关键因素。

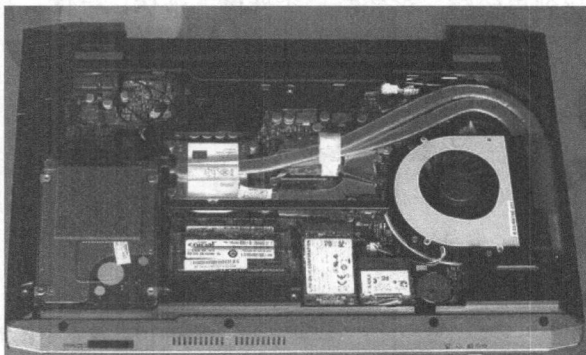

图 3-8　计算机散热器

3.2.6　增加动态性和可控性法则

技术系统诞生通常是静态的、不灵活的、不变的。在技术系统进化过程中，其动态性和可控性会提高，也就是说对有针对性变化的适应能力会提高，而这种有针对性的变化可以保证系统适应可变的系统工作条件，对环境的相互作用也会提高。提升系统的动态性能使系统功能更灵活地发挥作用，或作用更为多样化，提高系统动态性需要提高系统的可控性。其进化路线有以下几种方式。

1. 沿着增加系统可移动性的方向发展

这一路线反映了技术进化的以下阶段：

不可动系统→部分可动系统→高度可动系统→整体可动系统

例 3-6

电话的进化

电话从早期话筒与话机无法分隔的不可动系统，逐渐进化到话筒与话机分离，两者间通过一小段电话线相连；后来进一步发展为子母机，话筒进化为一个相对独立的子电话机，两者之间无线连接，系统整体的可移动性明显增强；目前发展到人们普遍熟悉的移动电话，可移动性远远超过了子母机的使用空间（见图 3-9）。

图 3-9　电话的进化

2. 沿着增加系统的柔性方向发展

现代技术系统由刚性结构向更具适应性及灵活性的柔性结构发展，即从刚性体逐步进化到单铰链、多铰链、柔性体、液体 / 气体，最终进化到场的状态，如图 3-10 所示。

刚性体　单铰链　多铰链　　柔性体　　　液体 / 气体　　　　　场

图 3-10　技术系统的柔性进化过程

例 3-7

常见设备的进化过程（见图 3-11）。

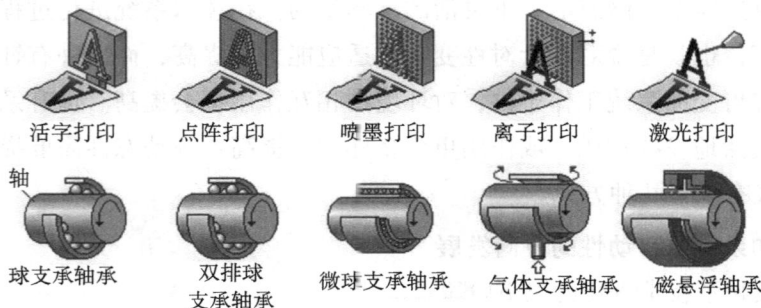

活字打印　　点阵打印　　喷墨打印　　离子打印　　激光打印

球支承轴承　双排球　　微球支承轴承　气体支承轴承　磁悬浮轴承
　　　　　　支承轴承

图 3-11　常见设备的进化过程

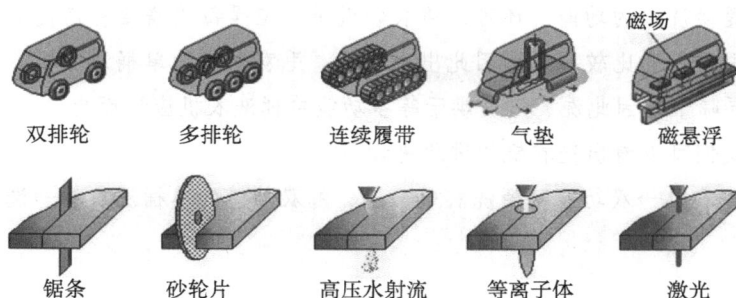

双排轮　　多排轮　　连续履带　　气垫　　磁悬浮

锯条　　砂轮片　　高压水射流　　等离子体　　激光

图 3-11 （续）

3.沿着增加系统可控性方向发展

这一路线反映了技术进化的以下阶段：直接控制→间接控制→反馈控制→自动控制

例 3-8

路灯的控制

直接控制——每个路灯都有开关，有专人负责定时分别开闭。

间接控制——用总电闸控制整条线路的路灯。

引入反馈控制——通过感应光亮度的装置，控制路灯的开闭。

自我控制——通过感应光亮度的装置，根据环境明暗自动开闭并调节亮度。

3.2.7　向超系统进化法则

超系统是超出系统之外但又包含该系统的其他系统，如汽车与该汽车所在的交通系统，飞机和为该飞机加油的空中加油机。技术系统在进化的过程中，可以和超系统的资源整合成一个整体，也可以将某个子系统从原有技术系统中分离出来，形成超系统。

向超系统进化有两种方式：

1.技术系统沿着"单系统→双系统→多系统"的方向进化

将原有的技术系统与另外的一个或多个技术系统进行组合，形成一个新的、更复杂的技术系统。原有的技术系统可以看作是新技术系统的一个子系统，而新的技术系统就是原有技术系统的超系统。"单系统→双系统→多系统"的进化过程意味着初始的单系统可以通过两种途径成为超系统的一部分：

（1）一个单系统与另一个单系统组合，形成一个双系统。例如，带橡皮头的铅笔。

（2）一个单系统与几个单系统或者与一个更复杂的技术系统组合，形成一个多系统。例如，瑞士军刀。

例 3-9

洗衣机的进化

最初的洗衣机是单动能单筒洗衣机，仅有洗衣的功能。随着技术的发展，出现了双筒双功能洗衣机，不仅提供洗衣的功能，还可以将衣物甩干，但是每次需要将清洗后的衣服先取出来然后放进甩筒里甩干，会比较麻烦，因此出现了洗、甩双功能的单桶洗衣机。衣物甩干只是脱掉了水分，仍需要晾干，因此洗、甩、烘干等多功能单桶洗衣机应运而生。

综上所述，我们可以看出洗衣机的进化史如下：

单功能单桶洗衣机→双功能双桶洗衣机→洗、甩双功能的单桶洗衣机→洗、甩、烘干等多功能单桶洗衣机。

2. 让系统中的某子系统，容纳到超系统中

技术系统进化到极限时，它实现某项功能的子系统会从系统中剥离出来，转移至超系统，成为超系统的一部分。在该子系统的功能得到增强的同时，也简化了原有的技术系统。

将原有技术系统中的一个子系统及其功能从技术系统中分离出来，并将它们转移到超系统内。分离出来的子系统被组合到超系统中，形成专用的技术系统。专用技术系统以更高的质量执行该子系统的功能。一方面，原有技术系统由于剥离了该子系统而得以简化；另一方面，由于从原技术系统中分离出来的子系统被组合进一个专用技术系统，使得该子系统的功能质量得以提高，从而使新技术系统的功能得以增加。

例 3-10

手机与平板电脑充电

随着手机、平板电脑的屏幕越来越大，其耗电量也与日俱增。遇到此类问题，人们通常的想法就是采用更大容量的电池，但电池容量的增大也意味着体积的增大，而这又恰恰直接影响到系统原本就有限的空间。从备用电池到手机充电站，虽然能部分解决问题，但效果还不是很理想。当将电池从手机中剥离出来，成为移动电源这一超系统，两者之间的矛盾就被有效解决了（见图 3-12）。

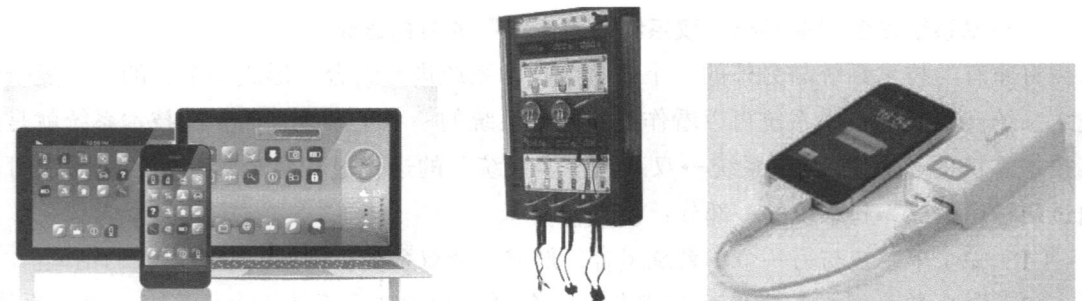

图 3-12　手机与平板电脑充电

3.2.8　子系统协调性进化法则

技术系统存在的必要条件是系统中各个组成部分之间的韵律（结构、性能和频率等属性）要协调。

协调性法则指出：

（1）技术系统朝着使多个子系统的参数之间彼此协调的方向进化。

（2）技术系统朝着使系统参数与超系统参数之间更协调的方向进化。

（3）对于高度发达的技术系统，其进化特征是：通过在多个子系统的参数间实现有目的的、动态的协调或反协调（又称"匹配－错配"），从而使技术系统能够更加有效地发挥其功能。

从上面的论述中可以看出，协调性法则可以分为三个层次。

首先，对于初级的技术系统来说，其进化是沿着各个子系统相互之间更协调的方向发展的，即组成技术系统的各个子系统在保持协调的前提下，充分发挥各自的功能。这也是整个技术系统能发挥其功能的必要条件。早在技术系统建立之初，为了使技术系统能够实现其功能，在选择子系统时，各个子系统的参数之间协调的必要性就已经很明显了，在保证各个子系统的最小可工作性的基础上，各子系统必须以协调的方式，在参数上彼此兼容。

其次，对于中级的技术系统来说，其进化是沿着与其所处的超系统（环境）之间更协调的方向发展的，即组成技术系统的各个子系统通过有机的组合以后，所表现出来的系统级别上的参数，要与其所在的超系统的相关参数彼此协调。只有这样，技术系统才能在其所处的环境中更好地发挥作用。

最后，对于已经非常成熟的、高级的技术系统来说，其进化是沿着各个子系统间、子系统与系统间、系统与超系统间的参数动态协调与反协调的方向发展的。这种动态的协调与反协调是协调性法则中的高级形式，反协调可以看作是一种更高层次上的协调。

提高系统的协调性可以从以下几个方面予以考虑。

1. 形状协调进化路线

各子系统之间，以及子系统与超系统的形状要相互协调。例如，耳机与耳机插孔之间的协调、汽车车门与车身的协调等。

例 3-11

键盘及鼠标的协调性

当我们在使用键盘时，前臂通常会自然形成一个弯度，普通键盘的构造，要求我们的手在敲击键盘时保持平行，所以手腕会拗折。新键盘采用反向倾斜设计，整个键盘的最高点从操作者这一侧向前与桌面形成 20° 夹角，键面设计前低后高，因为人手向下的自然姿势是最舒适，

操作时可将手腕放在加宽加厚的手托上，同时又考虑到左、右手的位置，键盘设计增加了从中间向两边侧向倾斜，与桌面成 10° 的夹角，从而舒缓手与前臂造成的压力，使手腕和前臂保持一贯的姿势（见图 3-13）。

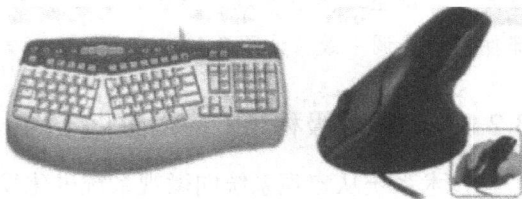

根据实验证明，手腕的仰起角度在 15° ～

图 3-13 人体工学键盘与鼠标

30° 时是人体感觉最为舒适的状态，一旦过高或者过低，都会让肌肉处于紧张的拉伸状态，加速疲劳。除此以外，对于手掌在握住鼠标时还要处于半握拳状态，只有鼠标同时符合以上两个要求，才能有较为舒适的使用感受。在点击鼠标时，设计优秀的人体工学鼠标还应保证 5 个手指都不悬空，并且处于自然伸展的状态。

2. 各性能参数之间的协调

各子系统之间，以及子系统与超系统的性能参数要相互协调。例如，网球拍需要考虑两个性能参数的协调：一方面要将球拍整体重量降低，以提高其灵活性；同时要增加球拍头部重量，以保证产生更大的挥拍力量。

▌例 3-12

汽车车轮定位参数的协调

车轮定位参数是存在于悬架系统和各活动机件间的相对角度。保持车轮定位参数正确的协调可确保车辆直线行驶，改善车辆的转向性能，确保转向系统自动回正，避免轴承因受力不当而受损失去精度，还可以保证轮胎与地面紧密接合，减少轮胎磨损、悬架系统磨损以及降低油耗等。汽车车轮的定位参数，不仅能够影响汽车的行驶性能，还能够影响行车的安全性。因此，经常进行汽车车轮定位参数的检查和调整，能够减少轮胎和悬架系统的磨损，降低油耗，是安全行车的重要保证。

3. 工作节奏或频率上的协调

各子系统之间，以及子系统与超系统的工作节奏或频率上要相互协调。例如在修筑道路浇灌混凝土时，需要一边浇灌混凝土，一边用振动器进行振荡，二者频率上的协调提高了道路混凝土的密实强度。

▌例 3-13

贴片机各组件工作频率的协调一致

贴片机也称"贴装机"或"表面贴装系统"，是通过移动贴装头把表面贴装元器件准确地放置 PCB 焊盘上的一种设备。其中，元件送料器与基板（PCB）在贴装时固定不动，贴片头（安装多个真空吸料嘴）在送料器与基板之间来回移动，将元件从送料器取出，经过对元件位置与方向的调整，然后贴放于基板上。为了保证贴装质量和贴装速率，就需要贴装头、送料器等部件频率协调一致（见图 3-14）。

3.2.9 向微观级和场的应用进化法则

技术系统从宏观系统向微观系统进化发展过程中，沿着减小它们尺寸的方向进化。技术系统的元件，倾向于达到原子和基本粒子的尺度，并使用不同的能量场来获得更佳的性能或控制性，进化的终点意味着系统的元件已经不作为实体存在了。该进化主要存在以下四种路径。

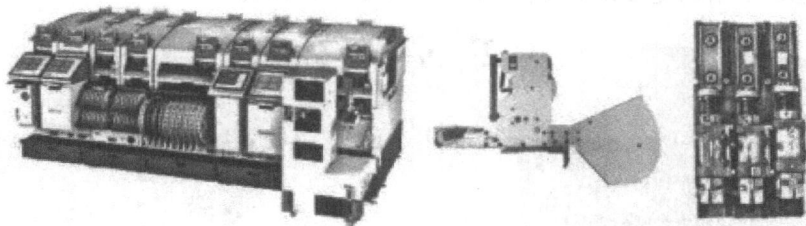

图 3-14　贴片机各组件工作频率的协调一致

1. 向微观级转换的路径

所谓向微观级转化具有以下几个阶段：即从宏观层次具有简单形状的（球、杆、片等）元件组成的系统→由小颗粒材料组成的系统材料结构的应用→化学过程的应用→原子领域的运用→场能量的运用。

▌例 3-14

播放机向微观的进化

播放机在电子科技高度发展的今天已经不是什么新奇的玩意了，可是回想 20 世纪 80 年代当第一台随身听面世的时候，人们是何等的惊讶。短短 20 多年，随身听已经有了翻天覆地的变化，这种变化体现了随身听向尽可能小、尽可能轻薄的方向进化。其进化路径为：录音机→随身听→便携 CD 机→ MP3 →耳环播放器（见图 3-15）。

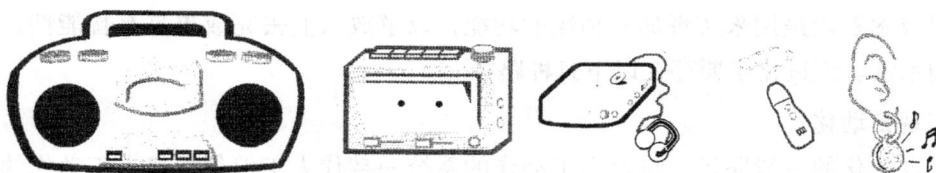

图 3-15　播放机的进化

2. 向具有高效场的路径转化

突破机械场，向热场、磁场、电场、化学场和生物场等复合场作用的路径转化。本路径的技术进化阶段可表示为：应用机械交互作用→应用热交互作用→应用分子交互作用→应用化学交互作用→应用电子交互作用→应用磁交互作用→应用电磁交互作用和辐射。可以看出，动态性进化法则中，增加系统柔性方向发展中指出的技术系统进化阶段也是符合向高效场路径转化的。

▌例 3-15

打印机的进化

印刷术经历数代的演变发展到了微观水平，喷墨打印机是通过喷嘴将墨水喷到打印介质上，最初每英寸⊖可喷 100 点，现在每英寸可喷 600 点，而激光打印机则是基于场的作用，通过光使纸张和碳粉具有感光性而形成打印的内容（见图 3-16）。

图 3-16　打印机的进化

3. 向增加场效率的路径转化

本路径的技术进化阶段：应用直接的场→应用有反方向的场→应用有相反方向的场的合成→应用交替场 / 振动 / 共振 / 驻波等→应用脉冲场→应用带梯度的场→应用不同场的组合作用。

4. 分割的路径

固体或连续物体→有局部内势垒的物体→有完整势垒的物体→有部分间隔分割的物体→有长而窄连接的物体→场连接零件的物体→零件间用结构连接的物体→零件间用程序连接的物体→零件间没有连接的物体。

3.2.10　向自动化方向进化法则

发展技术系统是用来实现那些枯燥的功能，以解放人们去完成更具有智能性、挑战性的工作的系统。该进化主要存在以下三种路径。

1. 实现自动化

实现自动化的一般路径，包含人工动作的系统→替代人工但仍保留人工动作的方法→用机器动作完全代替人工。

2. 在同一水平上实现自动化

在同一水平上实现自动化的路径，包含人工作用的系统→用执行机构替代人工→用能量传输机构替代人工→用能量源替代人工。

3. 不同水平间实现自动化

不同水平间实现自动化的路径，包含人工作用的系统→用执行机构替代人工→在控制水平上替代人工→在决策水平上替代人工。

3.3　技术系统进化法则的应用

技术系统的八大进化法则是 TRIZ 中解决发明问题的重要指导原则，掌握好进化法则，

⊖　1 英寸 = 0.0254 米。

可有效提高问题解决的效率。同时进化法则可以应用到其他很多方面，下面简要介绍五个方面的应用。

1. 产生市场需求

产品需求的传统获得方法一般是市场调查，调查人员基本聚焦于现有产品和用户的需求，缺乏对产品未来趋势的有效把握，所以问卷的设计和调查对象的确定在范围上非常有限，导致市场调查所获取的结果往往比较主观、不完善。调查分析获得的结论对新产品市场定位的参考意义不足，甚至出现错误的导向。

TRIZ 的技术系统进化法则是通过对大量的专利研究得出的，具有客观性的跨行业领域的普适性。技术系统的进化法则可以帮助市场调查人员和设计人员从进化趋势确定产品的进化路径，引导用户提出基于未来的需求，实现市场需求的创新，从而立足于未来，抢占领先位置，成为行业的引领者。

2. 定性技术预测

针对目前的产品，技术系统的进化法则可为研发部门提出如下的预测：

（1）对处于婴儿期和成长期的产品，在结构、参数上进行优化，促使其尽快成熟，为企业带来利润。同时，也应尽快申请专利进行产权保护，以使企业在今后的市场竞争中处于有利的位置。

（2）对处于成熟期或衰退期的产品，避免进行改进设计的投入或进入该产品领域，同时应关注于开发新的核心技术以替代已有的技术，推出新一代的产品，保持企业的持续发展。

（3）明确符合进化趋势的技术发展方向，避免错误的投入。

（4）定位系统中最需要改进的子系统，以提高整个产品的水平。

（5）跨越现系统，从超系统的角度定位产品可能的进化模式。

3. 产生新技术

产品进化过程中，虽然产品的基本功能基本维持不变或有增加，但其他的功能需求和实现形式一直处于持续的进化和变化中，尤其是一些令顾客喜欢的功能变化得非常快。因此，按照进化理论可以对当前产品进行分析，以找出更合理的功能实现结构，帮助设计人员完成对系统或子系统基于进化的设计。

4. 实施专利布局战略

技术系统的进化法则，可以有效地确定未来的技术系统走势，并对于当前还没有市场需求的技术事先进行有效的专利布局，以保证企业未来的长久发展空间和专利发放所带来的可观收益。

所谓专利战略是指与专利相联系的，用于谋求最大利益的，可指导企业在经济、技术领域的竞争中获胜而采取的一系列措施和手段。企业层面的专利战略是指导企业在相关技术经济领域开展竞争的、具有一定前瞻性的系统研究，它是企业求生存、求发展的经营战略的一部分。它包括以下两层含义：第一，专利战略的对象，即在某一技术领域中，有市场价值的、已获得专利权的专利技术或已申请专利和欲申请专利的技术。第二，专利战略的目标，即以市场为中心，开拓市场并占领和垄断市场，最终取得市场竞争的有利地位，获取最大利益。当前社会，有很多企业正是依靠有效的专利布局来获得高附加值的收益。在通信行业，高通公司的高速成长正是基于预先的、大量的专利布局，它在 CDMA 技术上的专利几乎形成全世界范围内的垄断。我国的大量企业，每年会向国外的公司支付大量的专利使用许可费，这不但大大缩小了产品的利润空间，而且经常还会因为专利诉讼而官司缠身。

5. 选择企业战略实施的时机

一个企业也是一个技术系统，一个成功的企业战略能够将企业带入一个快速发展的时期，完成一次 S 曲线的完整发展过程。但是当这个战略进入成熟期以后，将面临后续的衰退期，所以企业面临的是下一个战略的制定。而且，随着科学技术飞速发展，企业之间竞争的核心已经不再是产品和服务，而是技术创新的竞争。企业技术创新的核心是将新技术应用于生产，使之转化为现实生产力，创造出更大的经济效益。八大进化法则，尤其是 S 曲线对选择一个企业发展战略制定的时机具有积极的指导意义。

由于技术系统是沿着 S 曲线演化的，因此，对企业相关的核心技术及其相关技术需要有预测性的演化分析，找到产业竞争环境与企业技术机会的结合点，完成企业在制定技术战略前的战略分析，选择好战略实施的时机。通常很多企业无法跨越 20 年的持续发展，原因之一就是忽视了企业也是在按照 S 曲线的 4 个阶段完整进化的，企业没有及时进行下一个企业发展战略的有效制定，没有完成 S 曲线的顺利交替，以致被淘汰出局，退出历史舞台。所以企业在一次成功的战略制定后，在获得成功的同时，不要忘记 S 曲线的规律，需要在成熟期开始着手进行下一个战略的制定和实施，从而顺利完成下一个 S 曲线的启动，实现企业的可持续发展。

思考题

1. 什么是系统？系统有哪些基本特征？

2. 什么是技术系统？

3. 什么是 S 曲线？在 S 曲线中有哪几个阶段？每个阶段有何特征？

4. 技术系统进化法则有哪些？

5. 提高系统理想度的途径和方法有哪些？

6. 农场主有一大片农场，放养大量的兔子。兔子需要吃到新鲜的草，农场主不希望兔子走得太远而照看不到，也不愿意花费大量的劳动割草运回来喂兔子。试用理想度法则解决上述问题。

7. "完备性法则"提出技术系统必不可少的四个子系统，它们分别是什么？试分析弓箭是否是一个完备的技术系统，如果是请说明各子系统是什么，如果不是请说明原因。

8. 未来的报纸是什么样的？请尝试给出报纸的技术进化路线。

9. 从现在你能看到的各类自行车出发，分析其中的动态化趋势。

10. 举出身边符合向微观级进化趋势的一两个实例。

11. 技术系统进化法则同样可以用于管理领域。如果我们采用类比的方式，把过去汽车号牌发放的方式——按照顺序排号或无选择的抽号比喻为"刚性系统"，"二选一"的抽号比喻为单铰链，"五选一"的抽号比喻为多铰链，把车主自编号牌比喻为"柔性系统"的话，那么请预测未来的汽车号牌是如何生成的？

12. 在产品研发中，运用技术系统进化法则做技术预测需要哪些步骤？

第4章

40 条发明原理及应用

▌本章学习目标

1. 了解 40 条发明原理；

2. 理解各发明原理的主要内容；

3. 掌握各发明原理的使用技巧并能加以运用解决实际发明创新问题。

发明原理是建立在对上百万的专利分析的基础上，蕴含了人类发明创新所遵循的共性原理，是 TRIZ 中用于解决矛盾（问题）的基本方法。这 40 条发明原理（创新原理）是阿奇舒勒最早奠定的 TRIZ 理论的基础内容。实践证明，这 40 条发明原理是行之有效的创新方法，比较容易学习和掌握，通常读者练习和实际使用的频率也较高。

下面是对 40 条发明原理的逐条的具体介绍。在介绍每条创新原理时，我们简要地介绍它们的基本内容，并给出一些各领域的应用实例，以便读者全面理解这些原理。表 4-1 是 40 条发明原理的名称。

表 4-1　40 条发明原理的名称

序号	原理名称	序号	原理名称	序号	原理名称	序号	原理名称
1	分割原理	11	预先防范原理	21	减少有害作用原理	31	多孔材料原理
2	抽取原理	12	等势原理	22	变害为利原理	32	改变颜色原理
3	局部质量原理	13	反向作用原理	23	反馈原理	33	同质性原理
4	增加不对称性原理	14	曲面化原理	24	借助中介物原理	34	抛弃与再生原理
5	组合原理	15	动态化原理	25	自服务原理	35	物理或化学参数改变原理
6	多用性原理	16	未达到或过度的作用原理	26	复制原理	36	相变原理
7	嵌套原理	17	空间维数变化原理	27	廉价品替代原理	37	热膨胀原理
8	重量补偿原理	18	机械振动原理	28	机械系统替代原理	38	强氧化剂原理
9	预先反作用原理	19	周期性作用原理	29	气压和液压结构原理	39	惰性环境原理
10	预先作用原理	20	有效作用的连续性原理	30	柔性壳体或薄膜原理	40	复合材料原理

发明原理 1：分割原理

1. 分割原理的具体描述

1a. 把一个物体分成相互独立的部分。

1b. 将物体分成容易组装和拆卸的部分。

1c. 提高系统的可分性，以实现系统的改造。

2. 应用案例

（1）挂式空调分解成室外机、室内机、遥控器三个相互独立的部分（见图 4-1）。

　a）室内机　　　　　　　　　b）室外机　　　　　c）遥控器

图 4-1　挂式空调分解图

（2）组合家具。这是 1b 原理的典型应用，组合家具便于人们搭配组合，而且方便拆卸（见图 4-2）。

（3）活动百叶窗替代整体窗帘。这是一个"提高系统的可分性，以实现系统的改造"的实例。人们用可调节百叶窗代替幕布窗帘，只要改变百叶窗叶片的角度，就可以调节外界射入的光线（见图 4-3）。

图 4-2　组合家具　　　　　　　　　　　　图 4-3　百叶窗

3. 使用技巧

对将要分割的系统（物理形式的或概念形式的）进行分析和评价，以便对包含问题的部分进行分割或合并。它不仅适用于几何概念的分割，也可以用于非实体领域，如心理学上对概念的分割及合并。

发明原理 2：抽取原理

1. 抽取原理的具体描述

2a. 从物体中抽出产生负影响的部分或属性。

2b. 从物体中抽出必要的部分或属性。

2. 应用案例

（1）拔掉（抽取）一颗坏了的牙齿（有害部分），以改善整个口腔的健康状况。抽取是以实物方式进行的。运用牙齿的独特形状（属性），以增大夹持力，并使抽取过程变得轻松（见图 4-4）。

（2）加工车间的员工休息室。将员工休息室（必要的部分）与加工车间分开，不仅可以方便员工休息，而且可以使生产作业不受影响（见图 4-5）。

图 4-4　拔牙

图 4-5　员工休息室

3. 使用技巧

识别系统中的有用部分（或属性）或有害部分（或属性），并且在抽取后可增加系统的价值。寻求该部分或属性的具体特征，以便将其轻松抽取出来。抽取原理同样应用于非实物或虚拟情况。有时，被抽取部分在系统之外比在系统内具有更高的价值。

抽取原理和分离原理非常相似，但具有重要的区别。两种原理均将整个系统分为若干部分，但抽取原理是将一个或多个部分去除，所以又称为分离原理；而分割原理在整体分为部分后都保留使用。

发明原理 3：局部质量原理

1. 局部质量原理的具体描述

3a. 将物体、环境或外部作用的均匀结构，变为不均匀的。

3b. 让物体的不同部分，各具不同功能。

3c. 物体的各部分，均处于完成各自动作的最佳状态。

2. 应用案例

（1）改变建筑物墙体的厚度，增加建筑物下部墙的厚度使其能承受更大的负载，这是 3a 的典型应用实例。

（2）键盘拥有不同的分区，各有不同职能（见图 4-6）。

（3）在局部应用心理学，例如公司前厅中举止文雅且谈吐利落的接待人员可为公司建立一种正面的第一印象（在一个特殊位置）。每次来访者返回时，接待人员均可增强该种印象（在时间上）。

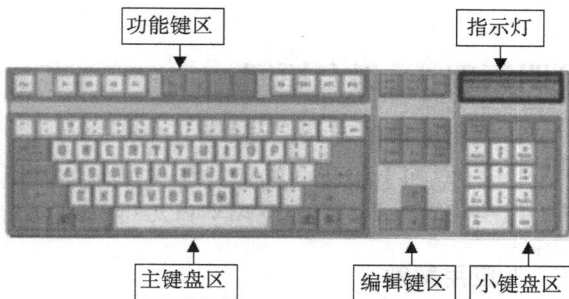

图 4-6　键盘分区图

3. 使用技巧

不均匀的系统结构物和环境往往是最有适应性的。此原理使用技巧的重点是要实现系统中资源的最优配置。

发明原理 4：增加不对称性原理

1. 增加不对称性原理的具体描述

4a. 将物体的对称外形变为不对称的。

4b. 增强不对称物体的不对称程度。

2. 应用案例

（1）不对称剪裁的服饰（见图 4-7）。

（2）为将电源插头正确地插入电源插座，我们可把接地插脚加粗。通过这种引入一个特殊几何形状的方法，把对称的不那么安全的三腿电源插头换成不对称的安全型三腿插头（见图 4-8）。

图 4-7　不对称剪裁的服饰

图 4-8　安全型三腿插头

3. 使用技巧

此原理可以用来减少材料用量、降低总重量、维持更为高效的物质流、改变平衡、更为有效的支持负载、确保正确的装配、对零件进行检测及定位、对零件进行整理等。

发明原理 5：组合原理

1. 组合原理的详细描述

5a. 在空间上将相同物体或相关操作加以组合。

5b. 在时间上将相同或相关操作进行合并。

2. 应用案例

（1）将装饮料的杯子和装爆米花的盒子组合为一个杯子，即大嘴杯（见图 4-9）。

（2）利用组合原理，我们通过调节水龙头把冷热水按不同的比例混合，从而得到不同温度的水流。根据水龙头种类的不同，有以下两种调温的方式。

1）分离水龙头：用两个龙头分别调节冷水、热水的比例，然后流出。

2）组合水龙头：用一个龙头同时调节冷水、热水的比例，然后流出（见图 4-10）。

3. 使用技巧

此原理需要考虑当前系统及其提供的性能或输出结果。通常，要改善实物系统的性能及输出结果，可将新材料或新技术引入旧系统中，以增强其有用功能。此原理可用于心理学或人力资源等学科中，以改变联系或是产生新的人力资源能力。

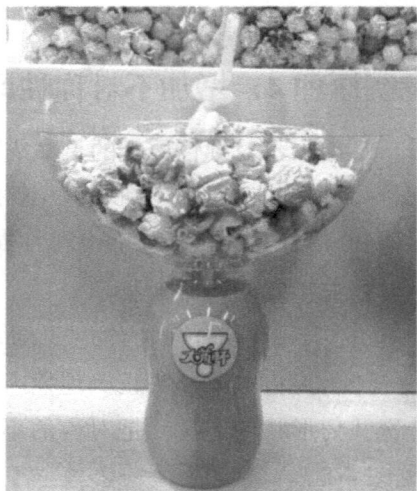

图 4-9　大嘴杯

发明原理 6：多用性原理

1. 多用性原理的具体描述

6a. 使一个物体具有多项功能。

6b. 消除了该功能在其他物体内存在的必要性后，进而裁减其他物体。

2. 应用案例

（1）瑞士军刀是一个典型的例子。在一把小刀上，折叠着多种常用工具，如小刀、剪刀、起瓶器、螺丝刀等（见图 4-11）。

（2）食品安全法也具有多功能性。它不仅能够督促国内企业提高其产品质量，而且可以用来设置

图 4-10　冷热组合水龙头

贸易壁垒，将别国的食品拒之门外（见图 4-12）。

图 4-11　瑞士军刀

图 4-12　食品安全法

3. 使用技巧

多用性是一种普遍状态，包括：

（1）特征、作用或状况在空间或时间上的均匀性。

（2）将某一对象均匀用于不同目的。

（3）将相同对象、作用或特征用于不同目的或以不同方式加以运用。

（4）将相同需求或特征应用于不同对象、情况或作用等。

多用性还蕴含了综合性，将多种功能综合在一种物体上，即可冲裁掉其他物件如一辆摩托车的车架，既可充当支架，又可充当燃油储存系统。

发明原理 7：嵌套原理

1. 嵌套原理的具体描述

7a. 把一个物体嵌入另一物体，然后将这两个物体再嵌入到第三个物体，依此类推。

7b. 使一个对象穿过或处于另一对象的空腔。

2. 应用案例

（1）俄罗斯套娃（见图 4-13）。

（2）可伸缩天线（见图 4-14）。

图 4-13　俄罗斯套娃

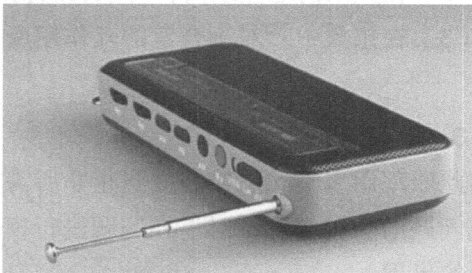

图 4-14　可伸缩天线

3. 使用技巧

该原理需要考虑不同方向上（如水平、垂直、旋转或包容）的嵌套，来增加系统的功能或价值。在许多情况下，嵌套可用来节省空间、保护对象不受损伤，以及使某个过程或系统变得轻松。通过将具有不同功能的多个对象嵌套在同一个对象内，可以使该对象产生多种独特的功能。

发明原理 8：重量补偿原理

1. 重量补偿原理的具体描述

8a. 将某一物体与另一能提供升力的物体组合，以补偿其重量。

8b. 通过与环境（利用空气动力、流体动力或其他力等）的相互作用，实现物体的重量补偿。

2. 应用案例

（1）一个人可以在生命的一个方面收获成就，从而削弱生命另一个方面中的自卑感、挫折感或失败感。

（2）直升机的螺旋桨与空气发生相对运动时，可以提升上升力，补偿其重量。

3. 使用技巧

此原理充分利用空气、重力、流体等进行举升或补偿，从而抵消现有系统/超系统/环境中的不利作用（如力或重量）。该原理也适用于商业问题、人际关系或者其他学科。

发明原理 9：预先反作用原理

1. 预先反作用原理的具体描述

9a. 事先施加机械压力，以抵消工作状态下不期望的过大压力。

9b. 如果问题定义中需要某种作用，那么事先施加反作用。

2. 应用案例

（1）要保护地毯及室内装饰品不变脏，可预先将其涂覆一些化学药品。

（2）在饮酒前吃些东西，可减弱酒精的作用。

（3）在想象中，对不合意的互作用所做的反应，可降低面对这些情况时不知所措的可能性。

3. 使用技巧

此原理用来消除、控制或防止非所需功能、事件或状况在未来的出现。预先了解可能出现问题的关键部位，对潜在问题进行模拟，并预先采取行动，来消除、控制或防止潜在问题的出现。

发明原理 10：预先作用原理

1. 预先作用原理的具体描述

10a. 预先对物体（全部或至少部分）施加必要的改变。

10b. 预先安置物体，使其在最方便的位置，开始发挥作用而不浪费运送时间。

2. 应用案例

（1）美工刀预先压出细沟纹，方便折断出新刀尖（见图 4-15）。

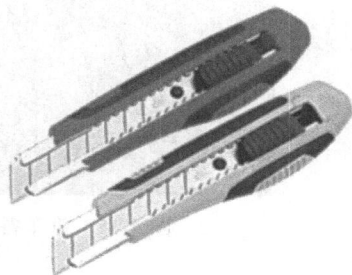

图 4-15　美工刀

（2）当汽车驶入停车场时，收费系统就开始计算汽车停车费；当汽车准备驶出停车场时，根据计算的结果，收费系统已经自动计算出汽车的全部停车费，这样就不必由停车管理员进行手工计算了（见图 4-16）。

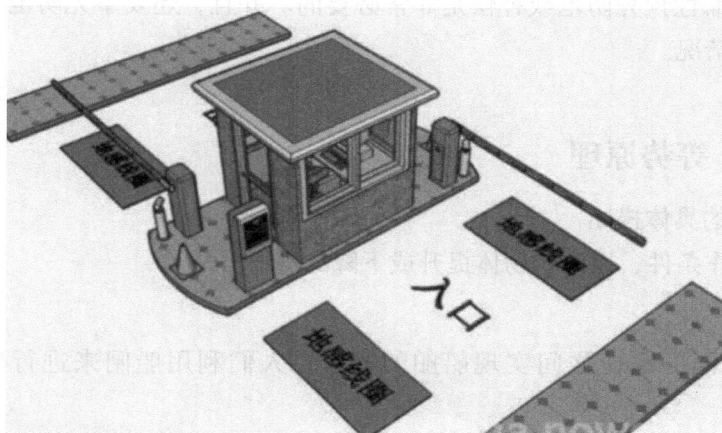

图 4-16　停车场自动收费系统

3. 使用技巧

此原理的应用通常是为了提高性能，以及增强安全性、维持正确作用、减轻疼痛、简化事情的完成过程、增加智力、产生某种优点及使过程简单化。

发明原理 11：预先防范原理

1. 预先防范原理的具体描述

11a. 采用事先准备好的应急措施，补偿物体相对较低的可靠性。

2. 应用案例

（1）汽车的备用轮胎，起到应急救援的作用（见图 4-17）。

（2）公交车上的安全锤，危机时刻帮助乘客逃生（见图 4-18）。

图 4-17　汽车备胎

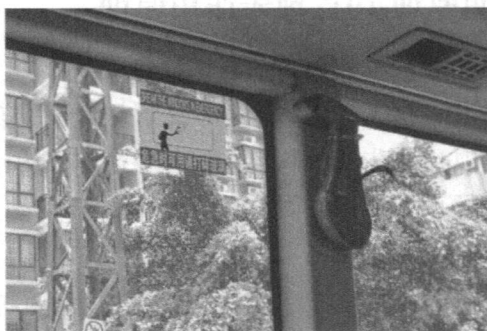

图 4-18　安全锤

3. 使用技巧

使用该原理时，必须承认没有任何事物是完全可靠的。一个简单系统的可靠性是能控制的，但是，对于复杂的大系统来说，则可能存在着不可接受的故障。若这些故障不能完全消除，则对可靠性预先防范或补偿是非常必要的。并且，还要事先防范具有高故障风险或高故障成本的情况。

发明原理 12：等势原理

1. 等势原理的具体描述

12a. 改变操作条件，以减少物体提升或下降的需要。

2. 应用案例

为在高低不同的水位之间实现船舶的通航，人们利用船闸来进行船体的升降（见图 4-19）。

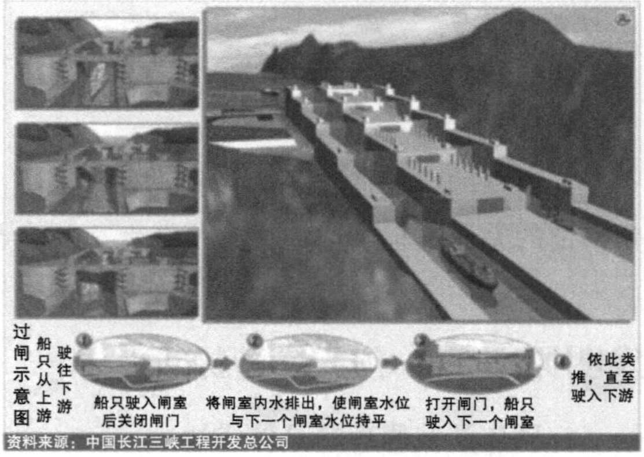

3. 使用技巧

此原理主要是以最低的能量消耗来实施一个过程，并使用各种方式，在整个过程或系统所有的点或者方面获得相等的位势；或建立关联来支持均匀位势；或使其支持均匀位势，成为连续的或完整互联的位势。

图 4-19　三峡五级船闸运行图

发明原理 13：反向作用原理

1. 反向作用原理的具体描述

13a. 用相反的动作，代替问题定义中所规定的动作。

13b. 让物体或环境，可动部分不动，不动部分可动。

13c. 将物体上下颠倒或内外翻转。

2. 应用案例

（1）不用水的洗衣机，也是一个逆向思维。三星首创了不用水也不需要任何洗涤剂的洗衣机。其原理是使高温气流穿透衣物，分解气味粒子，杀灭藏在衣物深处的有害微生物。但不能去除可见污渍，只能对衣物进行有效的除臭、杀菌、除湿和防皱。特别适合处理日常难以清洗的物品，如软垫、枕头等，当然此款洗衣机也可用水洗涤衣物（见图 4-20）。

（2）人在地面上跑步，地面不动而人向前运动；而跑步机则是地面向后运动，人保持不动（见图 4-21）。

图 4-20　无水洗衣机

图 4-21　跑步机

3. 使用技巧

此原理就是采用逆向思维，若事物以一种特殊方式制造或执行，则设法一种"相反"方式来制造或执行，以避免固有的问题及缺陷。

发明原理 14：曲面化原理

1. 曲面化原理的具体描述

14a. 将物体的直线、平面部分用曲线或球面代替，变平行六面体或立方体结构为球形结构。

14b. 使用滚筒、球状、螺旋状结构。

14c. 改直线运动为螺旋运动，应用离心力。

2. 应用案例

（1）建筑物曲面化，如图 4-22 和图 4-23 所示。

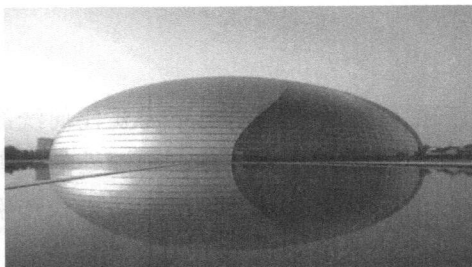

图 4-22　国家大剧院

图 4-23　国家体育场

（2）滚筒洗衣机，利用电动机的机械做功使滚筒旋转，衣物在滚筒中不断地被提升摔下，再提升再摔下，做重复运动，加上洗衣粉和水的共同作用使衣物洗涤干净，如图 4-24 所示。

（3）办公椅底部的转轮，为使用者在工作时提供更多便利（见图 4-25）。

图 4-24　滚筒洗衣机

图 4-25　办公椅

3. 使用技巧

此原理不仅与几何结构有关，还与表现形式为线性的事物有关。在各种情况及各个系统中寻找线性情况、关系、直线、平面及立方体形状，然后评价在改变为非线性状态后可以实现哪些新的功能。

发明原理 15：动态化原理

1. 动态化原理的具体描述

15a. 调整物体或环境的性能，使其在工作的各阶段达到最优状态。

15b. 分割物体，使其各部分可以改变相对位置。

15c. 如果一个物体整体是静止的，使其移动或可动。

2. 应用案例

（1）电子广告牌可以按顺序显示多幅平面广告（见图 4-26）。

图 4-26　电子广告牌

（2）折叠椅和笔记本电脑是通过分割物体的几何结构，引入铰链连接使其各部分可以改变相对位置，如图 4-27 和图 4-28 所示。

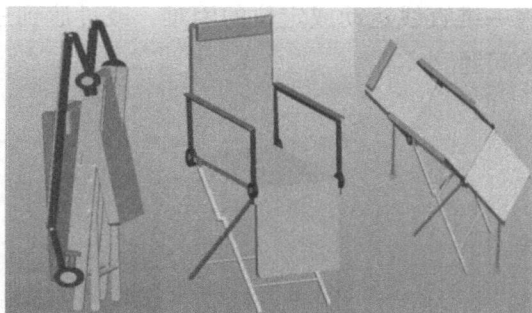

图 4-27　折叠椅

图 4-28　笔记本电脑

（3）摩天大楼减晃。台北 101 大厦高 449.2 米，如何减少在风中的晃动呢？采用动态化——在 88 ~ 92 层之间挂一个 660 吨的大钢球，靠惯性摆动减晃（见图 4-29）。

3. 使用技巧

此原理尝试让系统中的某些几何结构成为柔性的、可自适应；往复运动的部分成为旋转的；让相同部分执行多种功能；使特征成为柔性的；使系统可兼容于不同的应用或环境。

发明原理 16：未达到或过度的作用原理

图 4-29　台北 101 大厦减震器

1. 未达到或过度的作用原理的具体描述

16a. 如果所期望的效果难以百分之百实现，稍微超过或稍微小于期望效果，会使问题大大简化。

2. 应用案例

（1）为了防止迟到，可以将闹钟调快几分钟。

（2）在机械加工领域中，对一个零件毛坯进行加工时，首先进行的是粗加工，目的是快速去除绝大部分多余的材料，然后再进行精加工，慢慢地去除剩余的少量材料，使零件的加工程度能达到所要求的公差范围。

3. 使用技巧

当系统不能获得最佳状态时，先从容易掌握的情况或最容易获得的东西入手，尝试在"多于"和"少于"之间过渡；尝试在"更多"和"更少"之间渐进调整等。

发明原理 17：空间维数变化原理

1. 空间维数变化原理的具体描述

17a. 将物体变为二维（如平面）运动以克服一维直线运动或定位的困难，或过渡到三维空间运动以消除物体在二维平面运动或定位的问题。

17b. 单层排列的物体变为多层排列。

17c. 将物体倾斜或侧向放置。

17d. 利用给定表面的反面。

17e. 利用照射到临近表面或物体背面的光线。

2. 应用案例

（1）立体停车场，如图 4-30 所示。

（2）双层大巴，如图 4-31 所示。

图 4-30　立体停车场

图 4-31　双层巴士

（3）自动垃圾卸载车，如图 4-32 所示。

（4）双面胶，如图 4-33 所示。

图 4-32　自动垃圾卸货车

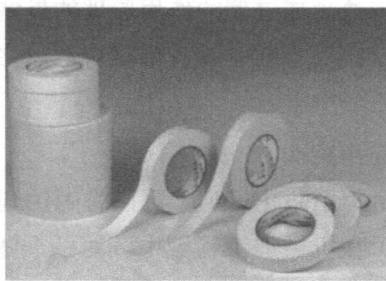

图 4-33　双面胶

3. 使用技巧

该原理的使用技巧是考虑改善空间的使用效率、可达性等。如果将一个对象转换到一个新的维度上还不能满足要求，则需要对其进行第二次或第三次转换；考虑使用对象的另一个不同侧面。

发明原理 18：机械振动原理

1.机械振动原理的具体描述

18a. 使物体处于振动状态。

18b. 如果已处于振动状态，提高振动频率（直至超声振动）。

18c. 利用共振频率。

18d. 将超声波振动和电磁场结合。

18e. 用压电振动代替机械振动。

2.应用案例

（1）振动式电动剃须刀（见图 4-34），内刀片高速往复振动或旋转，与紧密结合的网罩形成相对运动，实现剃须的功能。

（2）在清洗瓶子的时候，利用与瓶子的自振频率相同的脉冲可以很容易地将瓶子清洗干净。

（3）电动牙刷（见图 4-35）。

（4）超声波人体体外碎石也是利用共振进行工作。人躺在治疗台上面，让超声波聚集在人体有的结石上，振动的超声波使结石产生强迫共振，结合各种效应，将结石击碎（见图 4-36）。

（5）超声波清洗机，可以清洗诸如眼镜、首饰等要求表面高度清洁的物品（见图 4-37）。

图 4-34　振动式电动剃须刀　　　　　　　图 4-35　电动牙刷

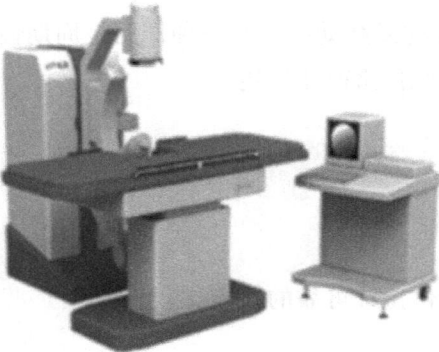

图 4-36　超声波碎石机　　　　　　　　图 4-37　超声波清洗机

3. 使用技巧

此原理考虑多种方式，以运用振动或震荡；使一个物体发生震荡或振动；改变振动或震荡的程度；使频率改变到超声级别；利用一个物体的共振频率；组合机械场和电磁场等。

发明原理 19：周期性作用原理

1. 周期性作用原理的具体描述

19a. 用周期性动作或脉冲动作代替连续动作。

19b. 如果周期性动作正在进行改变其运动频率。

19c. 利用脉冲周期中的暂停来执行另一有用动作。

2. 应用案例

（1）蛙泳分为一次划手、一次蹬腿、一次头出水面的组合，完成一次呼吸（见图 4-38）。

（2）使用 AM（调幅），FM（调频），PWM（脉宽调制）来传输信息。

（3）汽车的刮水器，工作时由电机带动刮臂和刮片，在汽车风窗玻璃上周期性地摆动，刮除雨水和其他秽物（见图 4-39）。

图 4-38　蛙泳　　　　　　　　　　　　　图 4-39　刮水器

3. 使用技巧

若一种作用是连续的，则考虑使其变为周期性的或脉动的。若一种作用是周期性的或脉动的，则考虑改变其振幅或其频率然后考虑运用脉冲来改变作用。

发明原理 20：有效作用的连续性原理

1. 有效作用的连续性原理的具体描述

20a. 物体的各个部分同时满载持续工作，以提供持续可靠的性能。

20b. 消除空闲和间歇性动作。

2.应用案例

（1）制造企业利用连续流工艺，使损失显而易见，以便将其消除，同时减少存量并降低成本。

（2）用水车代替水桶取水（见图 4-40）。

3.使用技巧

任何过渡过程，尤其是"从零开始"的或使连续流中断的过渡过程，均可损害一个系统的效率。因此，搜寻动态系统的非动态时刻或已损失能量并将其消除。

图 4-40　水车

发明原理 21：减少有害作用原理

1.减少有害作用原理的具体描述

21a.若某事物在一个给定速度下出现问题，则使其速度加快，将危险或有害的流程或步骤在高速下进行。

2.应用案例

（1）高温瞬时灭菌机，如牛奶需要灭菌，但时间长了就破坏了营养，所以要瞬时灭菌，减少有害作用时间。

（2）高速牙钻可以避免牙组织因过热受损。

3.使用技巧

评价在一个动作执行期间出现有害（或危险）功能，将危险或有害的流程或步骤在高速下进行。

发明原理 22：变害为利原理

1.变害为利原理的具体描述

22a.利用有害的因素（特别是环境中的有害效应），得到有益的结果。

22b.将两个有害的因素相结合进而消除它们。

22c.增大有害因素的幅度直至有害性消失。

2.应用案例

（1）把垃圾回收做成纪念品。自由女神翻修后留下 200 吨垃圾难以处理，却有一人承包这些垃圾，将其做成各种纪念品（朽木、泥巴都装进精美小盒）在市场上出售（见图 4-41）。

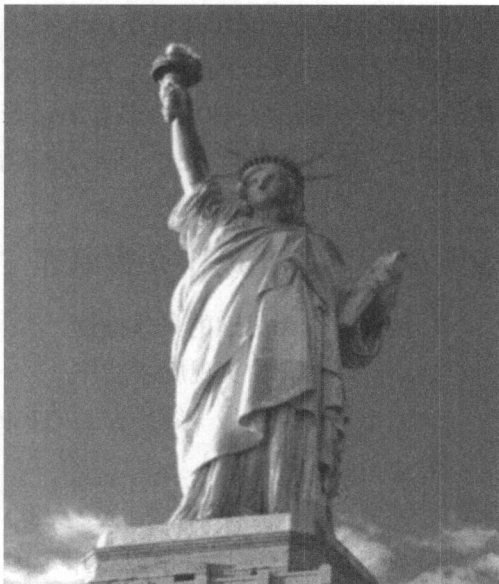

图 4-41　自由女神

（2）噪声被引入的另一个噪声消除。引入的另一个噪声，幅值与原噪声的幅值相同，相位相反，这样，两种噪声叠加起来就抵消了。方法是用了一台倒相的仪器，把噪声收进仪器变成电信号，并把电信号倒相，幅值相反。再用扬声器放出来，与原有噪声叠加以消除原有噪声。

3. 使用技巧

运用此原理时，创新者可以把自己不能使用的东西转变为自己可以使用的东西，或者是让一种有害作用与其他作用相结合从而将其消除，由此而使系统获得新的价值。

发明原理 23：反馈原理

1. 反馈原理的具体描述

23a. 在系统中引入反馈。

23b. 如果已引入反馈，改变其大小或作用。

2. 应用案例

（1）音乐喷泉，通过改变声音频率就可以改变带动水泵的电机的转速，也就可以改变水泵的压力，因此喷出的水就有了高低变化（见图 4-42）。

（2）来自建议制度及员工测评的信息可以用来向管理者提供反馈，管理者可以随后纠正业务实施的方式。

3. 使用技巧

系统或情境中的任何信息的改变，均可被用来执行校正系统的行为。将任何有用或有害的改变均视为一种反馈信息源，若反馈已被运用，则寻找各自方式，来改变其幅度。

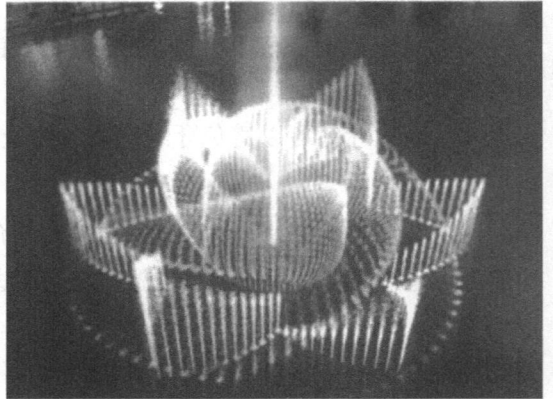

图 4-42　音乐喷泉

发明原理 24：借助中介物原理

1. 借助中介物原理的具体描述

24a. 使用中介物实现所需动作。

24b. 把一物体与另一容易去除的物体暂时结合。

2. 应用案例

（1）货币（价值符号、等价交换物）（钱、货币、纸币：一种商品，如金子或官方发行的铸币或纸币，把这种货币或纸币定为可与其他一切商品，如货物和服务的等价交换物，并用于市场交换价值的尺度）。

（2）煮熟的鸡蛋总是因烫手而无法去壳，鸡蛋剥壳器帮你轻松地去掉烫手鸡蛋的外壳（见图 4-43）。

3. 使用技巧

寻找与相关功能、事件与（或）情况不相容或不匹配的功能、事件与（或）情况，然后确定可以在不匹配系统之间充当链接（过程载体）的一个中介物，也可以在有害作用、对象、功能、特征等之间寻找中间阻挡物。

图 4-43　鸡蛋剥壳器

发明原理 25：自服务原理

1. 自服务原理的具体描述

25a. 物体通过执行辅助或维护功能，为自身服务。

25b. 利用废弃的能量与物质。

2. 应用案例

（1）品牌效应环：哈佛管理学院培养了一些著名学者，这些学者提高了学院的知名度，很多学生申请入学，学院仅招收最优秀的学生，培养的学生是最优秀的，形成了良性循环。

（2）美国硅谷一家机器人研发公司推出新的智慧机器人"PR2"。它不但有视觉功能，还会在房间内自动巡逻，行进时速约 2 千米。不仅如此，它还可以自行开门，找到电器插座为自己充电。虽然早就有机器人可以自动搜寻电源充电，不过"PR2"号称是第一种可在实际环境下自行充电的机器人。它利用身上的激光扫描仪与视讯摄影机看到门之后，会光测量门的大小与门把位置；然后伸出仿真人类的机器手臂，扭开门把手进入房间找插座，连开冰箱门也是轻巧自如（见图 4-44）。

（3）秸秆粉碎机（见图 4-45）：在收割的过程中，将农作物的秸秆粉碎后直接填埋作为下一季庄稼的肥料。

图 4-44　PR2 机器人　　　　图 4-45　秸秆粉碎机

3. 使用技巧

自服务是物理、化学或几何效应的一种结果，且在两个级别上起作用：主要功能和相关或并行功能。可利用或采用一个系统的基本功能来实现自服务或实现辅助服务。另外，自服务是测量过程的一种功能，并且在测量过程后面会跟随一个反馈过程，以校正某种系统的不足。

自服务和反馈很难区分。因为自服务采用了某种反馈，但是却没有一个特定的"反馈系统"。

发明原理 26：复制原理

1. 复制原理的具体描述

26a. 用经过简化的廉价复制品代替复杂的、昂贵的、不方便的、易碎的物体虚拟现实系统。

26b. 用光学复制品（图像）代替实物或实物系统，可以按一定比例扩大或缩小图像。

26c. 如果已使用了可见光复制品，用红外线或紫外线复制品代替。

2. 应用案例

（1）模拟射击训练系统，通过虚拟现实（VR）技术来模拟战场情况，供士兵练习射击（见图 4-46）。

图 4-46　模拟射击训练系统

（2）列车即将离去，如何才能量出这一车圆木有多少立方？长度是一定的。时间很紧迫，拿尺子一根根量是来不及了。用照相的方法，也就是复制。贴一个标尺，对圆木照相。然后用尺子在照片上量每一根圆木的直径。按标尺比例换算出真实直径。经实际应用，误差不大（见图 4-47）。

（3）紫外线灭蚊灯，蚊子对紫外线的波长有特殊的敏感性，诱蚊效果比普通灯光好，（见图 4-48）。

图 4-47　测量圆木尺寸

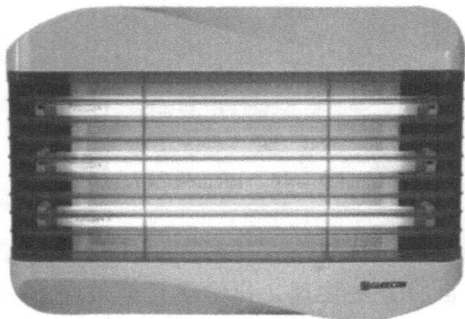

图 4-48　紫外线灭蚊灯

3. 使用技巧

如果系统（或某种情况）缺乏可用性、成本过高或易损坏，就需要找到某种可用的、成本低的或耐用的复制品来代替，必须考虑改变复制物的比例。同时，不仅要考虑事物模型，还要考虑计算机模型、数学模型、流程图或其他能够满足要求的模拟技术。

发明原理 27：廉价品替代原理

1. 廉价品替代原理的具体描述

27a. 用若干便宜的物体代替昂贵的物体，同时降低某些质量要求（如工作寿命）。

2. 应用案例

（1）一次性餐具（见图 4-49）。

（2）一次性注射器（见图 4-50）。

图 4-49　一次性餐具

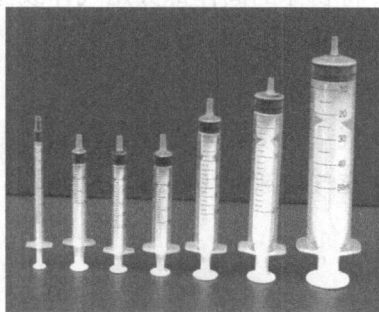

图 4-50　一次性注射器

3. 使用技巧

简单替代复杂，廉价替代高价，"短命"替代"长寿"。可以替代的对象不单单是机器、工具和设备，也可以是信息、能量、人及过程。

发明原理 28：机械系统替代原理

1. 机械系统替代原理的具体描述

28a. 用光学（视觉）系统、声学（听觉）系统、电磁系统、味觉系统或嗅觉系统替代机械系统。

28b. 使用与物体相互作用的电场、磁场、电磁场。

28c. 用运动场替代静止场，时变场替代恒定场，结构化场替代非结构化场。

28d. 把场与场作用和铁磁粒子组合使用。

2. 应用案例

（1）某工厂生产成千上万的瓷器。烧制的好坏，要靠工人用锤子一个个敲打听声音判断。发明家模仿人也用敲打的方法设计了一台机器人，但是不好用。最后借用了陶瓷电阻检测的方法，把光线照射到瓷器上，接收反射光线的多少，就可以判断瓷器烧制的好坏，用光线代替敲打。

（2）用变磁场加热含有铁磁材料的物质，当温度达到居里点时，铁磁材料变成顺磁体，不再吸收热量。

3. 使用技巧

首先考虑用物流场替代机械场，由可变场替代恒定场，由结构化场替代非结构化场，由生物场来替代机械作用。在非物理系统中，概念、价值或属性都可以是被替代的对象。

发明原理 29：气压和液压结构原理

1. 气压和液压结构原理的具体描述

29a. 将物体的固体部分用气体或流体代替，如充气结构、充液结构、气垫、液体静力结构和流体动力结构。

2. 应用案例

（1）气垫运动鞋（见图 4-51）。

（2）充气游泳池（见图 4-52）。

图 4-51　气垫运动鞋　　　　　　　　图 4-52　充气游泳池

3. 使用技巧

该原理利用系统的可压缩性或不可压缩性的属性改善系统。

发明原理 30：柔性壳体或薄膜原理

1. 柔性壳体或薄膜原理的具体描述

30a. 使用柔性壳体或薄膜代替标准结构。

30b. 使用柔性壳体或薄膜将物体与环境隔离。

2. 应用案例

（1）2008 年奥运会的游泳比赛场馆（水立方）采用了塑料充气薄膜代替传统的建筑结构（见图 4-53）。

（2）在农业生产上，用塑料大棚代替温室，降低成本（见图 4-54）。

图 4-53　水立方

图 4-54　塑料大棚

3. 使用技巧

如果打算将一个问题与其环境隔离，或者考虑运用薄的对象代替厚的对象，都可以考虑使用该原理。

发明原理 31：多孔材料原理

1. 多孔材料原理的具体描述

31a. 使物体变为多孔性或加入多孔物体（如多孔嵌入物或覆盖物）。

31b. 如果物体是多孔结构，在小孔中事先填入某种物质。

2. 应用案例

（1）在人体组织中，绝大多数组织都是多孔的，以便于水和离子的通过，例如：肺、肝、肠道、胃、皮肤等。

（2）利用药棉的多孔性，浸蘸药水擦拭伤口，防止伤口感染（见图 4-55）。

（3）在失重状态下，向液体金属中注入气体。这时，气泡既不"上浮"，也不"下沉"，而是均匀地分布在液态金属中。当液态金属冷却凝固后，就成为像软木塞那样轻的泡沫金属。用泡沫金属做飞机的机翼，结实又轻便（见图 4-56）。

图 4-55　药棉

图 4-56　泡沫金属

3. 使用技巧

使用空穴、气泡、毛细管等孔隙结构时，这些结构可不包含任何实物粒子，可以真空，也可以充满某种有用的气体、液体或固体。

发明原理 32：改变颜色原理

1. 改变颜色原理的具体描述

32a. 改变物体或环境的颜色。

32b. 改变物体或环境的透明度。

32c. 利用着色剂观察难以观察到的对象或过程。若已应用此类着色剂，则可引入发光示踪剂或示踪原子。

2. 应用案例

（1）在战争中，为了让敌人无法隐蔽，常常将阵地周围的草和树木等可以隐蔽的物体统统烧光。

（2）光敏变色玻璃可以随着光线的强弱改变其透明度。

（3）为了节约用水，利用经过简单处理的中水来浇灌花草和冲马桶，为了避免人们误饮，在中水中加入染料，使其呈蓝色。

3. 使用技巧

当目的是区别多种系统的特征（例如促进检测、改善测量或标识位置、指示状态改变、目视控制、掩盖问题等）时，都可以使用该原理。

发明原理 33：同质性原理

1. 同质性原理的具体描述

33a. 存在相互作用的物体用相同材料或特性相近的材料制成。

2. 应用案例

（1）用糯米制成的糖纸来包装软糖（糖纸和软糖都是可食用的）；利用鸡蛋和淀粉来制造装冰激凌的容器（冰激凌和容器具有相同的特性——可以食用）(见图 4-57)。

（2）金刚石是一种天然的最硬的物质，是制作钻石的原料，只有金刚石割刀或锯片才能切割金刚石（见图 4-58）。

3. 使用技巧

首先寻找一种材料的或多种材料之间的等同性，即两种材料或属性足够接近，一起使用不会产生明显害处。这种等同性能给系统带来益处。

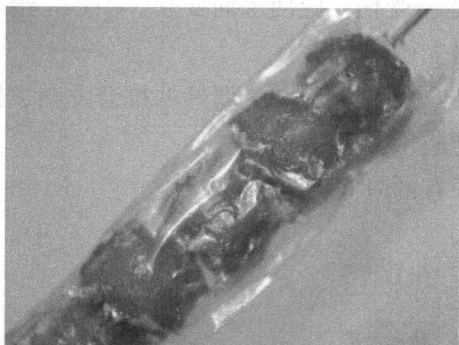
图 4-57　糯米纸

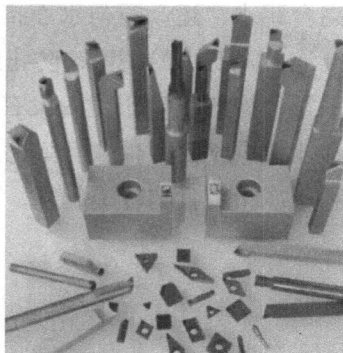
图 4-58　金刚石钻头

发明原理 34：抛弃与再生原理

1. 抛弃与再生原理的具体描述

34a. 采用溶解、蒸发等手段抛弃系统中已完成功能的多余部分，或在系统运行过程中直接修改它们。

34b. 在工作过程中迅速补充系统或物体中消耗的部分。

2. 应用案例

（1）许多公司基于企业能力的变化而雇用不同水平的员工。临时劳动力提供了一种有利条件，即需要的时候雇用，不需要的时候辞退。

（2）在如今的军队演习作战中，许多士兵需要携带大量的电池，以满足电子设备的需要。电池重量很大，在许多情况下使用完后便丢掉了。人们正在开发燃料电池技术，以提供一种再生资源，将使用战场上容易得到的柴油作为燃料。

3. 使用技巧

时间在此原理的利用中起到了至关重要的作用，一旦某种功能已完成，立即将其从系统中去除，或者立即对其进行恢复以进行再利用。

发明原理 35：物理或化学参数改变原理

1. 物理或化学参数改变的具体描述

35a. 改变聚集态（物态）。

35b. 改变浓度或密度。

35c. 改变系统的柔性。

35d. 改变温度。

2. 应用案例

（1）用液态的香皂水代替固体香皂，可以定量控制使用，减少浪费（见图 4-59）。

（2）高台跳水，运动员与水面接触冲击，可能会受伤，应使水面变软。于是，给水中注入大量气泡，降低水的密度，防止运动员入水时受伤。

（3）最早的橡胶很硬很脆，没有弹性。查尔斯·固特异因一个偶然的机会发明了橡胶硫化技术，才使橡胶变得柔软有弹性从而得到广泛应用。

（4）利用冰箱将食物冷冻起来，可以延长其保存的时间（见图4-60）。

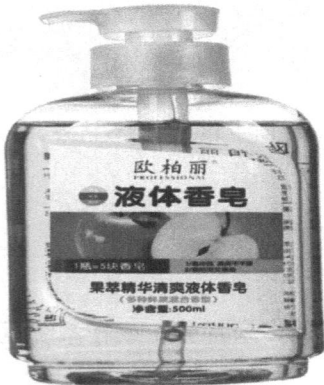

图 4-59　液体香皂

图 4-60　冰箱

3.使用技巧

使用此原理时，可以考虑改变系统或对象的任意属性（对象的物理或化学状态、密度、导电性、机械柔性、温度、几何结构等）来实现系统的新功能。

发明原理 36：相变原理

1.相变原理的具体描述

36a.利用物质相变时产生的某种现象，如体积改变、吸热或放热。

2.应用案例

（1）水凝固成冰时，体积膨胀，可以利用这一特性进行无声爆破。据说，汉尼拔在向罗马复仇的路上，到了阿尔卑斯山，遇到巨大的石头挡道。于是，汉尼拔命令士兵在夜间向巨石的缝隙中灌水，经过了一夜的冷冻，水冻成了冰，体积膨胀，从而将大块的石头胀裂成较小的石块，而搬动这些小石块是非常方便的。

（2）空调、冰箱制冷就是液气相变循环（见图4-61）。蒸发器中的制冷剂吸收环境热量汽化成低压蒸汽，被压缩成高压蒸汽进入冷凝器散热，风扇吹走热量，制冷剂蒸汽凝结成高压液体，经节流喷入蒸发器，又吸收环境热量汽化成低压蒸汽，循环制冷。

3.使用技巧

为了产生气溶胶、吸收或释放热量、改变体积以及产生一种有用的力，都可以利用相变原理。典

图 4-61　空调、冰箱的制冷原理

型的相变包括：气、液、固体彼此之间的转换以及相反过程。

发明原理 37：热膨胀原理

1.热膨胀原理的具体描述

37a. 使用材料的热膨胀或热收缩特性。

37b. 组合使用不同热膨胀系数的几种材料。

2.应用案例

（1）乒乓球瘪了怎么办？放在热水中泡，瘪的地方就能鼓起来。为什么？原来乒乓球中是有空气的，空气受热膨胀，就能把瘪的地方顶起来（见图 4-62）。

（2）双金属片热敏开关，即双金属片，是两条黏在一起的金属片。由于两片金属的热膨胀系数不同，对温度的敏感程度也不一样，温度改变时就能产生弯曲，从而实现开关功能（见图 4-63）。

图 4-62　还原瘪了的乒乓球

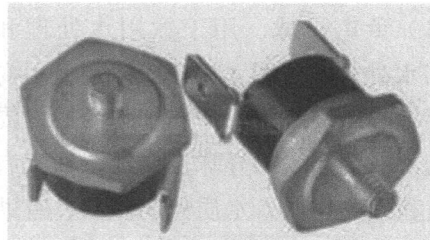

图 4-63　双金属片热敏开关

（3）拔火罐。拔火罐之前，先用火烤罐内空气，空气受热膨胀排出罐外，罐内形成负压，即可将罐子吸附在人体皮肤上。

3.使用技巧

热膨胀可为正向或负向。热膨胀的运用范围并不只限于热场，重力、气压、海拔高度或光线的变化都可能引起热膨胀（收缩）。社会现象或者心理现象也可以纳入考虑范围。

发明原理 38：强氧化剂原理

1.强氧化剂原理的具体描述

38a. 用富氧空气代替普通空气。

38b. 用纯氧代替富氧空气。

38c. 将空气或氧气用电离放射线处理，产生离子化氧气。

38d. 用臭氧替代离子化氧气。

2. 应用案例

（1）自发电富氧活水器（见图 4-64）。连接上各种水龙头，用自来水水压发电，以内藏的磁悬浮涡轮水力发电机组供电来产生电源，从而方便、安全地把自来水变成清洁杀菌的富氧水。该设备具有消毒杀菌、脱色除臭、保鲜、清洁皮肤、防病治病的功效。

（2）高压氧舱（见图 4-65）可以缓解煤气中毒、脑外伤、脑功能障碍、脑血栓、阿尔茨海默病、小儿脑瘫等多种疾病。

图 4-64　自发电富氧活水器

（3）负离子手表采用硅胶加负离子粉配置而成（见图 4-66）。其释放的负离子浓度改变了个人身体周边的负离子含量，使人如身在郊外，长期佩戴可以防止大气紫外线的辐射，缓解疲劳，促进血液循环。

（4）负离子球，用于饮用水处理和洗澡用水处理（见图 4-67）。水分子团变小，容易渗透细胞膜，增加细胞活性，提高免疫力；消除水的异味及余氯，消灭有害物质和致癌物质；水质偏弱碱性，有助于人体酸碱平衡和营养平衡；富含人体所需的钙、镁、钠、钾等微量元素和各种矿物质。

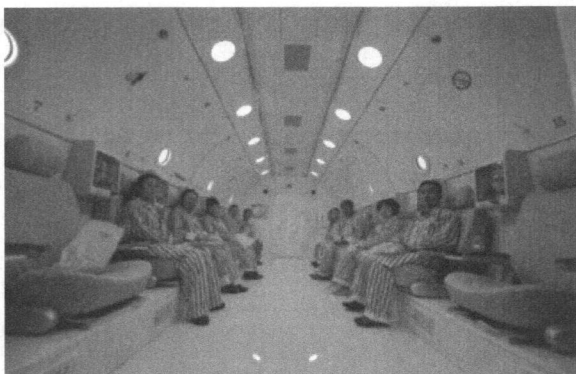

图 4-65　高压氧舱

图 4-66　负离子手表

图 4-67　负离子球

3. 使用技巧

提高氧化水平的本质是从氧化的一个级别转变到下一个更高的级别。提高氧化水平的次序为：空气→富氧空气→纯氧→电离化氧气→臭氧→单氧。在非物理系统中，可以将能导致过程加速或者失稳的任何外部元素视为"氧化剂"，可以将这些元素引入到团队或者组织中来提高活跃性和创造力。

发明原理 39：惰性环境原理

1. 惰性环境原理的具体描述

39a. 用惰性环境替代通常环境。

39b. 使用真空环境。

2. 应用案例

（1）真空充氮包装（见图 4-68）。其用于包装食品、药品、化工原料、电子及贵重物品，可有效防止各类化学气化和好软细菌繁殖而引起的物品腐败及变质；可防潮、防蛀，达到保鲜、保色，以利于产品延长储存期。

（2）汽车轮胎充氮。氮气是一种稳定性高的惰性气体，不易热胀冷缩，能稳定胎压，不易有爆胎的危险。轮胎内铝合金钢圈或铁圈不致氧化生锈。氮气在轮胎的扩散比空气慢 40%，故轮胎充氮气可节省汽车的油耗，使轮胎的寿命增长 5%。

图 4-68　真空充氮包装

（3）真空超导液采暖，节能高效。用真空超导液代替传热管道中的水，在密封真空环境中一次加入，永久使用。优势明显：35℃就能传热，点火几分钟，散热器表面温度可达 70℃～80℃。比水暖系统节煤 50%，可广泛用于蔬菜大棚、烘干、洗澡、陶瓷隧道加热等需要热能的领域。真空超导（太阳能）采暖、冷暖空调、生活热水系统示意图，如图 4-69 所示。

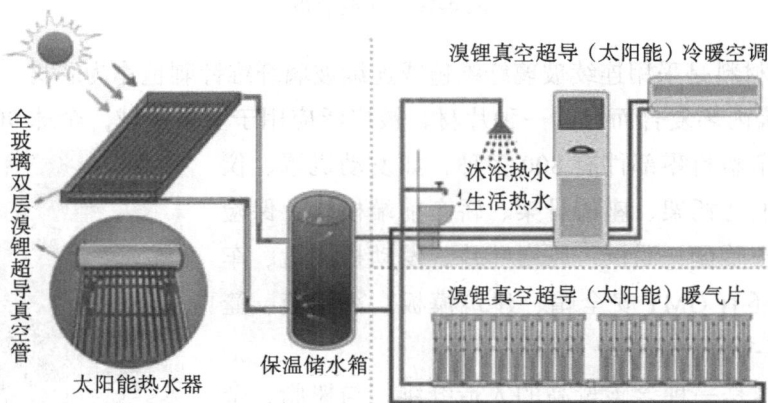

图 4-69　真空超导（太阳能）采暖、冷暖空调、生活热水系统示意图

3. 使用技巧

制造一种惰性环境，可以考虑各种可用的环境类型：真空、气体、液体或固体。固体惰性环境包括中性涂层、微粒或要素，同时还要考虑"不产生有害作用的环境"。

发明原理 40：复合材料原理

1. 复合材料原理的具体描述

40a. 用复合材料代替均质材料。

2. 应用案例

（1）冲浪滑板（见图 4-70），玻璃纤维制成的冲浪板，不但比木质板易于成型，而且使运动更加灵活。

图 4-70　冲浪滑板

（2）GMT 材料是采用连续玻璃纤维毡或连续玻璃纤维针刺毡作为芯材，然后与热塑性树脂——改性聚丙烯复合而成的一种片材，被广泛应用于多个领域，全球 90% 的 GMT 用于轿车上。轿车塑料零部件有 800 多种，如发动机罩、仪表板骨架、蓄电池托架、座椅骨架、轿车前端模块、保险杠、行李架、备胎盘、泥板、风扇叶片、发动机底盘、车顶棚衬架等，还有 GMT 安全帽、建筑模板、军用箱、篮球架等（见图 4-71）。

（3）碳纤维是一种含碳量高的人造纤维，与树脂、金属、陶瓷等基体复合，制成重量轻强度高的航空航天材料。一种垂直起落战斗机，所用碳纤维复合材料占全机重量的

图 4-71　GMT 复合材料样品

1/4，占机翼重量的 1/3。航天飞机 3 只火箭推进器的关键部件都是用碳纤维复合材料制成的（见图 4-72）。

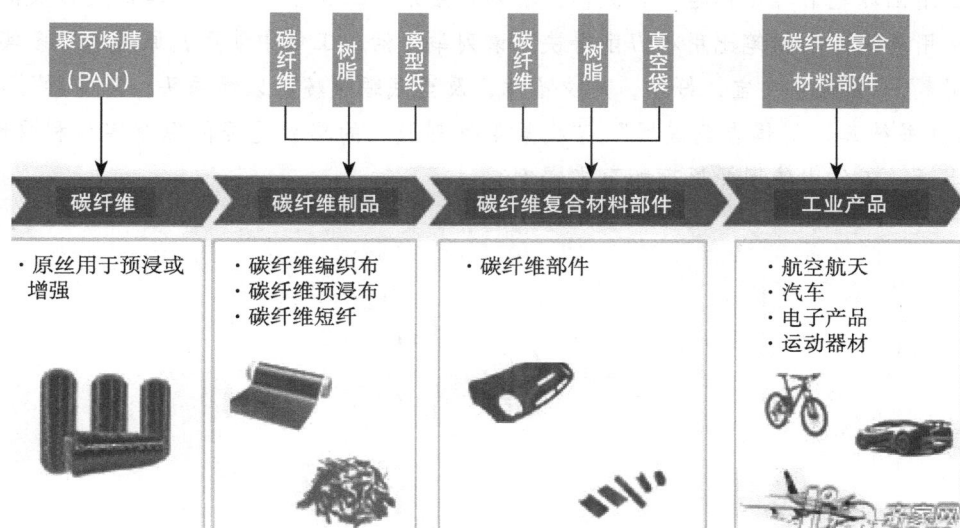

图 4-72　碳纤维材料

3. 使用技巧

对此原理的一种更为一般的看法是考虑改变成分。在此原理中的术语"复合材料"可以指高科技材料。

若材料目前是均质的，则考虑使其成为多层的或同时运用相同或不同的作用、对象或特征（或不同的），并考虑此种做法可产生的影响。若结构是分层的，但是有一层是均质的，则考虑这一个层可以怎样进行改变，使之成为不均质的。

🌀 思考题

1. 请说明下列方法使用了什么发明原理。

（1）电子邮件可作为计算机病毒的一种载体（中介物）。此中介物为病毒提供了从单点向多点传播的手段。

（2）商人运用周期性作用来加深人们对其广告及所售商品的印象。一条常常被重复的规则就是"消费者要看它三次后才会购买"。

（3）软件原型仅演示软件将怎样工作。真实的软件可能表面上看起来与之相同，但是内部功能却是大不一样的。因此，原型作为一种"廉价替代信息"，传达的是软件开发的最终结果。

（4）对尺寸在制造中的工艺可变性进行测量，并提供有价值的信息，以了解需要在何种程度上对工艺进行调整，从而制造出更高质量的产品。

（5）自动调温器监测温度上的变化。当温度改变时，一个切换机构向一个供暖或空调系统发送一个信号，以对室内的温度进行校正。

2. 为什么用圆珠笔书写比钢笔书写流畅？请列举生活、工作中使用此原理的更多实例。

3. 为什么用卷笔刀削铅笔比用小刀削得快？请列举生活、工作中使用此原理的更多实例。

4. 史书记载，"孙敬字文宝，好学，晨夕不休，及至眠睡疲寝，以绳系头，悬屋梁"。又有，"苏秦读书欲睡，引锥自刺其股"。"头悬梁锥刺股"的典故是否体现变害为利原理？请列举生活、工作中使用此原理的更多实例。

第5章

技术矛盾及其求解

▊本章学习目标

1. 了解"矛盾的分类""技术矛盾的概念";
2. 掌握"如何定义技术矛盾";
3. 熟悉 39 个通用工程参数的解释与分类;
4. 熟练掌握解决技术矛盾的矛盾矩阵法,并能加以运用解决实际发明创新问题。

5.1 技术矛盾概述

5.1.1 矛盾

▊案例导入

"对立统一规律"这一观念是由中国古代哲人在观察世界时最先提出的哲学范畴。他们认为世界是物质的,物质世界在阴阳二气的相互作用下滋生着、发展着和变化着。这种被称为"阴阳学"的学说是中国古人认识和解释自然世界的重要哲学思想,含有朴素的辩证思想,是对事物对立统一规律的客观描述。

阴阳学的学说认为阴和阳相互转化,生生不息,阴阳的对立、统一、消长、和谐这一哲学思想被我国古代的先哲浓缩于太极图中。两鱼互纠互倚,阴鱼白睛,阳鱼黑睛。阴中有阳,阳中有阴。正如宋代周敦颐在他的《太极图说》中所阐述的那样:"无极而太极。太极动而生阳,动极而静,静而生阴,静极复动。一动一静,互为其根。分阴分阳,两仪立焉。"太极是阴阳的统一体,与辩证法中"对立统一规律"相吻合。

老子在《道德经》中说道："万物负阴而抱阳"，指明了一切现象和事物都存在正反两个方面，阴阳的对立与消长是宇宙万物的基本规律。大千世界，从宏观天体到微观粒子，无不是一分为二又合二为一的，并且都处在不断地运动变化之中。

矛盾是普遍存在的，社会的各个方面充斥着矛盾，其极端表现即矛盾。矛盾是指在两个或更多陈述、想法或行动之间的不一致。在逻辑中，矛盾被更加特殊化的定义为同时断言一个陈述以及它的否定。当两个对立的见解在同一时间、同一地点、同一条件都被认为是正确时，矛盾就出现了。矛盾在人们的生活中处处可见。例如，孩子认为河水很暖和，想下去洗澡。母亲则认为河水是凉的，下去洗澡会感冒；人们希望钢笔的笔尖应该很细以便画出细线，但细笔尖容易划破纸。生活中还存在大量的逻辑性的矛盾，例如能看见一切的盲人、会说话的哑巴、不道德的圣徒、愚蠢的智者、年轻的老人等。分析和解决这些矛盾需要发挥创造性和想象力。只有不断地发现和解决矛盾，社会才能进步，而解决的矛盾越大则进步也就越大。

然而，系统的发展是从一个矛盾到另一个矛盾的发展过程，即任何一个系统都是通过克服不断产生的矛盾来发展的。在技术系统中，矛盾就是反映相互作用的因素之间在功能特性上具有不相容要求，或对同一功能特性具有不相容（相反）要求的系统矛盾模型。

对立统一规律是唯物辩证法的实质和核心，它是所有事物发展的基本规律。在技术系统的发展过程和创新活动中，矛盾的发现和解决是不可回避的两个问题。在对矛盾做更深入的分析前，首先区分一下两个基本的概念：问题和矛盾。

"问题包含着矛盾，但问题并不等同于矛盾。"当只是"就问题而论问题"的时候，问题的发现通常是直接而容易的，因为在这种情况下，讨论的只是存在的不足，而不涉及其他。相比而言，矛盾的发现就要难得多了，因为人们需要回答的是："为什么会这样？"矛盾需要对问题进行分析，需要提炼。对于同一个问题可以定义出多个矛盾，但如果不对问题做深入的思考和分析，就有可能明知问题存在却发现不了矛盾。下面用几个生活中常见的例子对"问题"和"矛盾"的关系加以说明。

▊ 例 5-1

消费者与技术之间的 8 种矛盾关系。

（1）有序与混乱。人们期望技术给工作和生活带来秩序，而一旦拥有，技术会打乱我们的日常生活。例如，作为一个社会，对电脑依赖之强以至于一旦它出了问题，我们就无法工作，在这个奇异的世界，能使工作停顿的病毒很容易影响我们。

（2）同化和异化。通过便捷的通信或提供的共享经验，很多技术帮助我们与其他人相联系，但是这些技术也代替了面对面的交流和其他社会活动。人们在因特网上的时间越长，就越消沉，越紧张，越感到孤独。"我们离现实如此遥远，以至于我们甚至不知道怎样满足亲情的渴望。"

（3）明智与愚蠢。我们期望先进的产品能让我们从事复杂的工作，帮我们变得更加聪明。但这些产品难以掌握，或使我们遗忘原有技术，那么，我们就不觉得掌握新技术是一件好事。

（4）自由与奴役。提供自由的产品最终会造成新的限制。例如，声音邮件可以使我们远离办公室，但又使我们不得不经常检查我们的信息。蜂窝电话给我们以自由空间，却使我们总被人找到。

（5）从事与放弃。虽然一些技术被设计用来使活动更方便，但它们会降低经验的质量。例如，我们不用闻和挤来看柠檬熟了没有，而只需列出计算机检验清单；也不用仔细翻转锅铲加工香喷喷的食品，而只需透过微波炉的玻璃门观察正在里面加热的食品。那些看来能简化我们的生活，使我们彼此保持联系的东西，正在使我们愉悦地走向方便自己的目标。

（6）高效与低效。新技术能帮我们更快地完成任务，但也衍生出新的费时的杂物。例如，1998 年美国办公人员收到的电子邮件平均每周 179 封，在网络公司，这个数字上升到 233，这些都导致工作水平的下降。

（7）满足需求与创造需求。许多技术产品在满足需求的同时创造了需求。例如，我们利用软件做更多复杂工作的同时，需要参加培训以学会使用这些软件来完成工作。

（8）时髦与过时。虽然人们在拥有最新产品时很兴奋，但兴奋之余，总会有落伍的担心。

例 5-2

普遍的城市交通拥堵

城市交通拥堵是一个普遍性的问题（见图 5-1）。但产生这一问题的矛盾是什么呢？根据不同人的不同理解，可以列出多对矛盾。

图 5-1　普遍的城市交通拥堵

矛盾对 1：有限的道路空间与过多的车辆。

矛盾对 2：人们的素质提高速度与城市的发展速度。

▌例 5-3

学校毕业生的就业问题

学校毕业生的就业是一个社会问题，而对于部分专业而言，就业问题已经比较严重。由此我们可以给出引发问题的矛盾对。

矛盾对 1：该专业的毕业生太多与就业岗位数量有限。

矛盾对 2：学校自己的专业定位与企业对该专业的定位。

从上述例子可以看出，对于同一问题如果选择了不同的矛盾对就将得到不同的问题解法。要解决问题就必须努力地发现问题中存在的矛盾，但要更好地、更有创造性地解决问题，就必须发现关键性的矛盾，或者说是希望和应该去解决的矛盾，而做到这一点却并不是一件容易的事。

TRIZ 理论认为，发明问题的核心是解决矛盾，未消除矛盾的设计不是创新设计。产品进化过程就是不断解决产品所存在矛盾的过程，一个矛盾解决后，产品进化过程处于停顿状态；之后解决另一个矛盾，使产品转移到一个新的状态。设计人员在设计过程中不断地发现并解决矛盾。这是推动其向理想化方向进化的动力。

发明问题的核心就是解决矛盾，而解决矛盾所应遵循的原则是：改进系统中的一个零部件性能的同时，不能对系统中其他零部件的性能造成负面影响。矛盾可分为物理矛盾和技术矛盾，对于物理矛盾可以采用分离原理寻找解决方案；对于技术矛盾，则利用矛盾矩阵表找到相应的发明原理，找出解决矛盾的方法。矛盾解决流程如图 5-2 所示。

5.1.2 矛盾的分类

1. 矛盾的一般分类

矛盾分为两个层次。第一个层次分为三种矛盾：自然矛盾、社会矛盾及工程矛盾，该三类矛盾中的每一类又可细分为若干类。矛盾解决的容易程度自右向左、自下向上，即技术矛盾最容易解决，自然矛盾最不容易解决（见图 5-3）。

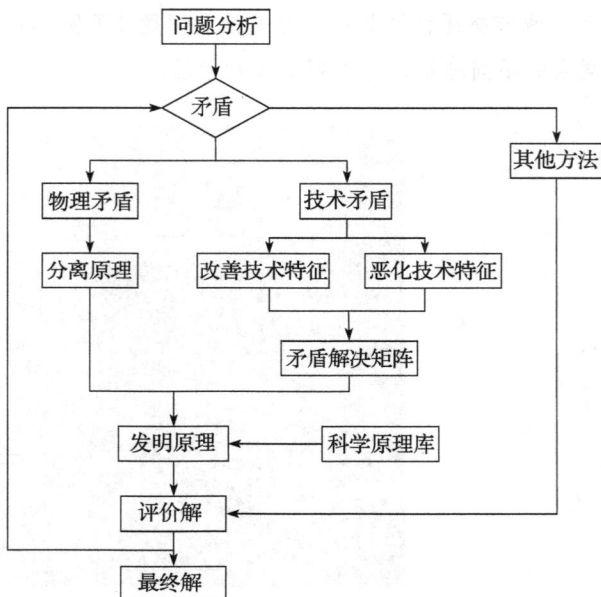

图 5-2 矛盾解决流程图

自然矛盾分为自然定律矛盾及宇宙定律矛盾。自然定律矛盾是指由于自然定律所限制
的不可能的解。例如，就目前人类对自然
的认识，温度不可能低于华氏零度以下，
速度不可能超过光速，如果设计中要求温
度低于华氏温度零度或速度超过光速，则
设计中出现了自然定律矛盾，不可能有解。
随着人类对自然认识程度的不断深化，今
后也许会有所突破。宇宙定律矛盾是指由
地球本身的条件限制所引起的矛盾，如由
于地球引力的存在，一座桥梁所能承受的
物体质量不能是无限的。

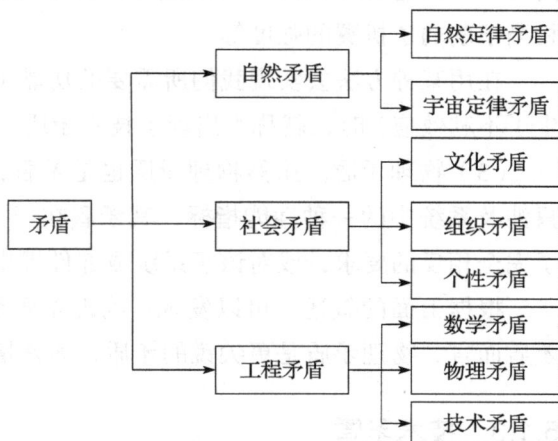

图 5-3　矛盾的一般分类

社会矛盾分为个性、组织、文化三类矛
盾。例如，只熟悉绘图，而不具备创新知识
的设计人员从事产品创新就出现了个性矛盾；一个企业中部门与部门之间的不协调造成组
织矛盾；对改革与创新的偏见就是文化矛盾。

工程矛盾分为技术矛盾、物理矛盾和数学矛盾三类。其主要内容正是 TRIZ 研究的
内容。

2. 基于 TRIZ 的分类

根据矛盾的不同表现形式和不同形成的原因，阿奇舒勒将矛盾分为管理矛盾、技术矛
盾和物理矛盾三大类。一般而言，TRIZ 将管理矛盾排除在考虑的范围之外，即 TRIZ 主要
解决的是技术矛盾和物理矛盾。

（1）管理矛盾。管理矛盾指的是这样一种场景：根据现场出现的情况，从内心认为
需要做一些事情了，以希望取得某些结果或避免某些现象的发生，但却不知如何去做。显
然，这种情况的出现是可悲的，其可悲之处在于：当人们知道帮你需要做某些事的时候，
肯定已发现了某种不足；但不知如何去做，其原因可能是没有发现真正问题之所在，或者
说是没有发现问题中的矛盾所在。

TRIZ 所提供的工具不能直接求解管理矛盾，但却提供了多种有效地分析问题的方法，
通过对问题的分析，有可能获得问题的矛盾，从而解决它们。作为一种建议，在实际操作
时可以先对问题给出一个方法，而不必考虑这种方法的有效性究竟有多大。在此基础上试
图定义矛盾，并努力解决它。通过一步步的工作，逼近问题的真相，即定义出问题的关键
矛盾。

（2）技术矛盾。对于技术矛盾，TRIZ 的定义为：一个系统存在多个评价参数，而技
术矛盾总是涉及系统的两个基本参数，如 A 和 B。而当试图改善 A 时，B 的性能变得更差
了；或反之。如果考虑的系统参数超过 2 个，则可以构建另外的技术矛盾。

技术矛盾是非常普遍的一类矛盾：想吃一份好菜，但太贵；想穿一件时髦的衣服，但

太过招摇；想坐车，但有人说应该步行，医为坐车会影响环境；在增加飞机发动机功率的同时，一般也会增加发动机的质量，由于飞机发动机通常被悬挂于机翼上，所以实际上又相当于削弱了机翼的强度等。

在用某种方法去实现我们所需要的功能（有利效应）的时候产生了另一方面的不足（产生了不利效应）时，就称为出现了技术矛盾。

（3）物理矛盾。虽然物理矛盾也是矛盾，但它与技术矛盾有截然不同之处。物理矛盾只涉及系统中的一种性能指标，其矛盾在于：为了某种功能的实现，对这一性能指标提出了完全相反的要求，或对该子系统或部件提出了相反的要求。

根据上面的叙述，可以发现：物理矛盾是一种"自相矛盾"的矛盾，所以相对于技术矛盾而言，物理矛盾是更尖锐的矛盾，通常情况下也是更为接近于问题本质的矛盾。

5.1.3　技术矛盾

技术矛盾是我们常见的一类矛盾，在生活中普遍存在。如在雨大撑伞走路时，我们喜欢比较大的伞，这样可以更好地挡雨。但同时大伞一般较重，撑起来十分费力。这个例子中，改善的参数是雨伞的面积，面积是我们希望提高的参数，恶化的参数是雨伞的重量，这是我们不希望看到的结果。所以，面积和重量这两个参数就构成了技术矛盾。又如，对于一个测量系统，我们希望这个测量系统的精度高以减小测量误差，可使精度高则要花费更多的时间以及更复杂的流程来制造它。这里，改善的参数是测量系统的精度，恶化的参数是制造该系统所需的时间及流程复杂性。

当改善技术系统中某一特性或参数时，同时引起系统中另一特性或参数的恶化，这种矛盾就称为技术矛盾。

技术矛盾表现为：①在一个子系统中引入一种有用功能后，会导致另一子系统产生一种有害功能，或加强了已存在的一种有害功能；②一种有害功能会导致另一子系统有用功能的削弱；③有用功能的加强或有害功能的削弱使另一子系统或系统变得复杂。

定义技术矛盾的步骤可以分为三步：

第一步：问题是什么？第一步是对初始的实际问题进行分析，可以使用因果分析或者组件分析等方法，通过这些分析方法找到问题的切入点。

第二步：现有解决方法是什么？从第二步中找出此技术系统的现有解决方案改善的参数 A。

第三步：现有解决方案的缺点是什么？从第三步中找出现有的解决方案恶化的参数 B，A 与 B 构成了一对技术矛盾。

▌例 5-4

手机尺寸的一个技术矛盾

为了观看方便，希望手机的屏幕越大越好，按键区也应该有一定的空间。但是，这必然会增加手机的尺寸。

可以这样定义矛盾：①希望手机的屏幕大，又不希望手机的屏幕大（定义为物理矛盾）；②在改善了手机的观看性能的同时增加了它的尺寸（定义为技术矛盾）。

折中法：综合考虑观看和尺寸后给出一个合适的大小。

TRIZ 解法：采用"维数变化"原理，将手机改为折叠式、滑盖式；甚至将屏幕与按键做在同一平面上（空间的虚拟划分），就成了触摸屏手机（见图 5-4）。

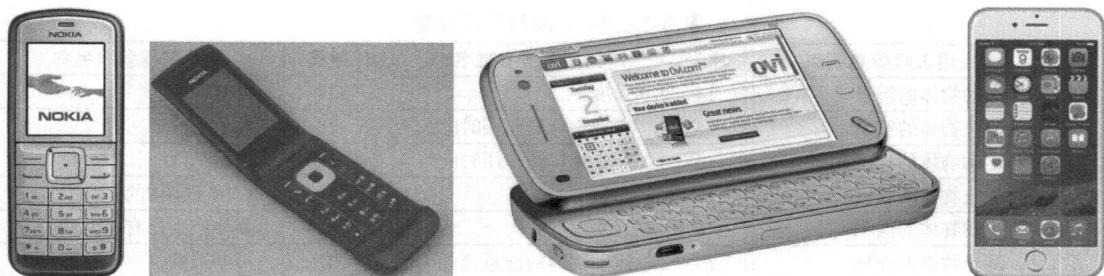

图 5-4　手机外观设计变化图

例 5-5

癌症化疗药物产生一个技术矛盾

改善一方：化疗药物杀死癌细胞。

恶化一方：化疗药物也杀死好细胞。

改善一方在很多情况下就是技术系统或产品的功能、目的、效果等。任何一方的改善，都有可能引起另一方的恶化。譬如，人离开了氧气就不能生存。

可是人体在燃烧氧气使生命得以延续的过程中，又会释放一种叫"自由基"又称"活性氧"的副产品，它会攻击细胞堵住细胞的入口和出口，使细胞功能失调以致死亡。这就是"自由基"对人体的氧化作用，也是一个"一方改善同时引起另一方恶化"的技术矛盾。为了消除恶化，解决矛盾，需要给人体输入各种抗氧化物质，降解自由基的杀伤力，并能阻止自由基的生成。恶化与改善往往结伴而行。

恶化一方究竟恶化了什么，对于一个具体的技术矛盾是可以客观判断的。有时一方改善可能产生几方面的恶化，形成几对矛盾，这可以扩大解决矛盾的搜索范围。上述矛盾之所以称为技术矛盾，是因为它是存在于技术系统内部的矛盾。

这些矛盾揭示了一个事实：技术发展确实会产生意外后果，但这些后果并不都是有利的。矛盾普遍存在于各种产品的设计之中。按传统设计中的折中法，矛盾并没有彻底解决，而是在矛盾双方取得折中方案，或称降低了矛盾的程度。TRIZ 理论认为，产品创新的标志是解决或移走设计中的矛盾，而产生新的有竞争力的解。

5.2　39 个通用工程参数简介

5.2.1　39 个通用工程参数

TRIZ 的发明者阿奇舒勒通过对大量发明专利的研究总结出工程领域内常用的表述系统性能的 39 个通用工程参数，通用参数一般是物理、几何和技术性能的参数。尽管现在有很多对这些参数的补充研究，并将个数增加到 48 个，但本书仍然只介绍核心的 39 个参数（见表 5-1）。

表 5-1　39 个通用工程参数

序号	通用工程参数名称	序号	通用工程参数名称	序号	通用工程参数名称
1	运动物体的重量	14	强度	27	可靠性
2	静止物体的重量	15	运动物体的作用时间	28	测量精度
3	运动物体的长度	16	静止物体的作用时间	29	制造精度
4	静止物体的长度	17	温度	30	作用于物体的有害因素
5	运动物体的面积	18	光照度	31	物体产生的有害因素
6	静止物体的面积	19	运动物体的能量消耗	32	可制造性
7	运动物体的体积	20	静止物体的能量消耗	33	可操作性
8	静止物体的体积	21	功率	34	可维修性
9	速度	22	能量损失	35	适应性及多用性
10	力	23	物质损失	36	设备复杂性
11	应力或压力	24	信息损失	37	检测复杂性
12	形状	25	时间损失	38	自动化程度
13	结构的稳定性	26	物质或事物的数量	39	生产率

39 个通用工程参数中常用到运动物体与静止物体两个术语，运动物体是指自身或借助于外力可在一定的空间内运动的物体；静止物体是指自身或借助外力都不能使其在空间内运动的物体。

5.2.2　39 个通用工程参数解释

下面我们给出 39 个通用工程参数的详细解释。

（1）运动物体的重量：重力场中的运动物体作用在阻止其自由下落的支撑物上的力，重量也常表示物体的质量。

（2）静止物体的重量：在重力场中静止物体作用在阻止其自由下落的支撑物上的力，重量也常表示物体的质量。

（3）运动物体的长度：运动物体的任意线性尺寸，而不一定是自身最长的长度。它不仅可以是一个系统的两个几何点或零件之间的距离，也可以是一条曲线的长度或一个封闭环的周长。

（4）静止物体的长度：静止物体的任意线性尺寸，而不一定是自身最长的长度。它不仅可以是一个系统的两个几何点或零件之间的距离，也可以是一条曲线的长度或一个封闭环的周长。

（5）运动物体的面积：运动物体被线条封闭的一部分或者表面的几何度量，或者运动物体内部或者外部表面的几何度量。面积是以填充平面图形的单位正方形个数来度量的。例如，面积不仅可以是平面轮廓的面积，也可以是三维表面的面积，或一个三维物体所有平面、凸面或凹面的面积之和。

（6）静止物体的面积：静止物体被线条封闭的一部分或者表面的几何度量，或者运动物体内部或者外部表面的几何度量。面积是以填充平面图形的单位正方形个数来度量的，如面积不仅可以是平面轮廓的面积，也可以是三维表面的面积，或一个三维物体所有平面、凸面或凹面的面积之和。

（7）运动物体的体积：以填充运动物体或者运动物体占用的单位立方体个数来度量。体积不仅可以是三维物体的体积，也可以是与表面结合、具有给定厚度的一个层的体积。

（8）静止物体的体积：以填充运动物体或者运动物体占用的单位立方体个数来度量。体积不仅可以是三维物体的体积，也可以是与表面结合、具有给定厚度的一个层的体积。

（9）速度：物体的速度或者效率，或者过程、作用与完成过程、作用的时间之比。

（10）力：系统间相互作用的度量。在经典力学中，力是质量与加速度之积。在 TRIZ 中，力是试图改变物体状态的任何作用。

（11）应力或压力：单位面积上的作用力，也包括张力。例如，房屋作用于地面上；液体作用于容器壁上的力；气体作用于汽缸活塞上的力。压力也可以来表示无压力（真空）。

（12）形状：一个物体的轮廓或外观、形状的变化可能表示物体的方向性变化，或者表示物体在平面和空间两种情况下的形变。

（13）结构的稳定性：物体的组成和性质（包括物理状态）不随时间改变而变化的性质。它表示了物体的完整性或者组成元素之间的关系。磨损、化学分解及拆卸都代表稳定性的降低；而增加物体的熵，则是增加物体的稳定性。

（14）强度：物体受到外力作用时，抵制使其发生变化的能力；或者在外部影响下的抵抗破坏（分裂）和不发生形变的性质。

（15）运动物体的作用时间：运动物体具备其性能或者完成作用的时间、服务时间及耐久时间等。两次故障之间的平均时间，也是作用时间的一种度量。

（16）静止物体的作用时间：静止物体具备其性能或者完成作用的时间、服务时间及耐久时间等。两次故障之间的平均时间，也是作用时间的一种度量。

（17）温度：表示物体所处的热状态，反映在宏观上系统热动力平衡的状态特征，也包括其他的热学参数，如影响到温度变化速率的热容量。

（18）光照度：照射到物体某一表面上的光通量与该表面面积的比值，也可以理解为物体的适当亮度、反光性和色彩等。

（19）运动物体的能量消耗：运动物体完成指定功能所需的能量，其中也包括超系统提供的能量。

（20）静止物体的能量消耗：静止物体完成指定功能所需的能量，其中也包括超系统提供的能量。

（21）功率：单位时间内所做的功、完成的工作量或者消耗的能量。

（22）能量损失：做无用功消耗的能量。为了减少能量损失，有时需要用不同的技术手段来提高能量的利用率。

（23）物质损失：物体在材料、物质、部件或子系统上，部分或全部、永久或临时的损失。

（24）信息损失：系统数据或者系统获取数据部分或者全部、永久或临时的损失，经常也包括气味、材质等感性数据。

（25）时间损失：一项活动持续时间、改进时间的损失，一般是指减少活动内容时所浪费的时间。

（26）物质或事物的数量：物体（或系统）的材料、物质、部件或者子系统的数量，它们一般能被全部或者部分、永久或临时地改变。

（27）可靠性：物体（或系统）在规定的方法和状态下完成指定功能的能力。可靠性常可以被理解为无故障操作概率或无故障运行时间。

（28）测量精度：对系统特征的实测值与实际值之间的误差。减少误差将提高测量精度。

（29）制造精度：所制造的产品在性能特征上，与技术规范和标准所预定内容的一致性程度。

（30）作用于物体的有害因素：环境或系统对于物体的（有害）作用，它使物体的功能参数退化。

（31）物体产生的有害因素：使物体或系统的功能、效率或质量降低的有害作用，这些有害作用一般来自物体或者与其操作过程有关的系统。

（32）可制造性：物体或系统制造过程中简单、方便的程度。

（33）可操作性：在操作过程中，如果需要的人数越少，操作步骤越少，以及所需的工具越少，同时又有较高的产出，则代表方便性越高。

（34）可维修性：一种质量特性，包括方便、舒适、简单、维修时间短等。

（35）适应性及通用性：物体或系统积极响应外部变化的能力；或者在各种外部影响下，具备以多种方式发挥功能的可能性。

（36）设备复杂性：系统元素及其相互关系的数目和多样性。如果用户也是系统的一部分，将会增加系统的复杂性。人们掌握该系统的难易程度是其复杂性的一种度量。

（37）检测复杂性：控制或者测量一个复杂系统，需要高成本、较长时间和较多人力去完成。如果系统部件之间关系太复杂，也会使得系统的控制和测量困难。为了降低测量误差而导致成本提高，也是一种测试复杂度增加的度量。

（38）自动化程度：物体或系统，在无人操作的情况下，实现其功能的能力。自动化程度的最低级别，是完全的手工操作方式。中等级别，则需要人工编程，根据需要调整程序，来监控全部操作过程。而最高级别的自动化，则是机器自动判断所需操作任务、自动编程和自动对操作监控。

（39）生产率：在单位的时间内，系统执行的功能或者操作的数量；或者完成某一功能或操作所需时间，以及单位时间的输出；或者单位输出的成本等。

表 5-2 展示了对 39 个通用工程参数的简明注释。

表 5-2　39 个通用工程参数的简明注释

名　　称	解　　释
静止物体	位移不发生变化的物体
运动物体	位移发生变化的物体
重量	重力场中的物体受到的重力
长度	物体上的任意线性尺寸
面积	物体上的任意表面积量度，如平面、凹面或凸面
体积	物体占用的空间
速度	物体的位移或过程与时间的比值
力	改变物体运动状态的作用
应力或压力	单位面积上的作用力，包括张力
形状	一个物体的轮廓或外观
稳定性	物体的组成、结构及外形随时间的变化
强度	物体抵抗外力破坏的能力
作用时间	物体连续完成某种功能的时间
温度	物体所处热状态，代表宏观系统热动力平衡的状态特征，还包括其他热学参数，比如影响温度变化速率的热容
光照度	照射到某一表面上的光通量与受光表面面积的比值，包括亮度、反光性和色彩等
能量消耗	物体连续执行给定功能所需的能量
功率	物体在单位时间内所做的功
能量损失	做无用功消耗的能量，这部分能量没有实现有用功能
物质损失	物体的组成部分或全部损失
信息损失	某种数据部分或者全部，永久或者临时的损失，如气味的浓度、声音的大小等
时间损失	一项活动所延续的时间间隔，即没有实现有用功能而浪费的时间
物质或事物的数量	物体（系统）的材料、物质、部件或者子系统的数量
可靠性	物体（系统）在规定的方法和状态下完成规定功能的能力
测量精度	系统特性的测量结果与实际值之间的偏差程度
制造精度	所制造的产品的性能结果与设计预定结果的偏差程度
作用于物体的有害因素	环境或超系统中其他部分施加于物体的有害作用，它使物体的功能参数退化
物体产生的有害因素	技术系统本身产生的对本系统或超系统的有害作用
可制造性	制造某种物体的过程的方便或者简易程度
可操作性	在保证质量不变的情况下，操作过程中需要的人数越少，操作步骤越少，以及工具越少，代表方便性越高
可维修性	出现故障后，可以很方便、很简单、在很短时间内进行维修
适应性及多用性	物体（系统）响应外部变化的能力，或适应各种外部变化的能力
设备复杂性	系统的数量多，各部分关系复杂，不容易进行分析，不容易了解系统的结构

（续）

名　称	解　释
检测复杂度性	不容易对物体进行测量，不容易将某性能控制在某个范围内
自动化程度	物体（系统）在无人操作的情况下自身执行有用功能的能力
生产率	单位时间内系统执行的功能或者操作的数量

5.2.3　39 个通用工程参数的分类

为了应用方便和便于理解，我们可以对 39 个通用工程参数分类。依据不同的方法可有不同的分类。

1. 根据参数特点分类

根据 39 个通用工程参数的特点，可分为物理及几何参数、技术负向参数、技术正向参数三大类。

（1）通用物理及几何参数，共 15 个：1 ~ 12、17、18、21，即运动物体的重量，静止物体的重量，运动物体的长度，静止物体的长度，运动物体的面积，静止物体的面积，运动物体的体积，静止物体的体积，速度，力，应力或压力，形状，温度，光照度，功率。

（2）通用技术负向参数，是指这些参数变大或提高时，使系统或子系统的性能变差，共 11 个：15、16、19、20、22 ~ 26、30、31，即运动物体的作用时间，静止物体的作用时间，运动物体的能量消耗，静止物体的能量消耗，能量损失，物质损失，信息损失，时间损失，物质或事物的数量，作用于物体的有害因素，物体产生的有害因素。

（3）通用技术正向参数，是指这些参数变大或提高时，使系统或子系统的性能变好，共 13 个：13、14、27 ~ 29、32 ~ 39，即结构的稳定性，强度，可靠性，测量精度，制造精度，可制造性，可操作性，可维修性，适应性及多用性，设备复杂性，检测复杂性，自动化程度，生产率。

负向参数是指这些参数变大时，使系统或子系统的性能变差。例如，子系统为了完成特定的功能所消耗的能量越大，则说明这个子系统设计得越不合理。

正向参数是指这些参数变大时，使系统或子系统的性能变好。例如，子系统的可制造性指标越高，则子系统制造的成本就越低。

2. 根据系统改进时工程参数的变化分类

根据系统改进时工程参数的变化，可分为改善的参数和恶化的参数两大类。

（1）改善的参数：系统改进中将提升和加强的特性所对应的工程参数。

（2）恶化的参数：根据矛盾论，在某个工程参数获得提升的同时，必然会导致其他一个或多个工程参数变差了，这些变差的工程参数称为恶化的参数。

改善的参数与恶化的参数就构成了技术系统内部的技术矛盾，TRIZ 理论就是通过克服这些矛盾，从而推进系统向理想化进化。创新的过程也就是消除这些矛盾，让相互矛盾的通用技术参数不再相互制约，能同时得到改善，实现"双赢"，从而推动产品向提高理想度的方向发展。

5.3　解决技术矛盾的矛盾矩阵方法

5.3.1　人类解决问题（矛盾）的传统方法

要想彻底阐述清楚人类解决问题（矛盾）的传统方法，其实是一个很难的问题。因为这个问题涉及多学科和多领域，不是三言两语就能讲明白的。这里我们仅从解决问题的思维方法和解题流程方而做简要论述，目的是想说明 TRIZ 在解决问题的方法和流程上，与人类解决问题（矛盾）的传统方法完全一样。二者的区别仅仅在于，TRIZ 比传统解决问题（矛盾）的方法更加快捷、全面、准确和高效。今天是技术飞速发展的信息时代，我们不能再像爱迪生发明白炽灯那样，动员大量的人力、财力和物力，以批量试错的方式去解决所遇到的技术问题。我们不仅要珍惜人力、财力、物力资源，更要尽量缩短研发时间。TRIZ 帮助我们实现了这个目标。

通常我们是怎样解决技术问题的呢？首先，我们要对一个实际问题进行仔细的分析；然后，把这个问题转化为一个问题模型；针对不同的问题模型，应用不同的解决工具，得到解决方案模型；最后，将这些解决方案模型，应用到具体的问题之中，就是问题的最终解决方法。

下面，我们通过一个日常生活中的简单实例，把这个过程用通俗的方式加以介绍。

▌例 5-6

数　苹　果

桌子上一共有 5 个盘子，每盘里面有 2 个苹果。问：桌子上一共有多少个苹果？

现在问题的模型依然是"5×2"，利用乘法表，得到的解决方案模型还是"10"。对于这个苹果的实际问题来说，虽然我们仍然得到数字 10，但它现在表示的是 10 个苹果，而不是 10 个人。所以，数字"10"只是解决方案模型。只有针对一个具体实际问题时，它才具有实际的意义。将数字 10 代入具体的问题中，我们就得到了解决该问题的解：10 个人或者是 10 个苹果。

由此我们了解了在解决问题时所用传统的思维方法和解题流程。下面我们再来看一看，如何利用 TRIZ 的方法解决问题。

5.3.2　TRIZ 解决问题的方法

利用 TRIZ 原理解决问题的方法如下（见图 5-5）：首先，将一个待解决的实际问题转化为问题模型；然后，针对不同的问题模型，应用不同的 TRIZ 工具，得到解决方案模型；最后，将这些解决方案模型应用到具体的问题之中，得到问题的解决方案。

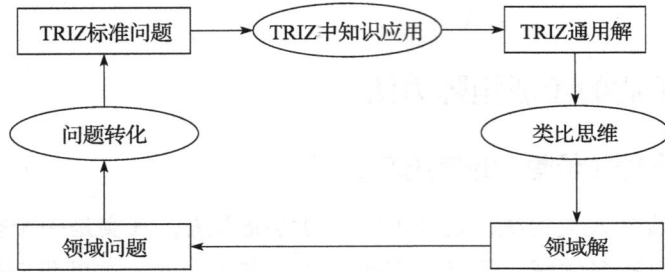

图 5-5　基于 TRIZ 的矛盾解决过程的模型

5.3.3　矛盾矩阵表的构成

阿奇舒勒矛盾矩阵表是经典 TRIZ 理论中创新解决技术矛盾的主要工具。阿奇舒勒通过对大量专利的研究、分析、比较、统计，归纳出当 39 个工程参数中的任意两个参数产生矛盾时，化解了该矛盾所使用的发明原理就是第 3 章中所介绍的 40 条发明原理。阿奇舒勒还将工程参数的矛盾与发明原理建立了对应关系，整理成一个 39×39 的矩阵——阿奇舒勒矛盾矩阵表，以便使用者查找。阿奇舒勒矛盾矩阵表浓缩了对大量专利研究所取得的成果，矩阵的构成紧密而且自成体系。阿奇舒勒矛盾矩阵表详见本书附表。

阿奇舒勒矛盾矩阵表使问题解决者可以根据系统中产生矛盾的两个工程参数分析出待改善的参数和恶化的参数，准确地定义一次矛盾，然后在矛盾矩阵表中找到一组相对应的发明原理序号，这些原理就构成了解决矛盾的可能解的集合。矛盾矩阵表所体现的最基本的内容就是创新的规律性。该矩阵将工程参数的矛盾和 40 条发明原理有机地联系起来。矛盾矩阵表的构成，如表 5-3 所示。

表 5-3　矛盾矩阵的构成

改善的参数 ＼ 恶化的参数		1 运动物体的重量	2 静止物体的重量	3 运动物体的长度	4 静止物体的长度	…	39 生产率
1	运动物体的重量	+	—	15, 8, 29, 34	—	…	35, 3, 24, 37
2	静止物体的重量	—	+	—	10, 1, 29, 35	…	1, 28, 15, 35
3	运动物体的长度	8, 15, 29, 34	—	+	—	…	14, 4, 28, 29
4	静止物体的长度	—	35, 28, 40, 29	—	+	…	30, 14, 7, 26
…	…	…	…	…	…	+	…
39	生产率	35, 26, 24, 37	28, 27, 15, 3	18, 4, 28, 38	30, 7, 14, 26	…	+

　　39×39 的工程参数从行、列两个维度构成矩阵，方格共 1 521 个，涵盖了约 1 263 种工程技术矛盾。在矛盾矩阵表中，列所描述的工程参数是待改善的参数，行所描述的工程参数表示矛盾中可能引起恶化的参数。矩阵元素中或空或有几个数字，这些数字表示 TRIZ 理论所推荐的解决对应技术矛盾的发明原理的序号，其数字顺序的先后表示应用频率的高低；45° 对角线的"＋"方格是同一名称的工程参数所对应的方格，表示产生的矛盾是物理矛盾而不是技术矛盾；"－"方格表示暂时没有找到合适的发明原理来解决这类技术矛盾，当然只是表示目前研究的局限性，并不代表不能应用发明原理。其他无数字的方格表示不常用的发明原理；每个交点处最多有 4 条原理，这些原理既可以单独使用，也可以组合使用。矛盾矩阵表是不对称的。

　　矛盾矩阵表最大限度地排除了不可能解，集中给出可能解，快速给出符合客观规律的产品改进方向。同时，有效地避免传统试错法的弊端，减少了人力、物力和财力的耗费。

　　关于 48 个通用工程参数及其构成的扩展矛盾矩阵（也称作"2003 矛盾矩阵"），在此略作说明。

　　随着人们对 TRIZ 创新方法的研究以及认识的不断深入，TRIZ 发明创新思维与方法得以不断扩展。Darrell Mann 从 1985 年到 2002 年，对超过 15 万件的专利加以分析、研究和提炼后，提出新的矛盾矩阵 Matrix 2003（即"2003 矛盾矩阵"），新增加了 9 个通用参数，将通用工程参数由 39 个扩展到 48 个，2003 矛盾矩阵即是由 48 个通过工程参数所构成的 48×48 矩阵。其使用方法与阿奇舒勒矛盾矩阵表类似，在此不作赘述。

　　2003 矛盾矩阵中新增加的 9 个通用工程参数分别是：

　　信息的数量、运行效率、噪声、有害的副作用、兼容性 / 可连通性、安全性、易受伤性、美观、测量难度。

5.3.4　应用矛盾矩阵表的步骤

　　矛盾矩阵表是解决技术矛盾的基本工具。流程性、操作性是 TRIZ 的一个重要特征。应用阿奇舒勒矛盾矩阵表解决工程矛盾时，建议遵循以下 16 个具体步骤来进行。当然，在解决不同领域的具体技术矛盾时，也可以适当增加或者跳过某些步骤或环节。

　　（1）确定技术系统的名称。

　　（2）确定技术系统的主要功能。

　　（3）对技术系统进行详细的分解。划分系统的级别，列出超系统、系统、子系统各级别的零部件及各种辅助功能。

　　（4）对技术系统、关键子系统、零部件之间的相互依赖关系和作用进行描述。

　　（5）定位问题所在的系统和子系统，对问题进行准确的描述。避免对整个产品或系统笼统的描述，以具体到零部件级为佳，建议使用"主语＋谓语＋宾语"的工程描述方式，定语修饰词尽可能少。

（6）确定技术系统应改善的特性。

（7）确定并筛选待设计系统被恶化的特性。因为，提升欲改善的特性的同时，必然会带来其他一个或多个特性的恶化。对应筛选并确定这些恶化的特性。因为恶化的参数属于尚未发生的，所有确定需要"大胆设想，小心求证"。

（8）将以上两步所确定的参数对应的 39 个通用工程参数进行重新描述。工程参数的定义描述是一项难度颇大的工作，不仅需要对 39 个工程参数充分理解，更需要丰富的专业技术知识。

（9）对工程参数的矛盾进行描述。欲改善的工程参数与随之被恶化的工程参数之间存在的就是矛盾。如果所确定的矛盾的工程参数是同一参数，则属于物理矛盾。

（10）对矛盾进行反向描述。假如降低一个被恶化的参数的程度，欲改善的参数将被削弱，或另一个恶化的参数被改善。

（11）查找阿奇舒勒矛盾矩阵表，得到阿奇舒勒矛盾矩阵表所推荐的发明原理序号。

（12）按照序号查找发明原理汇总表，得到发明原理的名称。

（13）按照发明原理的名称，对应查找 40 条发明原理的详解。

（14）将所推荐的发明原理逐个应用到具体的问题上，探讨每个原理在具体问题上如何应用和实现。

（15）如果所查找到的发明原理都不适用于具体的问题，需要重新定义工程参数和矛盾，再次应用和查找矛盾矩阵。

（16）筛选出最理想的解决方案，进入产品的方案设计阶段。

现将应用矛盾矩阵的一般步骤概括如下：

第一步：确定技术参数。

第二步：查找 TRIZ 矛盾矩阵表。

第三步：发明原理的分析。

第四步：发明原理应用。

需要注意的是，在矛盾矩阵表上，一个标准技术矛盾对应着三四条发明原理，要进行分析选择。有的发明原理与所研究的技术矛盾有关联，有用；有的发明原理是两者毫不相干，应该放弃。这种选择往往需要联想、灵感、直觉、顿悟、想象力。有的发明原理是两者毫不相干有时候可能选上几条发明原理，有时一条发明原理都对不上。这就需要创新者有耐心地进行反复，再重新选择标准矛盾进行循环。矛盾矩阵表覆盖能力也是有限的，有时可以干脆放弃矛盾矩阵表，直接从 40 条发明原理中搜索出恰当的发明原理，解决问题。有时改善一方或恶化一方都可能找到几个内容相近或相关的标准矛盾参数，形成几对标准技术矛盾，当然扩大了搜索范围，只是工作量大了。

5.4　求解技术矛盾的实例

▍例 5-7

薄板玻璃的加工

问题描述：某企业需要生产大量的各种形状的玻璃板。首先，工人们将玻璃板切成长方形，然后根据客户要求加工成一定的形状。然而，在加工过程中容易出现玻璃破碎现象，因为薄板玻璃受力时很容易断裂，而且玻璃的厚度是客户订单上要求的，不能更改。如何来解决这个难题呢？

第一步：确定技术参数。

现在存在的问题是薄板玻璃在加工过程中受力的作用，由于薄板玻璃无法承受该力的作用而发生破碎，这是欲改善的特性。对应到通用技术参数，选择"32 可制造性"，以此作为改善的参数。

为了避免发生玻璃破碎的现象，工人们在加工过程中必须非常小心。因此，在薄板玻璃加工过程中对薄板玻璃的加工操作就要进行严格的控制。保证玻璃受力不超过极限，这就是被恶化的特性。对应到通用技术参数，选择"33 可操作性"，以此作为被恶化的参数。

第二步：查找 TRIZ 矛盾矩阵表。

欲改善的参数：32 可制造性。被恶化的参数：33 可操作性。查找 TRIZ 矛盾矩阵表（见表 5-4）。

表 5-4　TRIZ 矛盾矩阵表

改善的参数 ＼ 恶化的参数		31 物体产生的有害作用	32 可制造性	33 可操作性	34 可维修性
31	物体产生的有害因素	＋	—	—	—
32	可制造性	—	＋	2，5，13，16	35，1，11，9
33	可操作性	—	2，5，12	＋	12，26，1，32
34	可维修性	—	1，35，11，10	1，12，26，15	＋

从矛盾矩阵表中查找 32 和 33 对应的方格，得到方格中推荐的发明原理序号共 4 个，分别是 2，5，13，16。与前面发明原理序号对应，得到这 4 条发明原理依次是：2——抽取原理；5——组合原理；13——反向作用原理；16——未达到或过度的作用原理。

第三步：发明原理的分析。

2——抽取原理。此原理体现在两个方面：①将物体中"负面"的部分或特性抽取出来；②只从物体中抽取必要的部分或特性。此原理对问题的彻底解决贡献有限。

5——组合原理。此原理体现在两个方面：①合并空间上的同类或相邻的物体或操作；②合并时间上的同类或相邻的物体或操作。此原理对问题的彻底解决贡献最大。

13——反向作用原理。此原理体现在 3 个方面：①颠倒过去解决问题的办法；②使物体的活动部分改变为固定的，让固定的部分变为活动的；③翻转物体（或过程）。此原理对问题的彻底解决贡献有限。

16——未达到或过度的作用原理。此原理主要体现在现有的方法难以完成对象的 100%，可用通用的方法完成"稍少"或"稍多"一点，使问题简单化。此原理对问题的彻底解决贡献有限。

第四步：发明原理应用。

综合以上 4 条发明原理的分析，组合是最具有价值的发明原理。

解决方案：将多层薄板玻璃叠放在一起，从而形成一叠玻璃，而且事先在每层玻璃面上洒一层水或涂一层油，以保证堆叠后的玻璃间可以形成相当强的黏附力。一叠玻璃的强度会远大于单层玻璃的强度，在加工中就可以承受较大的力的作用，从而改善了薄板玻璃的可制造性。当加工完成后，再分开每层玻璃，从而获得了客户要求的产品。

例 5-8

高层建筑的一个技术矛盾

问题描述：台北 101 大厦高 449.2 米。台湾位于地震带上，在台北盆地的范围内，又有三条小断层，为了兴建台北 101 大厦，这个建筑的设计必定要能防止强震的破坏。而且台湾每年夏天都会受到太平洋上形成的台风影响，因此，防震和防风是台北 101 大厦两大建筑所需克服的问题。应用矛盾矩阵分析如下：

第一步：确定技术参数。

由于楼高房子多但抗震能力低，一方改善引起另一方恶化，这是一个技术矛盾。改善一方：楼高了房子多了。对应到 39 个通用技术参数，选择"4 静止物体的长度"，以此作为改善的参数。恶化一方：抗震能力低了。对应到 39 个通用技术参数，选择"27 可靠性"，以此作为被恶化参数。

第二步：查找 TRIZ 矛盾矩阵表。

欲改善的参数：4 静止物体的长度。被恶化的参数：27 可靠性。查找 TRIZ 矛盾矩阵表（见表 5-5）。

表 5-5　TRIZ 矛盾矩阵表

改善的参数	恶化的参数	27
		可靠性
4	静止物体的长度	15，28，29

从矛盾矩阵表中查找 4 和 27 对应的方格，得到方格中推荐的发明原理序号共 3 个，分别是 15，28，29。与前面发明原理序号对应，得到这 3 条发明原理依次是：15——动态

化原理；28——机械系统替代原理；29——气压和液压结构原理。

第三步：发明原理的分析。

15——动态化原理。此原理体现在 3 个方面：①调整物体或环境的性能，使其在工作的各阶段达到最优状态；②分割物体，使其各部分可以改变相对位置；③如果一个物体整体是静止的，使其移动或可动。此原理对问题的彻底解决贡献最大。

28——机械系统替代原理。此原理体现在 4 个方面：①用光学（视觉）系统、声学（听觉）系统、电磁系统、味觉系统或嗅觉系统替代机械系统；②使用与物体相互作用的电场、磁场、电磁场；③用运动场替代静止场，时变场替代恒定场，结构化场替代非结构化场；④把场与场作用和铁磁粒子组合使用。此原理对问题的彻底解决贡献有限。

29——气压和液压结构原理。此原理体现在：将物体的固体部分用气体或流体代替，如充气结构、充液结构、气垫、液体静力结构和流体动力结构。此原理对问题的彻底解决贡献有限。

第四步：发明原理应用。

综合以上 3 条发明原理的分析，"15——动态化原理"是最具有价值的发明原理。

解决方案：根据振动理论，高楼晃动起来，要减小它的晃动幅度，最好的办法就是增加阻尼。动态化就是增加阻尼的一个方向性很好的提示。动态化就是要高层建筑有东西可动，就是要有活动的物体，当高层晃动起来以后，就靠活动物体的惯性增加阻尼，以减小晃动的幅度。当然，楼里面那些不固定的家具家电，也算是活动的东西，但是质量太小，惯性不大，起不了大作用。像这么高的大楼，要专门装置活动而有质量大的物体，才能靠惯性减少晃动。基于这一点，台北 101 大厦就是在 88 ～ 92 层之间挂了一个 660 吨的大钢球（见图 5-6），靠大钢球惯性摆动减晃，成为镇楼之宝。于是，把创新原理"动态化"转换成一个具体的创新方案。

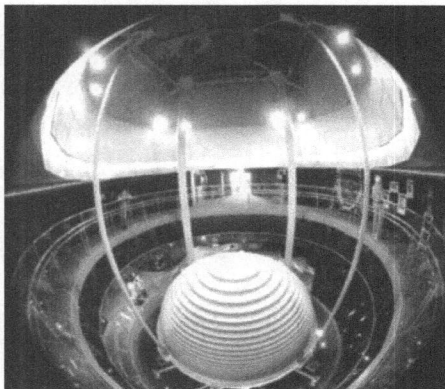

图 5-6　台北 101 大厦减震器

思考题

1. 什么是技术矛盾？定义技术矛盾的步骤有哪些？并通过一些实例展开说明。

2. 简述矛盾矩阵表的作用与使用方法。

3. 通过查找矛盾矩阵表，找到解决下列技术矛盾的发明原理。

（1）改善：温度　　　　恶化：强度

（2）改善：能力损失　　恶化：制造精度

4. 寻找日常生活中存在的一些问题，并进行技术矛盾的定义，在获得原理的基础上，给出具体的解决方法。

5. 分析火箭发射失败的原因。2003 年 11 月 29 日，日本曾利用 H2A 运载火箭 6 号机发射一颗多功能卫星，发射上天约 10 分钟后，火箭在距离地球轨道 422 千米的高度时，火箭 6 号机因固体火箭增压器未能分离而导致故障。地面控制中心只好忍痛令它自毁，事后被确认为是喷嘴形状和极高的燃烧压力导致喷嘴出现漏孔所致。2005 年 2 月 26 日，日本研制的 H2A 运载火箭 7 号机再次发射，为了确保这次发射成功，日本宇宙机构把安全放在了第一位，不惜牺牲火箭升空能力，把燃烧压力降低了两成，并改进了喷嘴形状。

6. 现实生活中我们遇到这样的麻烦，拆信时不小心损坏了里面的文件或者资料，或者为了保护里面的文件需要用辅助工具，如剪刀等，这样既麻烦又费时。那么是否有方便快捷，同时又安全可靠的拆信方式？即如何用最少的时间安全地取出信封内的文件或资料？如何应用技术矛盾的解题流程解决这个问题呢？

第6章

物理矛盾及其求解

本章学习目标

1. 了解物理矛盾的概念、分类及其与技术矛盾的区别；

2. 掌握如何定义物理矛盾；

3. 熟练掌握四大分离原理，能熟练地运用分离原理解决物理矛盾；

4. 掌握"11个分离方法""分离原理与发明原理的综合利用""解决物理矛盾的通用工程参数法"，能做到运用上述方法解决实际发明创新问题。

在第5章中，我们学习了TRIZ中一种重要的问题描述和分析工具，即矛盾矩阵，它被用来解决技术矛盾。虽然一般的技术系统中经常存在的是技术矛盾，可以用矛盾矩阵予以解决，然而当矛盾中欲改善的参数与被恶化的正、反两个工程参数是同一个参数时，这就出现了另一类矛盾，即物理矛盾。

本章从技术系统中的物理矛盾出发，详细介绍了物理矛盾的表现及分类，然后根据不同的物理矛盾，运用四大分离原理以及11个分离方法进行解决，并通过实例介绍了分离原理解决物理矛盾的过程，然后介绍了分离原理与40条发明原理的综合应用。

6.1 物理矛盾

6.1.1 什么是物理矛盾

阿奇舒勒定义了物理矛盾（physical contradiction，PC）这个概念来描述以下情况：对同一个对象的某个特性提出了互斥的要求。例如，某个对象既要大又要小，某个对象既要长又要短，某个对象既要快又要慢，某个对象既要高又要低，某个对象既要有又要无，某个对象既要导电又要绝缘，等等。

下面举几个例子说明物理矛盾相反的要求：

（1）笔记本电脑应该小，以方便携带，但是太小的显示器又会影响使用。

（2）道路应该有十字路口，以便车辆驶向目的地；道路又应该没有十字路口，以避免车辆相撞。

（3）飞机的机翼应该尽量大，以便在起飞时获得更大的升力；飞机的机翼又应该尽量小，以减少在高速飞行时产生的阻力。

（4）过滤网眼孔应该尽量小，过滤效果好；为了防止堵塞以及便于清理，眼孔又应该大。

（5）墙体的设计应该有足够的厚度，以使其足够坚固；墙体的设计又应该尽量薄，以使其重量比较轻，并节省材料。

通过上面实例可以看出，物理矛盾是对技术系统中的同一参数，提出相互排斥的需求这样一种物理状态。无论对于技术系统描述宏观量的参数，如长度、导电率及摩擦系数等，还是对于描述微观量的参数，如粒子浓度、离子电量及电子速度等，都可以对其中存在的物理矛盾进行描述。

物理矛盾反映的是唯物辩证法中的对立统一规律，矛盾双方存在着两种互相依赖的关系——对立的关系及统一的关系。一方面，物理矛盾讲的是相互排斥，即同一性质相互对立的状态，假定为非此即彼；另一方面，物理矛盾又要求所有相互排斥和对立状态的统一，即矛盾的双方存在于同一客体之中。

对物理矛盾的表述使得人们摒弃了一贯的思维习惯，并促使人们去探索解决问题的有效方法。要解决物理矛盾，就有必要对矛盾的需求所涉及的参数（空间、时间、形式、内容、结构和不同性质）进行一番选择，然后有必要找到一个适当的方式，改变所选的参数，让矛盾从对立走向统一，从而使得该矛盾得以解决。

6.1.2 物理矛盾的分类

物理矛盾可以根据系统所存在的具体问题，选择具体的描述方式来进行表达。总结归纳物理学中的常用参数，主要有三大类：几何类、材料及能量类、功能类。每大类中的具体参数和矛盾见表 6-1。

表 6-1 常见的物理矛盾类型

几何类	材料及能量类	功能类
长与短	多与少	喷射与卡住
对称与不对称	密度大与小	推与拉
平行与交叉	导热率高与低	冷与热
厚与薄	温度高与低	快与慢
圆与非圆	时间长与短	运动与静止
锐利与钝	黏度高与低	强与弱

（续）

几何类	材料及能量类	功能类
窄与宽	功率大与小	软与硬
水平与垂直	摩擦系数大与小	成本高与低

除此之外，48 个通用工程参数也是物理矛盾的表达类型。例如，一个物理矛盾：速度要快又要慢，速度就是其通用工程参数。要把物理矛盾转换成通用工程参数，是因为通用工程参数与创新原理有对应关系。在矛盾矩阵表中，改善一方与恶化一方是同一个通用工程参数，就是物理矛盾，位置在矛盾矩阵表的对角线上显示的创新原理，就是用于解决物理矛盾的创新原理。所以，通过通用工程参数就可以在矛盾矩阵表上找到解决物理矛盾的创新原理。

6.1.3　定义物理矛盾的步骤

在技术系统中出现物理矛盾的元素称为关键元素，该元素可以是任何的参数（子系统、特性、物质或场）。针对这种问题情境，如何准确地描述和定义其中的物理矛盾，对于问题的最终有效解决十分关键。

定义物理矛盾的步骤可以表达如下：

第一步：确定系统中元素或其组成部分。

第二步：分析该元素或其组成部分必须满足的某一项需求。

第三步：确定满足需求的条件。为满足第二步要求，该元素或其组成部分必须执行某种动作（或处于某种物理状态，或拥有某种属性，或某参数必须处于某种参数值）。

第四步：分析该元素或其组成部分必须满足的另一种需求。

第五步：确定满足需求的另一条件。为满足第四步要求，该元素或其组成部分必须执行某种动作（或处于某种物理状态，或拥有某种属性，或某参数必须处于某种参数值）。

第六步：对比分析两个需求。对第三步和第五步中涉及的某种动作（或物理状态，或某种属性，或参数值）进行分析。

第七步：定义为物理矛盾或重复上述步骤。经对比分析后，如果两个需求相互对立，则定义为一对物理矛盾；反之，重复上述步骤重新定义。

一般可以通过图 6-1 中的流程，逐步完成对物理矛盾的准确描述。

以卡车材料密度为例，为了满足坚固以及运输重物的需求，卡车车身必须由高密度材料制成，但是会增加耗油量，为了降低耗油量，

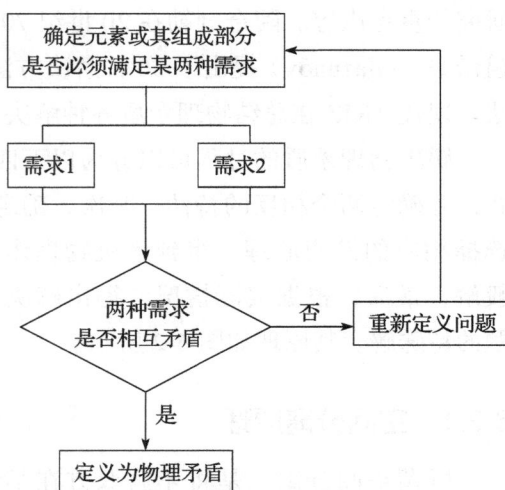

图 6-1　定义物理矛盾的流程

卡车车身又要由低密度材料制成，对于卡车车身材料，既要求由高密度材料制成又要求由低密度材料制成，这是典型的物理矛盾。

6.1.4 物理矛盾与技术矛盾的区别

技术矛盾是技术系统两个参数之间存在的相互制约，物理矛盾是技术系统中一个参数无法满足系统内相互排斥的需求。两者的区别如下：

（1）技术矛盾是整个技术系统中两个参数（特性和功能）之间的矛盾，物理矛盾是技术系统中某一个元件的一个参数（特性、功能）相对立的两个状态。

（2）技术矛盾涉及的是整个技术系统的特性，物理矛盾涉及的是系统中某个元素的某个特征的物理特性。

（3）物理矛盾比技术矛盾更能体现问题的本质。

（4）物理矛盾比技术矛盾更"激烈"一些。

技术系统中的技术矛盾是由系统中矛盾的物理性质造成的，矛盾的物理性质是由元件相互排斥的两个物理状态确定的；而相互排斥的两个物理状态之间的关系是物理矛盾的本质。在很多时候技术矛盾是更显而易见的矛盾，而物理矛盾是隐藏的更深入、更尖锐的矛盾。

但是，无论是技术矛盾还是物理矛盾，它们都是反映技术系统的参数属性，因此，它们之间又是相互联系的。对于同一个技术问题来说，技术矛盾和物理矛盾是从不同的角度，在不同深度上对同一个问题的不同表述，因此可以将技术矛盾转换为物理矛盾。

6.2 分离原理

解决物理矛盾的核心思想是实现矛盾双方的分离，物理矛盾的解决方法一直是 TRIZ 研究的重点内容。阿奇舒勒在 20 世纪 70 年代提出了 11 种解决方法，20 世纪 80 年代格拉祖诺夫（Glazunov）提出了 30 种解决方法。20 世纪 90 年代 Savrabsky 提出了 14 种解决方法。现代 TRIZ 在总结物理矛盾各种解决方法的基础上，提出分离原理来解决物理矛盾。

解决物理矛盾的过程可以分为以下四步：首先，将要研究的问题抽象成物理矛盾的形式，并确定两个相反的特性；其次，确定解决物理矛盾的分离原理；再次，根据分离原理选择相应的发明原理，得到解决物理矛盾的一般解；最后，根据实际情况，得出解决特定问题的特殊解。其原理如图 6-2 所示。

6.2.1 空间分离原理

所谓空间分离，是将矛盾双方在不同的空间上分离开来，以获得问题的解决或降低问题

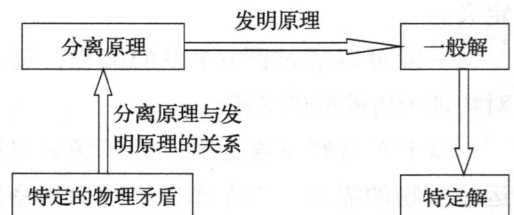

图 6-2 物理矛盾解决原理的流程图

解决的难度。

使用空间分离前，先确定矛盾的需求在整个空间中是否都在沿着某个方向变化，如果在空间的某一处，矛盾的一方可以不按一个方向变化，则可以使用空间的分离原理来解决问题。也就是说，当系统或关键子系统的矛盾双方在某一个空间上只出现一方时，就可以进行空间分离。

因此，利用空间分离原理解决物理矛盾的步骤如下：

第一步：定义物理矛盾。找到存在矛盾的参数，以及对该参数的要求。

第二步：定义空间。如果想实现技术系统的理想状态，上面参数的不同要求应该在什么空间得以实现？

第三步：判断第二步中寻找到的两个空间是否存在交叉。如果不存在交叉，则可以使用空间分离原理，如果存在交叉，则需要尝试其他分离方法。

▌例 6-1

聪明消防夹克

消防夹克虽然可以防火隔热，但是如果火区温度过高，超过消防夹克所能承受的极限，消防员的身体也会被高温灼伤。为了保护消防员，需要采用温度探测器，但探测器由于重量太沉、体积过大而妨碍了消防员的活动。因此，既需要温度探测器又不需要温度探测器，这是典型的物理矛盾，如何解决这个问题呢？

我们可以用空间分离原理来解决上述问题，具体步骤如下：

第一步：定义物理矛盾。找到存在矛盾的参数，以及对该参数的要求。

（1）确定冲突参数。为了保护消防员，需要采用温度探测器，但探测器由于重量太沉、体积过大而妨碍了消防员的活动，又不需要温度探测器。温度探测器需要又不需要，这是典型的物理矛盾。

（2）明确第一种需求。为了保护消防员，需要温度探测器。

（3）明确第二种需求。为了方便消防员活动，不需要温度探测器。

第二步：定义空间。在理想状态下，对温度探测器提出的两种不同要求，分别在什么空间得以实现？

（1）实现第一种要求的空间 S_1。在消防员在实施营救前，需要明确火灾现场的温度。

（2）实现第二种要求的空间 S_2。在消防员实施营救过程中，不需要温度探测器。

第三步：判断两空间 S_1、S_2 是否存在交叉。S_1、S_2 不交叉，可以使用空间分离原理。解决方案就是采取空间分离原理，把探测器中较为沉重的部分（电池 / 报警器）设计为可移动、可拆卸的，而较轻的传感器缝在夹克里。

例 6-2

金属零件的热处理

某种金属零件在化学热处理过程中，需要被放入到含有镍、钴、铬等金属离子的盐溶液中，以便在零件表面形成化学保护层。化学反应的速度会随温度的升高而加快，温度越高，处理速度越快，生产效率越高；但是，在高温条件下，金属盐溶液会发生分解，将近75%的化学物质会沉淀在容器壁和容器底部。加入稳定剂，也没有什么效果。如果降低温度的话，会使化学热处理过程的生产效率急剧降低。因此，盐溶液的温度既要高又要低，这是典型的物理矛盾，如何解决这个问题呢？

我们可以用空间分离原理来解决上述问题，具体步骤如下：

第一步：定义物理矛盾。找到存在矛盾的参数，以及对该参数的要求。

（1）确定冲突参数。为了加快化学反应的速度，要求盐溶液的温度高；为了维持盐溶液的稳定性，要求盐溶液的温度低。因此，盐溶液的温度既要高又要低，这是典型的物理矛盾。

（2）明确第一种需求。为了提高化学热处理的生产效率，要求提高盐溶液的温度。

（3）明确第二种需求。为了保持盐溶液的稳定性，要求降低盐溶液的温度。

第二步：定义空间。在理想状态下，对温度探测器提出的两种不同要求，分别在什么空间得以实现？

（1）实现第一种要求的空间 S_1。金属零部件与盐溶液接触的部分要求盐溶液温度高。

（2）实现第二种要求的空间 S_2。金属零部件与盐溶液未接触部分要求盐溶液温度低。

第三步：判断两空间 S_1、S_2 是否存在交叉。S_1、S_2 不交叉，可以使用空间分离原理。解决的方案就是在零件进行化学热处理的时候，只需要提高与零件接触的那部分溶液的温度。因此，可以在处理过程中，利用电流对零件进行感应加热，使零件的表面温度升高。当零件被放入到金属盐溶液中的时候，热量就会迅速扩散到与零件表面接触的那部分溶液中去，使这些溶液的温度升高，提高生产效率。同时，与零件不接触的那些溶液依然保持着较低的温度。

6.2.2 时间分离原理

所谓时间分离，是将矛盾双方在不同的时间段分离开来，以获得问题的解决或降低问题的解决难度。

使用时间分离前，先确定矛盾的需求在整个时间段上是否都在沿着某个方向变化。如果在时间段的某一段，矛盾的一方可以不按一个方向变化，则可以使用时间分离原理来解决问题。也就是说，当系统或关键子系统在某一时间段中只出现一方时，就可以进行时间分离。

因此，利用时间分离原理解决物理矛盾的步骤如下：

第一步：定义物理矛盾。找到存在矛盾的参数，以及对该参数的要求。

第二步：定义时间。如果想实现技术系统的理想状态，上面参数的不同要求应该在什么时间得以实现？

第三步：判断第二步中寻找到的两个时间段是否存在交叉。如果不存在交叉，则可以使用时间分离原理，如果存在交叉，则需要尝试其他分离方法。

▌例 6-3

风雨的时空分离

古时候的一个神话故事说，有一次土地爷外出，临行前嘱咐他的儿子替他在土地庙"当值"，并且一定要把前来祈祷者的话记下来。他走后，前前后后来了四位祈祷者——一位船夫祈祷赶快刮风，以便乘风远航；一位果农祈祷别刮风，以避免把快成熟的果子刮下来；一位种地的农民祈祷赶紧下雨，以免耽误了播种的季节；一位商人祈祷千万别下雨，以便趁着好天气带着大量的货物赶路。这一下可难住了土地爷的儿子，他不知道该怎么办才能满足这些人的彼此不同的要求，只好把四位祈祷者的话都原封不动地记了下来。如何解决这个问题呢？

我们可以用时间分离原理解决上述问题，具体步骤如下：

第一步：定义物理矛盾。找到存在矛盾的参数，以及对该参数的要求。

（1）确定冲突参数。种地的农民祈祷赶紧下雨，以免耽误了播种的季节；商人祈祷千万别下雨，以便趁着好天气带着大量的货物赶路。因此，既要下雨又要不下雨，这是典型的物理矛盾。

（2）明确第一种要求。种地的农民祈祷赶紧下雨。

（3）明确第二种要求。商人祈祷千万别下雨。

第二步：定义时间。在理想状态下，对下雨与不下雨提出两种要求，分别在什么时间得以实现？

实现第一种要求的第一时间段 T_1：晚上。

实现第二种要求的第二时间段 T_2：白天。

第三步：判断时间段 T_1、T_2 是否交叉。

T_1、T_2 不交叉，可以使用时间分离原理解决问题。土地爷提笔在上面批了四句话："刮风莫到果树园，刮到河边好行船；白天天晴好走路，夜晚下雨润良田。"如此一来，四位不同的祈祷者都如愿以偿，皆大欢喜。其实，土地爷的前两句话说的是风的"空间分离"，后两句话说的是雨的"时间分离"。

▌例 6-4

舰　载　机

为了增强航空母舰的战斗力，航空母舰上需要搭载尽可能多的舰载机。由于长度的限制，航空母舰上供飞机起飞的跑道是非常短的。为了在这么短的跑道上起飞，飞机机翼应该大一些，以便在相对较低的速度下获得较大的升力，使飞机顺利起飞；另一方面，为了在空间有限的航空母舰上搭载尽可能多的舰载机，飞机机翼应该尽可能小一些。因此，要求机翼既要大又要小，这是典型的物理矛盾，如何解决这个问题呢？

我们可以用时间分离原理解决上述问题，具体步骤如下：

第一步：定义物理矛盾。找到存在矛盾的参数，以及对该参数的要求。

（1）确定冲突参数。飞机的机翼应该大一些，以便在相对较低的速度下获得较大的升力，使飞机顺利起飞；另一方面，为了在空间有限的航空母舰上搭载尽可能多的舰载机，飞机机翼应该尽可能小一些。因此，飞机的机翼既要大又要小，这是典型的物理矛盾。

（2）明确第一种要求。机翼尽可能大，使飞机顺利起飞。

（3）明确第二种要求。机翼尽可能小，使航空母舰上搭载更多的飞机。

第二步：定义时间。在理想状态下，对机翼尽可能大与机翼尽可能小提出两种要求，分别在什么时间得以实现？

实现第一种要求的第一时间段 T_1：飞机起飞时。

实现第二种要求的第二时间段 T_2：飞机在航空母舰上搭载时。

第三步：判断时间段 T_1、T_2 是否交叉。T_1、T_2 不交叉，可以使用时间分离原理解决问题。解决的方案就是将飞机的机翼设计成可折叠的，当飞机起飞的时候，机翼打开，就处于"大"的状态；当飞机处于停放状态时，将机翼折叠起来，就处于"小"的状态了。苏 -33 舰载机就采用了这种可折叠机翼（见图 6-3）。

6.2.3 条件分离原理

所谓条件分离原理，是将矛盾双方在不同的条件下分离开来，以获得问题的解决或降低问题的解决难度。

在进行条件分离前，先确定在各种条件下矛盾的需求是否都在沿着某个方向变化，如果在某种条件下，矛盾的一方可不按一个方向变化，则可以使用条件分离原理来解决问题。也就是说，当系统或关键子系统矛盾双方在某一种条件下只出现一方时，则可以进行条件分离。

图 6-3 苏 -33 舰载机的可折叠机翼

因此，**利用条件分离原理解决物理矛盾的步骤如下：**

第一步：定义物理矛盾。找到存在矛盾的参数，以及对该参数的要求。

第二步：定义时间或空间。如果想实现技术系统的理想状态，上面参数的不同要求应该在什么时间或空间得以实现？

第三步：判断第二步中寻找到的两个时间或空间是否存在交叉。如果对参数的不同要

求可按照某种条件实现分离和切换，则尝试使用条件分离原理。如果存在交叉，则尝试用其他分离方法。

▌例 6-5

可变色眼镜

对于近视的人来说，当太阳光很强的时候，希望镜片的颜色深一些；当太阳光弱的时候，希望镜片的颜色浅一些，甚至是无色。因此，既要镜片无色又要镜片有色，这是典型的物理矛盾，该如何解决这个问题呢？

我们可以用条件分离原理解决上述问题，具体步骤如下：

第一步：定义物理矛盾。找到存在矛盾的参数，以及对该参数的要求。

（1）确定冲突参数。对于近视的人来说，当太阳光很强的时候，希望镜片的颜色深一些；当太阳光弱的时候，希望镜片的颜色浅一些，甚至是无色。镜片的颜色应该是深的，又应该是浅的，这是典型的物理矛盾。

（2）明确第一种冲突的要求：镜片的颜色是深的。

（3）明确第二种冲突的要求：镜片的颜色是浅的。

第二步：定义时间或空间。在理想状态下，对镜片颜色提出的两种不同要求，分别应该在什么条件下得以实现？

实现第一种要求的条件 C_1：在太阳光很强的时候。

实现第二种要求的条件 C_2：在太阳光弱的时候。

第三步：判断条件 C_1、C_2 是否交叉。

C_1、C_2 不交叉，可以使用条件分离原理。解决的方案就是在镜片中加入少量氯化银和明胶。其中，氯化银是一种见光能够分解的物质，分解出来的金属银的颗粒很细，但可使镜片的颜色变暗变黑，降低镜片的透明度。在没有太阳光直射的情况下，明胶能使已经分解出来的银和氯重新结合，转变为氯化银。利用这种镜片制成的眼镜可以根据光线强度的不同，呈现不同的颜色。

▌例 6-6

十字路口问题

以十字路口的交通为例，两条道路应该交叉，以便于车辆改变行驶方向，两条路口又不应该交叉，以免车辆发生碰撞。因此，既要有十字路口又要没有十字路口，这是典型的物理矛盾，如何解决这个问题呢？

我们可以用条件分离原理解决上述问题，具体步骤如下：

第一步：定义物理矛盾。找到存在矛盾的参数，以及对该参数的要求。

（1）确定冲突参数。为了便于车辆改变行驶方向，应该有十字路口；为了避免交通事故，又不应该有十字路由。十字路口既要有又要没有，这是典型的物理矛盾。

（2）明确第一种冲突的要求：应该有十字路口。

（3）明确第二种冲突的要求：应该没有十字路口。

第二步：定义时间或空间。在理想状态下，对十字路口提出的两种不同要求，分别应该在什么条件下得以实现？

实现第一种要求的条件 C_1：车辆在改变行驶方向时。

实现第二种要求的条件 C_2：车辆在不改变行驶方向时。

第三步：判断条件 C_1、C_2 是否交叉。

C_1、C_2 不交叉，可以使用条件分离原理。解决的方案就是改直线运动为回转运动。显然 4 个路口出来的车辆，都不走直线，都是同一个方向向右转圈，就不会面对面撞车，为了使 4 个路口出来的车辆转得开，就专门在十字路口修一个转盘圈（见图 6-4）。各路进入转盘的车辆都向右逆时针行驶，再右转进入要去的路口。

图 6-4   转盘道

6.2.4   系统层级分离原理

所谓系统层级分离原理，是将同一参数的不同要求在不同的系统级别上实现，即将矛盾双方在不同层次分离，以获得问题的解决或降低问题的解决难度。

当矛盾双方在系统、子系统、超系统的层次只出现一方，而该方在其他层次不出现时，则可以进行系统分离。

因此，利用系统分离原理解决物理矛盾的步骤如下：

第一步：定义物理矛盾。找到存在矛盾的参数，以及对该参数的要求。

第二步：定义时间或空间。如果想实现技术系统的理想状态，上面参数的不同要求应该在什么时间／空间得以实现？

第三步：判断第二步中寻找到的两个时间或空间是否存在交叉。如果对参数的不同要求可按照不同的系统级别（如系统＋子系统、系统＋超系统）实现分离，则尝试使用系统分离原理。如果存在交叉，则需要尝试其他分离方法。

▊ 例 6-7

打印机外挂墨盒

打印机（见图 6-5）一个很大的经济问题是盒装的墨水很有限，墨水用完了就要换墨盒，而墨盒很贵。这里出现的矛盾是，希望墨水要多装，可是墨盒的空间有限，又不能多装。如何解决这个问题呢？

我们可以用系统分离原理解决上述问题，具体步骤如下：

第一步：定义物理矛盾。找到存在矛盾的参数，以及对该参数的要求。

（1）确定冲突参数。盒装的墨水很有限，墨水用完了，就要换墨盒，而墨盒很贵，希望墨水多装，但空间有限又不能多装，这是典型的物理矛盾。

（2）明确第一种要求：墨水应该多装以减少换墨盒的次数，从而降低成本。

（3）明确第二种要求：打印机空间有限，墨水不应该多装。

第二步：定义时间或空间。在理想状态下，对墨水多装与不多装提出两种不同要求，分别在什么系统层级上得以实现？

实现第一种要求的系统层级 S_1：在微观层级上，应该多装。

实现第二种要求的系统层级 S_2：在宏观层级上，不应该多装。

第三步：判断两系统层级 S_1、S_2 是否交叉。

S_1、S_2 不交叉，可以采用系统分离原理解决问题。解决方案就是将墨盒视为一个局部质量，从打印机中分离出来——外挂墨盒（见图 6-6）。

图 6-5　打印机

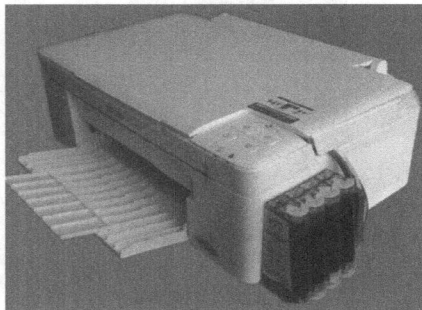

图 6-6　打印机外挂墨盒

▊ 例 6-8

挖斗报废问题

挖掘机（见图 6-7）的挖斗，其挖口部分有一排齿，虽是用耐磨材料做成，但还是免不了摩擦磨损到不能使用的程度。如果这些齿和斗做成一个整体，整个挖斗都要报废。可是挖斗其余部分还可以使用，则不应该报废。于是，出现了应该报废又不应该报废的矛盾。如何解决这个问题呢？

我们可以用系统分离原理解决上述问题，具体步骤如下：

第一步：定义物理矛盾。找到存在矛盾的参数，以及对该参数的要求。

（1）确定冲突参数。如果齿和斗作为一个整体，齿磨损以后，斗应该报废；斗还可以继续使用，又不应该报废。斗应该报废又不应该报废，这是典型的物理矛盾。

（2）明确第一种要求：齿磨损后，斗应该报废。

（3）明确第二种要求：斗不应该报废。

第二步：定义时间或空间。在理想状态下，对斗应该报废与斗不应该报废提出两种不同要求，分别在什么系统层级上得以实现？

实现第一种要求的系统层级 S_1：在宏观层级上，斗和齿作为一个整体，齿磨损后，斗应该报废。

实现第二种要求的系统层级 S_2：在微观层级上，斗和齿作为两部分，齿磨损后，斗可以继续使用。

第三步：判断两系统层级 S_1、S_2 是否交叉。

S_1、S_2 不交叉，可以采用系统分离原理解决问题。解决方案就是我们可以用系统分离原理，将挖掘齿单独做成一个部分，与挖斗装配在一起，形成部分与整体可分离。当挖掘齿磨损要报废时，卸下来，再换上一副新的挖斗（见图6-8），不必整体报废挖斗。

图 6-7　挖掘机

图 6-8　挖斗

6.3　运用分离原理解决物理矛盾

6.3.1　分离原理解决物理矛盾的步骤

解决物理矛盾的核心思想是这样的：利用分离方法，将对同一个对象的某个特性的互斥要求分离开，并分别予以满足。大致可以分为以下三个步骤。

第一步：分析技术系统

在本步骤中，包含三个子步骤：

（1）确定技术系统的所有组成元素。首先，通过对技术系统中各个组成元素的分析，可以使我们对每个组成元素的参数、特性和功能有一个全面的认识；其次，通过对各个组成元素之间的相互作用关系的分析，可以使我们从整体上把握整个系统的作用机制，即不同元素之间存在什么样的相互作用，以及它们对于系统整体性能、功能的实现分别起到了什么样的作用；最后，通过上述分析，可以为找出问题的根源奠定基础。

另外，通过对技术系统进行深入分析，可以确定技术系统中所包含的各个子系统、技术系统所属的超系统，以及为找出问题的根源做准备，从而帮助我们更好地理解技术问题。只有这样，才可能从整体上系统地了解现有技术系统的情况：子系统、系统和超系统的过去、现在和未来。

（2）找出问题的根源。找出问题产生的根本原因，是干净彻底地解决问题的基础。问题不会平白无故地产生，问题的背后总是隐藏着原因。通常，消除引起问题的原因要比消除问题更容易，也更有效。在头脑中理清技术系统在过去和未来的功能有助于理解技术系统的工作条件。对技术系统未来应具备的功能的理解还可以帮助我们发现新的、未预见到的、不会出现当前问题中的工作条件，从而使问题自动得到解决。

在头脑中对技术系统的过去进行考察，看是否可以在技术过程的先前步骤中将问题解决掉。在某些情况下，这种分析可以帮助我们找到问题的解决方案，甚至可以帮助我们消除问题。

（3）定义关键参数。通过（2）的分析，可以找出导致当前问题出现的逻辑链和根本原因。从这个逻辑链上，我们就可以找到需要改善的参数。

第二步：定义物理矛盾

物理矛盾是对同一个对象的某个特性提出了互斥的要求。在第一步中，我们找出了承载物理矛盾的那个关键参数。在本步骤中，我们需要将物理矛盾明确地定义出来。

第三步：解决物理矛盾

定义了物理矛盾以后，就可以使用分离方法来寻找解决问题的思考方向了。判断两种要求的时间或者空间是否交叉，如果不交叉，寻找恰当的分离原理解决问题。

例 6-9

电解铜板的防腐

通过矿石冶炼得到的铜，通常都含有硫化物 CuS 和 Cu_2S，称为粗铜。利用电解法对铜进行提纯时，将粗铜（含铜99%）预先制成厚板作为阳极，纯铜制成薄片作为阴极，用硫酸（H_2SO_4）和硫酸铜（$CuSO_4$）的混合液作为电解质。通电后，铜从阳极溶解成铜离子（Cu^{2+}）向阴极移动，到达阴极后获得电子而在阴极析出纯铜。粗铜中的某些杂质（如比铜活泼的铁和锌

等）会随铜一起溶解为离子。比铜不活泼的杂质（如金和银等）会沉积在电解槽的底部，称为
"阳极泥"。这样生产出来的铜板称为电解铜，根据中华人民共和国国家标准 GB/T 467—1997
的规定，电解铜中杂质元素总含量应不大于 0 006 5%。随后，电解铜板会被熔化，铸成各种型
材。电解铜的生产原理如图 6-9 所示。

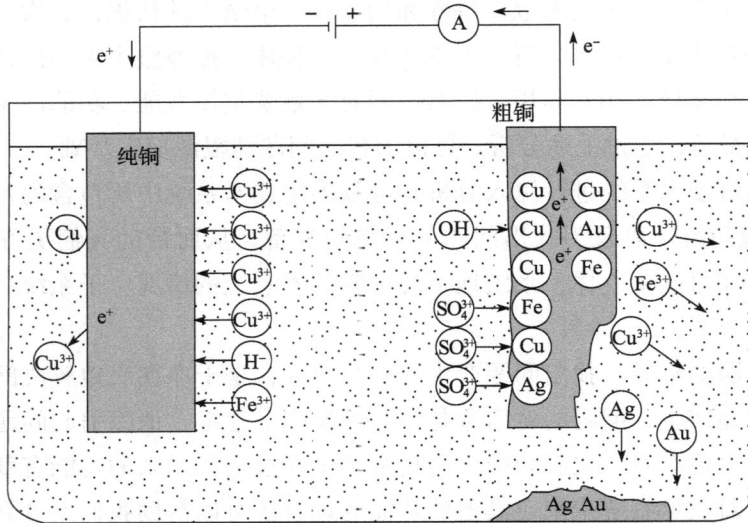

图 6-9　电解铜的生产原理

在电解过程中，铜离子向阴极移动的速度和铜离子在阴极获得电子并析出的速度与电流密
度成正比。当电流密度较小时，铜离子移动和析出的速度慢，铜离子在阴极上形成的结晶颗粒
分布均匀，生产出的铜板表面光滑；当电流密度较大时，铜离子移动和析出的速度快，铜离子
在阴极上形成的结晶颗粒分布不均匀，在生产出的铜板表面会形成一些小孔。

为了保证较高的生产效率，实际生产中往往会采用较大的电流密度，导致结晶过程中会形
成小孔，电解液和一些杂质会附着于小孔中。在后续储运时，在潮湿的空气中，杂质、电解液
和纯铜会与氧气反应，在铜板表面会出现绿斑。

为了避免在储运过程中产生绿斑，在电解铜板从电解槽中取出之后，会被放入到专用的清
洗设备中，用水和清洗液对铜板表面进行清洗，希望去除表面小孔中附着的电解液和杂质。但
是，这需要消耗大量的水和清洗液。如何解决这个问题？

我们可以用分离原理解决上述问题，具体步骤如下：
第一步：分析技术系统
（1）确定技术系统的所有组成元素。作为一个技术系统，电解铜生产设备由以下几部
分组成：电解槽、电解液、电流、阳极板、阴极板、铜离子、杂质、水和清洗液。
（2）找出问题的根源。在本案例中，"当电流密度较小时，铜离子移动和析出的速度
慢，铜离子在阴极上形成的结晶颗粒分布均匀，铜板表面光滑；当电流密度较大时，铜离

子移动和析出的速度快，铜离子在阴极上形成的结晶颗粒分布不均匀，在表面会形成一些小孔"。通过分析，可以清楚地看出当前问题是如何产生的，各个相关参数是如何被串起来成为一个链状结构的，如图 6-10 所示。

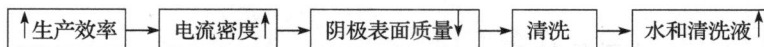

图 6-10　电解铜板的逻辑链

用自然语言可以描述为：为了改善（提高）生产效率，就改善（提高）电流密度，直接导致了阴极形成小孔，即阴极表面质量的恶化（降低），间接导致了电解液与杂质附着于小孔中。为了去除表面小孔中的电解液和杂质，利用水和清洗液进行清洗，导致了水和清洗液的大量消耗（恶化）。

我们可以看到，当电流密度较小时，阴极上形成的电解铜板表面光滑，并不会形成小孔。只是为了提高生产效率，采用了较大的电流密度，才导致结晶过程中形成了小孔，使得电解液和一些杂质附着于小孔中。因此，在本问题中，电解铜板表面形成小孔的根本原因是"较大的电流密度"。

（3）定义关键参数。在本案例中，我们可以选择"电流密度"作为本问题的关键参数。

第二步：定义物理矛盾

按照物理矛盾的定义模板，可以将上述问题中的物理定义为：电解铜生产设备中电流的电流密度应该为大，以便取得较高的生产率；同时，电流强度又应该为小，以便电解铜板表面不产生小孔。

第三步：解决物理矛盾

定义了物理矛盾以后，就可以使用分离方法来寻找解决问题的思考方向了。时间分离：在时间上将矛盾双方互斥的需求分离开，即通过在不同的时刻满足不同的需求，从而解决物理矛盾。

应用时间分离意味着在生产过程中，为了保证较高的生产效率，可以采用较大的电流密度；而在电解的最后阶段，为了保证电解铜板的表面光滑（不产生小孔），我们可以采用较小的电流密度。

结论：在电解的过程中采用较大的电流密度，只在电解铜板生成表面层的时候，将电流密度降低。这样一来，就可以在保证较高的生产效率的同时，避免电解铜板表面产生小孔。

6.3.2　物理矛盾的 11 个分离方法

实际上，在四大分离原理提出前，许多研究者都提出了许多物理矛盾的解决方法，其中最著名的就是阿奇舒勒在 20 世纪 70 年代提出的 11 种解决方法。这实际上是四大分离原理的基础。

（1）相反需求的空间分离。从空间上进行系统或子系统的分离，以在不同的空间实现相反的需求，如图 6-11 所示。

例 6-10

大孔径钻头

利用普通麻花钻头（见图 6-12）加工孔时，切削下来的金属屑由螺旋形的容屑槽导出。当加工孔径较大时，由于所去除的材料非常多，钻头的磨损严重，金属屑导出困难，同时加工过程消耗的功率也很大。

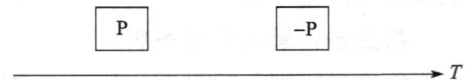

图 6-11　相反需求的空间分离

从加工过程可以看出，为了加工出孔，需要把孔内的金属切削掉；而为了减少刀具磨损和金属屑的导出消耗，孔内金属最好不切削或少切削。这是典型的物理冲突，即对孔内金属料是否切削提出了两种不同的要求。

解决的方案就是将钻头改进成以环形切削方式在实体材料上加工孔的套料钻（见图 6-13）。套料加工能留下料芯，可以节约材料，减少机床的动力消耗。

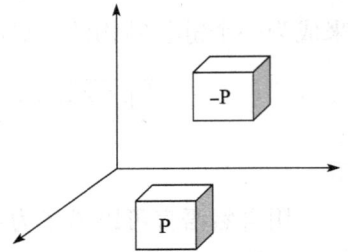

（2）相反需求的时间分离。从时间上进行系统或子系统的分离，以在不同的时间段实现相反的需求（见图 6-14）。

图 6-12　普通麻花钻头　　图 6-13　套料钻　　图 6-14　相反需求的时间分离

例 6-11

膨胀螺栓的发明

我们常常使用地脚螺栓把某些物体或装备固定在混凝土等坚固的墙面或地面上。如图 6-15 所示，先打一孔，将螺栓头插入孔底，再用水泥把孔封死，使螺栓固定。这种方法工艺复杂，费工费时。

从施工工艺过程可以看出，为了便于把螺栓放入孔中，螺栓和孔应该有足够的间隙，而为了使螺栓牢固固定，螺栓和孔不仅不应该有间隙，还要结合紧密。

解决的方案就是膨胀螺栓，使螺栓在不同的时间段直径不同，安装时直径小，安装后直径变大（膨胀），如图 6-16 所示。

（3）系统转换 1a：将多个同类或者异类系统合并到一个超系统中，来满足相反的需求，如图 6-17、图 6-18 所示。

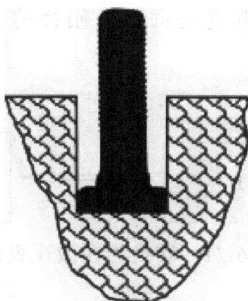

图 6-15　地脚螺栓

图 6-16　膨胀螺栓

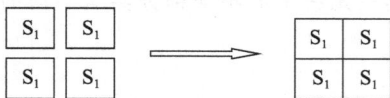

图 6-17　将多个同类系统合并到一个超系统中

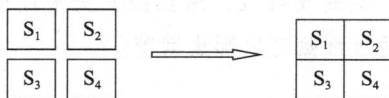

图 6-18　将多个异类系统合并到一个超系统中

例 6-12

在对薄玻璃板的边缘进行加工时，为了防止单块薄玻璃板由于受力状况恶化而破损，可以将多块薄玻璃板黏合在一起，形成一个较厚的"玻璃块"进行加工。

例 6-13

将多台计算机连接起来形成网络，不仅可以进行更加复杂的计算（网格技术），还可以共享资源（例如，打印机、互联网接口）。

（4）系统转换 1b：通过将一个系统转换为其相反系统，或将一个系统与其相反系统合并到一起，来满足相反的需求，如图 6-19、图 6-20 所示。

图 6-19　将系统转换为相反系统

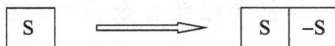

图 6-20　将系统与其相反系统组合

例 6-14

为止血在伤口上贴上含有不相容血型血的纱布垫，其原理是：不同的血型相遇后会发生凝血反应。

（5）系统转换 1c：整个系统具有特性"F"，同时，其零件具有相反的特性"–F"。

例 6-15

由于固定复杂零件的虎钳由多个工作部件组成，某些部件之间可以发生相对运动。整个虎钳可以轻松地将不同形状的工件固定住。虎钳中的每个部件都是坚固的、刚性的，而由这些部件装配出来的虎钳，从整体上来看却是"柔性的"。

（6）系统转换 2：通过将一个系统转换为运行于微观级别上的系统，来满足相反的需求，如图 6-21 所示。

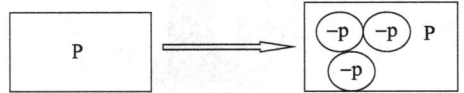

图 6-21　转换为在微观级别上的系统

例 6-16

为了提高精确性，用热控龙头来代替机械龙头。热控龙头中的不同部分具有不同的热膨胀系数。通过加热可以形成间隙。

（7）相变 1：通过改变系统中某个部分的相态，或通过改变系统所处的外部环境的相态，来满足相反的需求。

例 6-17

用 α—黄铜取代 β—黄铜，通过晶体结构的改变，导致在特定温度下，黄铜机械性质的变化。

（8）相变 2：系统中某个部分动态的相态变化（根据工作条件来改变相态）。

系统中的某个部分通过提供动态的相态变化，来满足相反的需求。也就是说，根据工作条件的不同，通过改变系统中某个部分的相态，来满足相反的需求。

例 6-18

热交换器包含镍钛合金箔片，在温度升高时，交换镍钛合金箔片的位置，以增加冷却区域。

（9）相变 3：联合利用相变时的现象。

例 6-19

暖手器里面，有一个盛有液体的塑料袋，袋内有一个金属片，在热量释放过程中薄金属片在液体中弯曲，可以产生一定的声音信号，触发液体转变为固体。当全部液体转化为固体时，人们将暖手器放回热源中加热，固体即可还原为液体。

（10）相变 4：以双相态的物质代替单相态的物质。

▌例 6-20

在切削区域涂敷一层泡沫，刀具能穿透泡沫持续切割；而噪声、蒸汽却不能穿透这层泡沫，可用于消除噪声。

（11）物理 – 化学转换。
物质的创造 – 消灭是作为合成 – 分解、离子化 – 再结合的一个结果。

▌例 6-21

热导管的工作液体在管中受热区蒸发并产生化学分解，然后，化学成分在受冷区重新结合恢复到工作液体。

6.3.3　四大分离原理与 40 条发明原理的综合利用

近年来，对分离原理、发明原理的研究结果表明，二者之间存在一些对应的关系。对于每种分离方法，可以有多个发明原理与之对应，如表 6-2 所示。如果能正确应用这些对应关系，40 条发明原理就可以为解决物理矛盾提供更广阔的思路、更多的方法和手段。

表 6-2　四大分离原理与 40 条发明原理对应表

	空间分离	时间分离	条件分离	系统分离
创新原理	1 分割原理 2 抽取原理 3 局部质量原理 4 增加不对称性原理 7 嵌套原理 13 反向作用原理 17 空间维数变化原理 24 借助 中介物原理 26 复制原理 30 柔性外壳或薄膜原理	9 预先反作用原理 10 预先作用原理 11 预先防范原理 15 动态化原理 16 未达到或过度的作用原理 18 机械振动原理 19 周期性作用原理 20 有效作用的连续性原理 21 减少有害作用时间原理 29 气压和液压作用原理 34 抛弃与再生原理 37 热膨胀原理	1 分割原理 5 组合原理 6 多用性原理 7 嵌套原理 8 重量补偿原理 13 反向作用原理 14 曲面化原理 22 变害为利原理 23 反馈原理 25 自服务原理 27 廉价品替代原理 33 同质性原理 35 物理或化学参数改变原理	12 等势原理 28 机械系统替代原理 31 多孔材料原理 32 改变颜色原理 35 物理或化学参数改变原理 36 相变原理 38 强氧化剂原理 39 惰性环境原理 40 复合材料原理

物理矛盾采用分离原理的解题模式与操作流程，如图 6-22 所示。

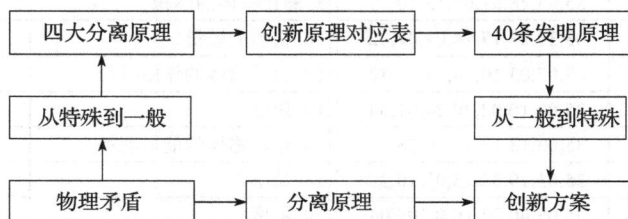

图 6-22　物理矛盾采用分离原理的解题模式与操作流程

例 6-22

波音飞机改进设计

波音公司改进 737 的设计时，需要将使用中的发动机改为功率更大的发动机。发动机功率越大，它工作时需要的空气越多，发动机罩的直径就要增大，这会导致机罩离地面的距离缩短，影响飞机的安全降落。发动机罩的直径既需要增大又不能增大，这是一个物理矛盾。

从特殊到一般。采用分离原理中的空间分离原理，在空间分离一栏选取发明原理"4 增加不对称性原理"。获得了这条发明原理，就完成了从特殊到一般的过程。

从一般到特殊。下面看如何把这条发明原理"增加不对称性"转换成创新方案。把创新原理转换成创新方案，是把一个抽象的概念转换成现实，主要靠逻辑分析与联系，其间也需要非逻辑思维。

增加发动机罩的直径，以便增加空气的吸入量，但为了不缩短与地面之间的距离，将机罩的底部改成较平的曲线，而上部仍为圆弧，即将发动机罩的形状由对称改为不对称，如图 6-23 所示。

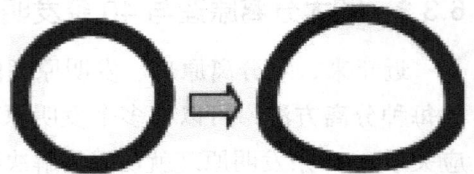

图 6-23　机罩形状由对称改为不对称

6.3.4　解决物理矛盾的通用工程参数法

表 6-3 是美国 2003 年公开的 48×48 矛盾矩阵表中的成果，表中物理矛盾的对角线上的位置，不再是空白，同样给出了一系列的创新原理。所以，这个矛盾矩阵表不仅可以解决技术矛盾，也可以解决物理矛盾。首先是从特殊到一般。把物理矛盾转换成通用工程参数，再到矛盾矩阵表上查得 7～8 条创新原理，然后是从一般到特殊，把选定的创新原理转换成创新方案。也可以单独把对角线上的发明原理与对应的通用工程参数摘录下来，做成如表 6-3 所示的通用工程参数与创新原理的对应表，专门用来解决物理矛盾。这样，除了四大分离原理，解决物理矛盾又多一个通用工程参数法，使创新者的思路更加开阔，一次不成，还可改变参数再试。

表 6-3　物理矛盾相应的通用工程参数与创新原理对应表

通用工程参数	发明原理序号	通用工程参数	发明原理序号
1. 运动物体的重量	35,28,31,08,02,03,10	2. 静止物体的重量	35,31,13,17,02,40,28
3. 运动物体的长度	17,01,03,35,14,04,15	4. 静止物体的长度	17,35,03,28,14,04,01
5. 运动物体的面积	05,03,15,14,01,04,35,13	6. 静止物体的面积	17,35,03,14,04,01,28,13
7. 运动物体的体积	35,03,28,01,07,15,10	8. 静止物体的体积	35,03,02,28,31,01,14,04
9. 形状	03,35,28,17,14,04,07,02	10. 物质的数量	35,03,01,31,10,17,28,30
11. 信息的数量	02,07,03,10,24,17,25,32	12. 运动物体的作用时间	03,10,35,19,28,02,13,24
13. 静止物体的作用时间	35,03,10,02,40,24,01,04	14. 速度	28,35,13,03,10,02,19,24
15. 力	35,03,13,10,17,19,28	16. 运动物体的能量消耗	35,14,28,03,02,10,24,13
17. 静止物体的能量消耗	35,03,19,02,13,01,10,28	18. 功率	35,19,02,10,28,01,03,15
19. 应力或压力	35,03,40,17,10,02,09,04	20. 强度	35,40,03,17,09,02,28,14
21. 稳定性	35,24,03,40,10,02,05	22. 温度	35,03,19,02,31,24,36,28

（续）

通用工程参数	发明原理序号	通用工程参数	发明原理序号
23. 光照度（物体明亮度）	35,19,32,24,13,28,01,02	24. 运行效率	03,02,19,28,35,04,15,13
25. 物质损失	25,10,03,28,24,02,13	26. 时间损失	10,35,28,03,05,24,02,18
27. 能量损失	35,19,03,02,28,15,04,13	28. 信息损失	24,10,07,25,03,28,02,32
29. 噪声	03,09,35,14,02,31,01,28	30. 有害的散发（扩散）	35,01,02,10,03,19,24,18
31. 有害的副作用	35,03,25,01,02,04,17	32. 适应性及多用性	15,35,28,01,03,13,29,24
33. 兼容性或连通性	02,24,28,13,10,17,03,25	34. 使用方便性（可训练性／可操作性／可控制性）	25,01,28,03,02,10,24,13
35. 可靠性	35,03,40,10,01,13,28,04	36. 易维修性	01,13,10,17,02,03,35,28
37. 安全性	28,02,10,13,24,17,03,01	38. 易损坏性	31,35,13,03,10,24,02,28
39. 美观	03,07,28,32,17,02,04,14	40. 作用于系统的其他有害影响	24,35,03,02,01,40,31
41. 可制造性	01,35,10,13,28,03,24,02	42. 制造的精度	03,10,02,25,28,35,13,32
43. 自动化程度	10,13,02,28,35,01,03,24	44. 生产率	10,35,02,01,03,28,24,13
45. 装置（构造）的复杂性	28,02,13,35,10,05,24	46. 控制的复杂性	10,25,37,03,01,02,28,07
47. 测量难度	28,32,26,03,24,37,10,01	48. 测量精度	28,24,10,37,26,03,32

物理矛盾采用通用工程参数的解题模式与操作流程如图 6-24 所示。

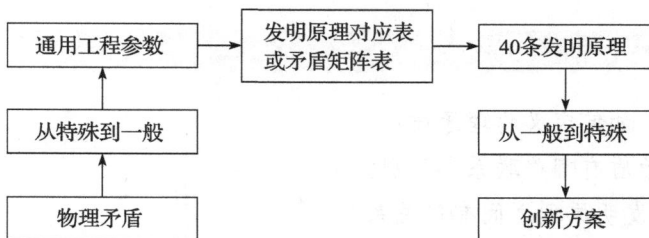

图 6-24　物理矛盾采用通用工程参数的解题模式与操作流程

▌例 6-23

巷战中的物理矛盾

巷战（见图 6-25），战士应该在巷中以发现目标，又不应该在巷中以避免伤亡。应该在，又不应该在，这是一个物理矛盾。

解决矛盾：既不在巷中，又在巷中。

从特殊到一般。采用通用工程参数解法，首先要把物理矛盾转换成通用工程参数。这个物理矛盾相反的要求是，战士应该在巷中，但是不安全。所以，这个物理矛盾的通用工程参数是"安全性"。事先看过了通用工程参数的内容，有这一条，自然就产生了联系。见表 6-3，找到通用工程参数"37 安全性"，对应的有 8 条创新原理，选择"1 分割原理"。这就完成了从特殊到一般的过程。下面是把创新原理"分割原理"转换成创新方案——从一般到特殊。

把握住创新原理"分割原理"。巷战是人拿着枪，人不可分割，只有分割枪。"把一个物体分成相互独立的部分"。把枪分成枪杆与枪托两部分，两部分之间可以弯折，这样就实现了分割。也就是完成了"从一般到特殊"的过程，获得具体的创新方案。

图 6-26 是以色列巷战用 90° 弯折枪。战士可以不在巷中，通过显示器观察巷中的敌情。这就是既不在巷中又在巷中。

图 6-25　巷战

图 6-26　弯折枪

思考题

1. 什么是物理矛盾？如何定义物理矛盾？

2. 物理矛盾与技术矛盾有哪些联系和区别？

3. 分离原理与 40 条发明原理之间有何关系？

4. 在北京的众多寺庙中，有一个历史并不是很悠久的寺庙——觉生寺。在这座寺庙里悬挂着号称"世界钟王"的永乐大钟，因此它又被称为大钟寺。这口大钟因为是在明朝永乐年间铸造的，所以被称为"永乐大钟"。永乐大钟铸好后高达 6.75 米，有 46.5 吨重。试用分离原理解决大钟悬挂问题。

5. 某公司在制造一种零件时，需要将钢板加热到 1 300℃，放在压力机上冲压成形。然而，钢板在加热到 800℃时，就会发生严重的氧化，使得加工出来的零件无法使用。试用分离原理解决上述问题。

6. 标准空气过滤器含有一层多孔过滤材料。当气流通过过滤材料时，它的气孔可将灰尘颗粒吸附。如果孔的直径过小，尽管可以很好地将灰尘吸附，但会将过滤器早早地堵塞。如果孔的直径过大，虽不能将过滤器早早地堵塞，但不能很好地将灰尘吸附。试用分离原理解决上述问题。

7. 一些患有屈光不正的老年人，看远处和看近处时，需要戴两副不同度数的眼镜。如 50 岁的 100 度近视眼的老年人，看远处时戴 100 度的近视眼镜，看近处时需要 100 度的老花镜。但是，如果他准备两副眼镜，拿上拿下地反复更换时，肯定会感到极不方便。试用分离原理解决上述问题。

第7章

物 – 场模型

本章学习目标

1. 了解物 – 场模型的相关基本概念；
2. 掌握"物 – 场模型的表示方法""物 – 场模型的 4 种基本类型"；
3. 熟练掌握物 – 场分析的 6 种一般解法；
4. 能做到运用物 – 场模型及一般解法解决实际发明创新问题。

通用工程参数是连接具体问题与 TRIZ 的桥梁，然而在实际问题分析过程中，为表述系统存在的问题，工程参数的选择是一个难度较大的工作，需要全面的专业知识、丰富的经验和对 TRIZ 的 39 个通用工程参数的正确理解。在许多未知领域，我们又如何将一个具体问题准确转化并表达为 TRIZ 的标准问题呢？本章将介绍 TRIZ 的另一种重要的问题分析工具，即物 – 场分析法。

物 – 场分析法是一种与现有技术系统相关联的问题建模方法，它所构造的每个系统是为了完成某些功能要求而存在的，它所希望的功能是：物体或者物质的输出，是由于另一个物体（工具）或者某些场（能量类型）的作用下引发的。做好物 – 场分析，要求使用者（比作矛盾分析）具有更多的技术知识，如工程知识、实现物理效应的知识等。

本章先介绍物 – 场模型分析中的三元素及其相关概念（见图 7-1），如功能、物质、场等；再介绍物 – 场模型分析的结构及其类型，并通过实例介绍物 – 场模型的构建过程以及 4 种模型的 6 种具体解法，随后，利用物 – 场模型分析解决两个实际问题，力图让读者明确怎样利用这一强大的分析工具解决实际问题和实现创新设计。

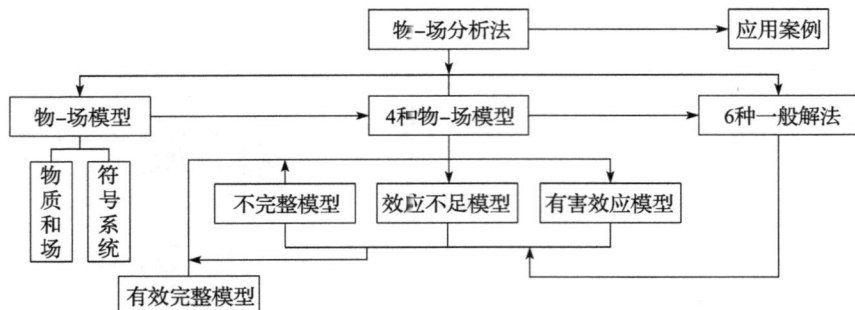

图 7-1　本章结构图

7.1　物 – 场模型概述

物 – 场分析法是阿奇舒勒于 1979 年在他的专著《创造是精密的科学》中提出的解决问题的方法。我们在前面提到过用矛盾矩阵表解决问题的一个缺点，在技术系统的"参数属性"不明显的情况下，矛盾矩阵表无法有效地发挥作用。因为在有些情况中，矛盾是不可见的，但是问题依然存在，并且可以得到解决。此时，技术系统问题的"结构属性"比较明显，适于使用物 – 场分析法。

所谓物 – 场分析法，是指从物质和场的角度来分析和构造最小技术系统的理论与方法。物 – 场分析法是建立在现有产品的功能分析基础上的，是 TRIZ 理论中的一种重要的问题描述和分析工具，通过建立现有产品的功能模型的过程，可以发现有害作用、不足作用及过度作用等小问题。

7.1.1　物 – 场分析中的三元素

阿奇舒勒对大量的技术系统进行分析后发现，一个技术系统如果想发挥其有用的功能，就必须至少构成一种最小的系统模型。这个最小的系统模型，应当具备三个必要的元素：两种物质和一个场，即三要素（物质 1——工件、物质 2——工具和场）。关于物 – 场模型的表达方式，一些学者提出用"三角形"的方式进行表达（如图 7-2），还有学者提出采用"哑铃式"的表达形式（见图 7-3），本书作者建议采用前者。

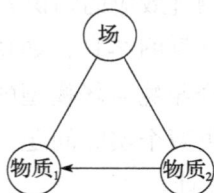

图 7-2　物 – 场分析的三角形模式　　　　图 7-3　物 – 场分析的哑铃模式

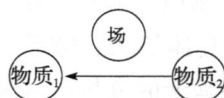

为了让读者更好地理解，将如下例子以物 – 场模型的形式表示。

例 7-1

用洗衣机洗衣服

用洗衣机洗衣服的物 – 场模型如图 7-4 所示。物质 1：衣服；物质 2：洗衣机；场：清洗（机械场）。

关于三元素的具体概念及含义如下。

1. 物质

这里的物质是指任何一种物质，它比一般意义

图 7-4 用洗衣机洗衣服的物 – 场模型

上的物质含义更为广泛，不仅包括各种材料，还包括技术系统（或其子系统）、外部环境甚至是各种生物。这样做的目的在于，物 – 场分析为了简化解决问题的进程，需要人们抛开物体所有多余的属性，只区分那些引起矛盾的特性。物体名称被更为一般"物质"替代后，一下子解除了以往对该物体的认知惯性，使矛盾显得更突出、更明显。任何物体都是系统，因此当我们把物质带入物 – 场公式中去的时候，实际上是在对系统施加作用。一般情况下，主动元件称作工具，被动元件称作原料或工件。

可见，物 – 场分析法中的"物质"可以是自然界中的任何东西，可以是简单的，也可以是复杂的，可以是大的，也可以是小的，可以是一眼看得到的，也可以是看不到的。例如，桌子、房屋、空气、水、地球、太阳、人、计算机等。

2. 场

"场"表示物 – 场模型分析中物质之间的相互作用或效应，是实现系统功能的重要手段。对于工程技术来说，技术系统对各种场的定量和定性特性非常"敏感"，所以该模型中所用的场既包括物理学中定义的场，即重力场、电磁场、强相互作用场（核力场）、弱相互作用场（基本粒子场），也包括由前面的场推广来的能量形式的场，如机械能、热能场、化学场（氧化、还原、酸性环境、碱性环境）、声场、光场、气味场等。有的学者称前面的一类场为物质场，称后面的一类场为技术场或能量场。能量场与物质场都携带场源的能量，可以给系统中的物体施予力的作用，或者直接给系统提供能量，从而改变系统中物体的运动状态，促使系统发生反应，实现系统所需要的功能。

在物 – 场分析法中，有些场容易控制（即可控性强），有些场难以控制（即可控性弱），有些场根本就不能控制。可控性强的场可增强物 – 场效应，有效地实现系统所需要完成的功能。在没有特殊需求和限制的情况下，为了增强物 – 场效应，需要选择更可控制的"场"。物 – 场分析法中常用场的可控性强弱顺序为电场、磁场→热能→机械能→化学能→引力场。

在现代技术中，热场、磁场、电场发挥着积极的作用。因为在自然界和技术系统中热过程最常见，而磁场能够在一定距离的情况下就发生作用且容易通过磁性物质进行控制，是最简单而有效的场。如果在技术系统产生矛盾的那个部分存在带磁性的物质，那么一定

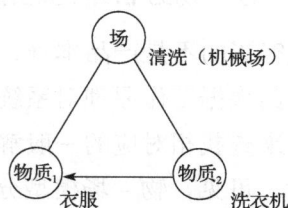

要让它们发挥有用的作用，而电场是最多用途的能量形式，且最容易对其进行控制。

7.1.2 物 – 场分析中的功能描述

顾客买的不是产品本身，而是产品的功能。在设计科学的研究过程中，功能的实现是需要产品根据工作原理对系统在时间和空间上进行合理的设计。根据物 – 场模型所描述的问题，来查找相对应的一般解法和标准解法。该方法适用于发现已有产品中的冲突以便改进设计。可见，物 – 场模型分析法是 TRIZ 的一个重要的发明创造问题的分析工具，可以用来分析现有技术系统有关的模型性问题，从而改进技术系统，以便更好地为实现某种功能服务。

为此，物质 – 场分析法引入了相互作用的基本概念，"相互作用"是指在场与物质发生关系的过程中，所实现的某种特定功能。而技术系统存在的目的是实现功能，功能是价值工程研究的核心问题。

物 – 场分析法同样遵循着 TRIZ 中解决问题的一般流程。物 – 场模型作为问题模型，中间工具是标准解法系统，对应的解决方案是标准解法系统中的标准解。因为标准解法系统提供的是较为具体的解决方案的模型，所以很多 TRIZ 专家都喜欢用物 – 场理论和标准解法系统去解决实际的问题。

下面举例来熟悉一下物 – 场分析。

例 7-2

手 拿 杯 子

物质 1：杯子；物质 2：手；场：机械场（即，拿这种支撑力）。

建立起的物 – 场模型如图 7-5 所示。

例 7-3

空中的风筝

物质 1：风筝；物质 2：风；场：气动场（即，风力）。

建立起的物 – 场模型如图 7-6 所示。

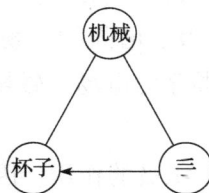

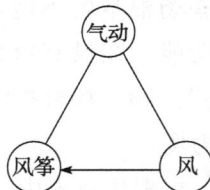

图 7-5　手拿杯子及其物 – 场模型　　　图 7-6　空中的风筝及其物 – 场模型

7.2　物 – 场分析的表示方法

7.2.1　物 – 场分析中的常用符号

物 – 场分析法通过建立系统内结构化的问题模型来正确地描述系统内的问题，用符号语言清楚地表达技术系统（子系统）的功能，正确地描述系统的构成要素以及构成要素之间的相互联系。

物质的代号是 S，对于一个系统中的多种物质，可以利用下角标的序号加以区分，如 S_1、S_2、S_3 等。一般用 S_1 表示作用工件（产品），代表被动作用体，S_2 表示工具，代表主动作用体。

场的代号是 F，对于一个系统中的多种场，通常以下角标的序号加以区分，如 F_1、F_2、F_3 等；也可以 FType 的形式，如 FMe 表示机械场，FE 表示电场。

为方便表示，技术系统的功能模型可以用一个完整的物 – 场三角形来表示。通常，任何一个完整的系统功能，都可以用一个完整的物 – 场三角形进行模型化，称为物 – 场分析模型。在三角形的物 – 场模型中，两个下面的角通常分别表示两种物质，上面的一个角通常表示场，如图 7-7 所示。一个复杂的系统经分解后，可以运用多个物 – 场三角形组合表示，如图 7-8 所示。

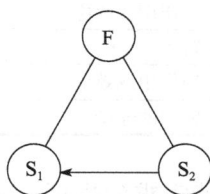

图 7-7　简单三角形的物 – 场模型　　　　图 7-8　复杂三角形的物 – 场模型

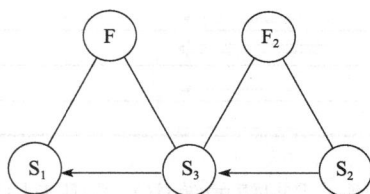

为了详细而又快速地了解"场"，表 7-1 列举了一些典型的"场"的符号及其例子。

表 7-1　主要的能量或场

名　　称	符　　号	举　　例
重力场	G	重力
机械场	Me	压力、冲击、脉冲、惯性、离心力
气动场	P	空气静力学、空气动力学
液压场	H	流体静力学、流体动力学
声场	A	声波、超声波、次声波
热场	Th	热传导、热交换、绝热、热膨胀、双金属片记忆效应
化学场	Ch	燃烧、氧化反应、还原反应、溶解、键合、置换、电解
电场	E	静电、感应电、电容电
磁场	M	静磁、铁磁
光学场	O	光（红外线、可见光、紫外线）、反射、折射、偏振
放射场	R	X 射线、不可见电磁波

（续）

名　　称	符　　号	举　　例
生物场	B	发酵、腐烂、降解
粒子场	N	α⁻、β⁻、γ⁻粒子束，中子，电子，同位素

注：电场和磁场是统一的整体，是电磁场紧密联系、相互依存的两个侧面，即电场和磁场并不是两个不同的场，
　　而是电磁场的两种属性。有些场的界线并不严格，例如，声波是通过机械振动传递能量，所以有时也把声能
　　归属于机械能，光能和辐射能 R 是通过电磁能传递能量，所以也可称为电磁能。

在表 7-1 中，由于 $G \to Me \to P \to H \to A \to Th \to Ch \to E \to M \to O \to R \to B \to N$ 与技术系统的进化趋势是一致的，故在相当程度上可以根据系统所采用的能量形式，来判断技术系统所处的进化阶段和未来可能的进化方向。

7.2.2　物 – 场分析中的符号系统

TRIZ 中对物 – 场模型的功能表述构建了符号系统。符号系统中的符号用来描述系统中两个元素之间作用的类型。常见的符号如表 7-2 所示。

表 7-2　物 – 场分析法中常用的符号

图形符号	含义说明
⟶	有效作用或期望的效应
∿∿∿∿➝	有害的作用或效应
⟹	模型转换
– – – – ➝	不足的作用或效应
———	两元素间的连接

有效作用（或期望的效应）是用于描述系统能够达到功能需求的指标，实现有用的功能；不足作用是用于描述两元素间能进行颟定的作用，但作用不足，未能达到预期效果；有害作用用于描述两元素间产生的有损害的作用，是系统不需要的功能或效果。

阿奇舒勒指出的物 – 场模型对于描述产品的一个功能是方便的，但一个产品往往有多个功能，该模型在描述多功能时，并不十分方便。为了方便地描述物 – 场，根据 Royzen（1999）、Terninko（2000）、Savransky（2000）等提出了新的符号系统，经过汇总，得到了描述两元素间作用时普遍认可的符号系统及其含义，如表 7-3 所示。

表 7-3　物 – 场分析的符号说明

文字符号	图形符号	含义说明
S	Ⓢ	物质：物体、装置、部件、材料、系统单元等
F	Ⓕ	场：一种作用、一种能量或信息形式
S_0, S_1, …, S_k	Ⓢ₀ , Ⓢ₁ , …, Ⓢₖ	不同类型的物质

（续）

文字符号	图形符号	含义说明
F_0, F_1, $\cdots$, F_k	(F_0), (F_1), $\cdots$, (F_K)	不同类型的场
S', S''	(S'), (S'')	一种物质的改变
F', F''	(F'), (F'')	一种场的改变
$F_\#$	$(F_\#)$	具有一定时空结构的场
$S_\#$	$(S_\#)$	具有一定时空结构的物质
F_{f_0}	$(F)_{f_0}$	具有频率 f_0 的场
S_{f_0}	$(S)_{f_0}$	具有自然振动频率 f_0 的物质
$F_{|-|}$	$(F)_{|-|}$	（F）作用时的暂停
$F_{|+|}$	$(F)_{|+|}$	在另一次作用暂停过程中（F）的作用
S_{Micro}	$(S)_{Micro}$	微观级的物质
$S_{超系统}$	$(S)_{超系统}$	改变后的环境（超系统）物质
$S_{铁磁体}$，$S_{水}$	$(S)_{Ferro}$，$(S)_{Porous}$	特定类型的物质
$F_{电磁}$，$F_{机械}$	$(F)_{Me}$，$(F)_{Electric}$	特定类型的场
————————	————————	物质间或物质与场之间相连的有效而正常的相互作用
— — — — —	— — — — —	不充分的相互作用
S_1　S_2	(S_1) (S_2)	未注明相互作用或不存在相互作用
+++++++	+++++++	有效而过度的相互作用
∿∿∿∿∿	∿∿∿∿∿	有害的相互作用
————————	————————	相互作用
————————▶	————————▶	有效、定向而不充分的作用
∿∿∿∿∿▶	∿∿∿∿∿▶	有害的定向作用
+++++++▶	+++++++▶ 或 ══════▶	有效的、过度的定向的作用
—?—?—?—?—▶	—?—?—?—?—▶	缺少信息
（ ）	$((S_2)(S_3))$	圆括号表示物 – 场的一种组合。其中可以在内部添加（物质、场或物场的形式）
[ ]	$[(S_2)(S_3)]_{Ferro\ Micro}$	方括号表示物 – 场的一种组合，其中可以在外部添加（物质、场或物场的形式）
══════▶	══════▶	将初始技术系统模型符号转换到所需要的物质中

7.3 物 – 场模型的类型

物 – 场分析是针对已存在系统或新系统所存在的问题进行的，讨论不同的物 – 场模型类型的特点对更好地发现存在的问题并给出有针对性的解决方法具有重要作用。该方法可以用来描述系统中出现的结构化问题，根据物 – 场模型的不同特点，这些问题的类型可以用以下四种不同的物 – 场模型来描述。

（1）有效完整的物 – 场模型：功能的三个元素都存在，且都有效，这种模型是设计者所追求的。

（2）不完整的物 – 场模型：组成功能的元素不全，可能缺少场，也有可能是缺少物质。

（3）有效不足的完整物 – 场模型：三个元素齐全，但设计者所追求的效应未能有效实现，或效应实现得不足够。

（4）有害效应的完整物 – 场模型：三个元素齐全，但产生了与设计者所追求的效应相左的、有害的效应，需要消除这些有害效应。

TRIZ 中重点关注的是三种非正常模型：不完整模型、效应不足的完整模型、有害效应的完整模型，并提出了物 – 场模型的一般解法和 76 个标准解法。本章将介绍物 – 场模型的一般解法，76 个标准解法的内容则详见下一章节。表 7-4 为常见的物 – 场异常情况。利用物 – 场模型来分析和解决问题，就是要把后三种物 – 场模型中的不足的、过度的、有害的作用消除掉，将其转换成第一种物 – 场模型。

表 7-4 常见的物 – 场异常情况

异常情况	举　　例
期望的效应没有产生	过热火炉的炉瓦没有进行冷却
产生了有害的效应	过热火炉的炉瓦变得过热
期望效应不足或无效	对炉瓦的冷却低效，因此，加强冷却是可能的

7.3.1 有效完整的物 – 场模型

如果系统中实现功能所需的 3 个元素不但都存在而且有效，其效应强度也能很好地满足功能的要求，这种模型就称为有效完整模型。

例 7-4

手拿计算机

用手稳稳地拿着计算机，可防止计算机摔在地上。此时，手与计算机之间的相互作用就是有用的且充分的。可以用如图 7-9 所示的物 – 场模型表示这种情况。

图 7-9　手拿计算机及其物 – 场模型

例 7-5

乒乓球掉入树洞问题

有一个耳熟能详的问题：一个乒乓球掉入一个树洞，如何将乒乓球取出？

显然，有对象乒乓球。为了实现功能，需要建立场并选择工具。

（1）解法 1：将水充满树洞，乒乓球自动浮起。图 7-10a 为这一过程的物 – 场模型。

（2）解法 2：用粘杆粘，这时就形成了图 7-10b 所示的物 – 场模型。

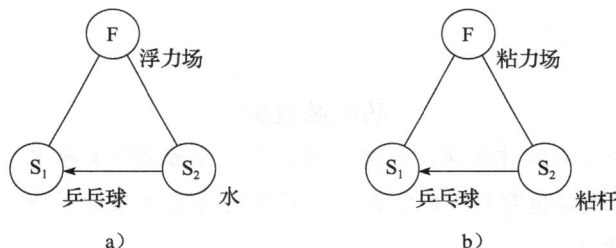

图 7-10　取出树洞中的乒乓球的物 – 场分析

需要注意：在两种解决方法中，人们都补充了某些东西。对于解法 1，人们加入了水，并利用了水所产生的浮力；对于解法 2，人们加入了粘杆，并利用粘杆所具有的粘力。

在上述的例子中，乒乓球可以被浮力场作用，可以被粘力场作用，所以人们采用了能够与作用对象之间产生上述作用的工具，构成了一个完整的物 – 场。而使所需要的功能得到实现。从上面的例子中还可以看出，对于同一功能要求，场的选择并不是唯一的。

7.3.2　不完整的物 – 场模型

在对需要完成的系统进行分析时，如发现组成物 – 场模型的三个功能元素不全（可能是缺少场，也可能是缺少物质），这时的物 – 场就是不完整的。

一般情况下，当问题系统中不存在工件时，功能要求就不可能明确，所以在不完整物 – 场模型的系统中缺少的元素通常为工具或作用场，更进一步的分析还可以发现，对于不完整的物 – 场模型，其首要任务就是使物 – 场变为完整的物 – 场；而首先要选择的通常是能实现所需目的的场（作用），然后才是能够利用上述作用的工具。

▌例 7-6

腾不出手或者计算机不见了

两手已经拿满了东西，没有办法空出手来拿计算机，或者计算机已经丢失，没有办法找到计算机。

分析：如果没有办法空出手来拿计算机，则缺少相互作用；如果没有找到计算机，则缺少物质可以用，如图 7-11 所示的物 – 场模型表示这种情况。

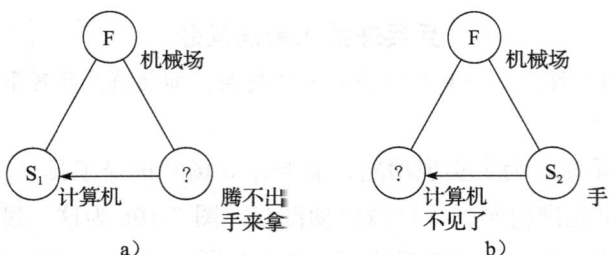

图 7-11   腾不出手来拿或者计算机不见了的物 – 场模型

▌例 7-7

防电脑辐射

电脑辐射成为当今白领身体健康的主要杀手，人们知道电脑有辐射，大多数人却不知道如何防辐射，将辐射转化成其他可利用的能量，如图 7-12 中防电脑辐射物 – 场模型所示，只有物质 S_1，却没有工具 S_2 和 F。

▌例 7-8

树皮和木片的分离问题

把弯曲的树干和树枝砍成碎片，树皮和木片混在一起。如果它们的密度及其他特性都差不多的话，怎样才能把树皮和木片分开呢？

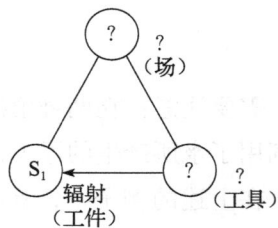

图 7-12   防电脑辐射物 – 场模型

解决这一问题，各国很多人都申请了专利。发明家们都一味地试图利用树皮与木片在密度上的微小差别把两者分开，成功者少。分析可知，系统中只有两个物质，即树皮和木片，没有场，所以需要引进场，使物 – 场系统完整，如图 7-13 所示。

这就使广大的探求问题的范围大大缩小了，只需要研究几个解决方案就足够了。实质上，由于强作用场与弱作用场只能使本问题的解决复杂化，所以只剩下两个场即电磁场与引力场可供选择。考虑到树皮和木片在密度上差别不大，所以亦可放弃引力场。这样只剩下电磁场。但是因为磁场不作用于木片和树皮，所以必须进行木片或树皮在电场中的行为表现的实验。实验结果表明，在电场中树皮的微粒带负电，木片的微粒带正电。根据这一物理现象制造了分选机，把木片与树皮准确无误地分开，具体的物 – 场模型如图 7-14 所示。

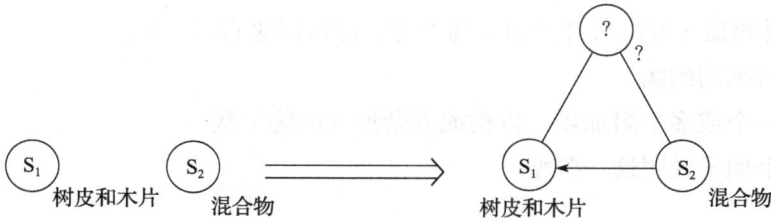

图 7-13　树皮和木片分开系统的物 – 场模型的构建

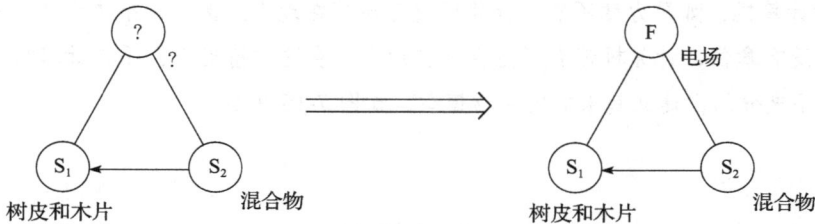

图 7-14　引入电场使树皮和木片分开的物 – 场模型

假如说木片不带电，怎么办呢？在这种情况下，物 – 场构建规则亦有效，这时可以不考虑木片。可以认为该课题已给出一种可以分选的物质。只需要补构物 – 场就可以了，即给该系统增添一对"物与场"。比如说，在劈碎树干和树枝之前，往树皮上撒上铁磁性颗粒。在劈碎后利用磁场分选。该物 – 场模型如图 7-15 所示。

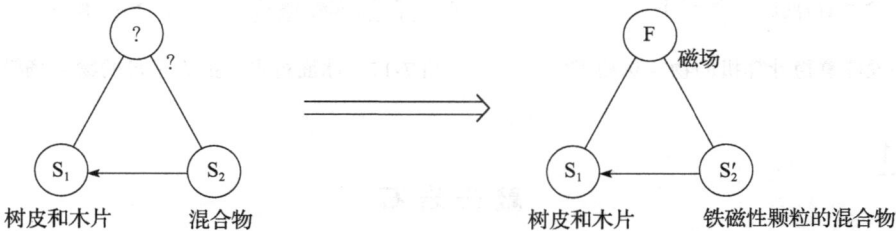

图 7-15　引入磁场使带磁的树皮和木片分开的物 – 场模型

7.3.3　有效不足的完整物 – 场模型

如果物 – 场模型所需要的三个功能元素都存在，但由于效应程度不够而功能不能实现，这种模型就称为效应不足的物 – 场模型。

要解决效应不足的物 – 场所存在的问题就得加强场的作用强度，从而构建有效完整的物 – 场。改变物 – 场的构建方式主要有以下几种方法：

（1）通过改变组成现有物 – 场的功能元件以改善物场模型的性能。需要注意的是，在通常情况下技术物体比天然物体易于改变，而工具比工件易于改变。

（2）如果系统中没有易改变的要素，也可以引入外部介质以实现改变，如添加（永久或临时地）某种物质（可以来自于物 – 场内部，亦可以来自外部）。

（3）改变所采用的场。

（4）引入一个或多个附加场，以构成复杂形式的物 – 场。

下面举几个例子说明这一模型。

例 7-9

用手拿计算机，但是没有拿稳

用手去拿计算机，如果力度不够，计算机就可能掉在地上。例如，小孩去拿计算机，或者大人用力不够，没有拿住，计算机都有可能会掉在地上。在这种情况下，手与计算机之间的相互作用就是有用但不充分的，建立起来的物 – 场模型，如图 7-16 所示。

例 7-10

冰 面 行 走

在冰面行走时，由于摩擦力不足会打滑甚至摔倒（见图 7-17）。

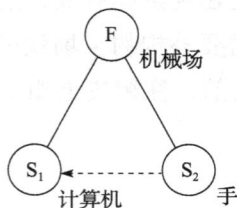

图 7-16　手没能拿稳计算机的物 – 场模型　　　　图 7-17　冰面行走摩擦力不足的物 – 场模型

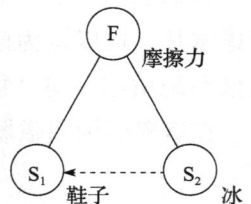

例 7-11

敲 击 岩 石

用锤子敲击岩石，但岩石破裂并没有达到预期的效果，如何解决这一问题？

显然，上述功能中的物 – 场模型是完整的，即存在，物质 S_1：锤子；物质 S_2：岩石；场 F：机械场。但由于没有达到预期的目的，所以这是一个效应不足的物 – 场。

（1）解法 1：可以用一个新场代替原有的场。譬如说用温度场，如图 7-18 所示。岩石是不良导热体，热胀冷缩，当温度剧烈变化时岩石表面会形成裂隙，裂隙变大会使岩石破裂，变成一堆碎石，李冰父子修都江堰时遇大石挡路就是架火烧石头，再用河水浇凉，使石头破裂。

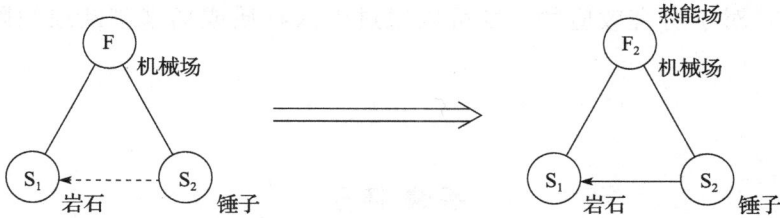

图 7-18　敲击岩石改变原来场的物－场模型

（2）解法 2：引入另一个场。例如，在锤子和岩石之间增加一把凿子，对于这一最简单和常见的方法，从物－场分析角度来说，引入了另一个机械场，从而构成了两个物－场：锤子 S_2 →机械能 F_3 →凿子 S_3，凿子 S_3 →机械能 F →岩石 S_1（见图 7-19）。

图 7-19　敲击岩石引入机械场的物－场模型

当然人们也可以在锤子和岩石之间附加一个化学场，使它同时作用于岩石以使岩石变脆，从而使得岩石破裂达到预期的效果（见图 7-20）。

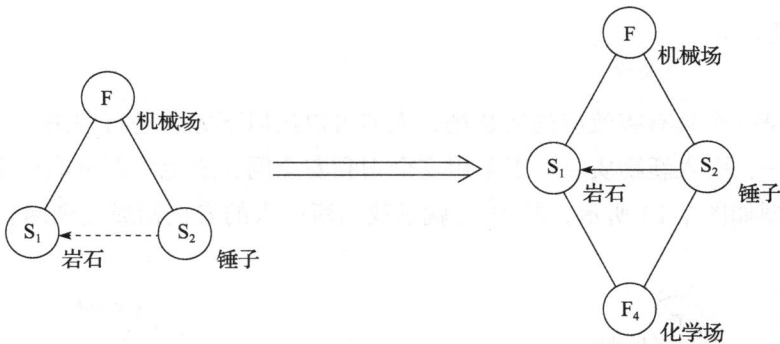

图 7-20　敲击岩石引入化学场的物－场模型

在上述例子中，尽管都是引入了一个新场，但分析图 7-19 和图 7-20 可以发现两者的物－场模型是不同的，图 7-19 形式的模型通常称为串联物－场模型，而图 7-20 则称为并联物－场模型。关于更多如何增强场的有效性的问题，TRIZ 的标准解系统给出了多种解决方法场。

7.3.4　有害效应的完整物－场模型

功能的三个元素都存在，但产生了与需求相悖的、有害的效应，这种物－场称为有害效应物－场。对于有害效应物－场可以通过引入物质或场来割断或消除有害作用的影响。

例 7-12

手 拿 杯 子

（1）如果杯子是铁皮做的，当手握住杯子力度太大时，杯子会被手捏得变形。这时，对杯子就是过度的作用（见图 7-21）。

（2）如果杯子是玻璃的，玻璃杯的边缘没有打磨圆滑，手被玻璃边缘割破了。在这个系统中，杯子对手产生了有害的作用（见图 7-22）。

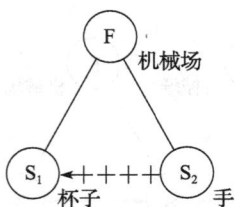

图 7-21   手对杯子过度作用的物－场模型   图 7-22   杯子对手有害作用的物－场模型

例 7-13

岩石碎片伤人问题

在用锤子击打岩石时，出现了飞扬的岩石碎片，容易出现伤人事故。请在分析物－场的基础上解决该问题。

分析：这是一个具有害效应的完整场，人们可以用以下方法进行解决。

（1）解法一：引入新物质。可以采用安全帽和安全网，避免碎石可能产生的伤害事故。解的物－场模型如图 7-23 所示，其中 S_3 就是我们所引入的安全帽或安全网。

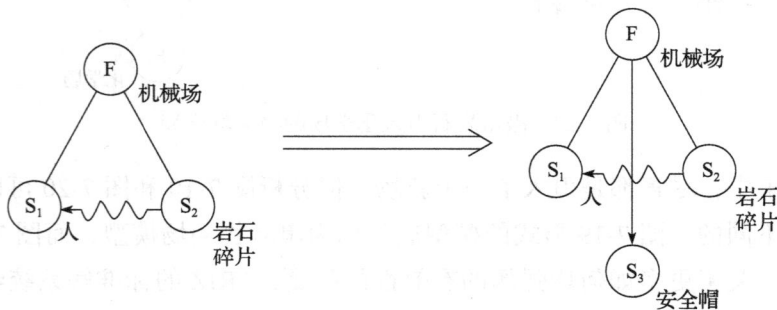

图 7-23   加入 S_3（安全帽）阻止有害作用的物－场模型

（2）解法 2：改变场的形式。有一种采石方式是利用岩石中存在的水分，即通过冷却岩石使岩石中的水膨胀，达到粉碎岩石的目的，其物－场模型如图 7-24 所示。

图 7-24　改变成液压场的岩石破碎模型

例 7-14

细长零件切削问题

在解决细长零件切削时，由于切削力的作用将导致零件发生很大的弯曲变形的问题时，人们可以引入附加力场来抑制这种大变形：引入与长轴协同的支架产生的反作用力，其物 – 场模型的改变过程如图 7-25 所示。

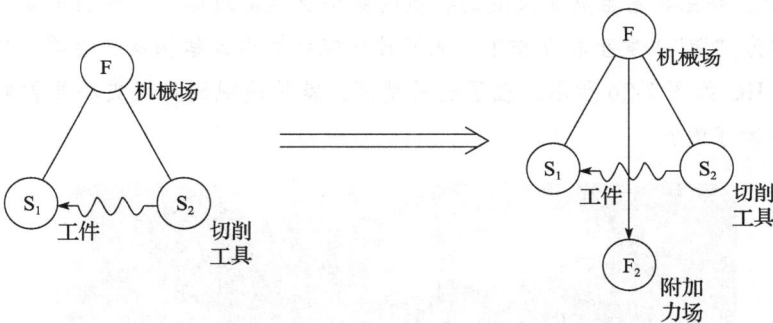

图 7-25　加入附加力场 F_2 消除有害效应的物 – 场模型

7.4　物 – 场分析的一般解法

在实际问题的解决中，系统的作用是非常复杂的。各功能相互交错，有害和有利作用共存。灵活地运用物 – 场分析的方法，将实际工作需要解决的问题用物 – 场模型进行描述，有助于需要解决的问题格式化。

物 – 场模型共有 4 类，其中有效完整功能模型是设计者追求的效应，不需要改进。其他 3 种，即不完整的功能模型、效应不足的完整功能模型和有害效应的完整功能模型，都没有达到系统所需要的功能，TRIZ 中提出了对应的 6 个一般解法和 76 个标准解法，以建立有效完整的物 – 场模型。

如前所述，TRIZ 重点关注后 3 种模型，即不充分模型、缺失模型、有害模型，TRIZ 提出了 6 种一般解法应对这 3 个模型，具体解决措施见表 7-5。

表 7-5　物场分析法中的 6 个一般解法

解　法	内　容	对应的模型
一般解法 1	补齐元素（增加场或物质）	不完整模型
一般解法 2	增加第三种物质 S_3 来阻止有害作用	有害效应的完整模型
一般解法 3	引入另外一个场 F_2 来抵消原来场的有害效应	
一般解法 4	用另外一个场 F_2 来替代原有的场 F	效应不足的完整模型
一般解法 5	增加另外一个场 F_2 来强化有用效应	
一般解法 6	引入第三种物质 S_3 并增加另外一个场 F_2 来强化有用效应	

7.4.1　一般解法 1

一般解法 1，即补齐物 – 场模型中所缺失的元素（场或物质），构造完整有效的物 – 场模型。

例 7-15

加速器问题

为研究原子、夸克等甚至更小尺度的物质的结构及运动规律，只能利用高速带电粒子与被研究的物质（称为"靶"）发生相互作用，来间接研究物质内部结构及其性质。目前世界上最大的强子对撞机 LHC 如图 7-26 所示。粒子能量越高，就越能观测尺度更小的物质结构。那么如何获得高速带电粒子呢？

图 7-26　目前世界最大的强子对撞机 LHC

分析可知，带电粒子：S_2，靶：S_1，即系统中没有场，这是一个非完整的物 – 场模型，需引进电场 F，使带电粒子在电场的作用下加速运动，以实现系统功能。物 – 场模型的构建过程如图 7-27 所示。

例 7-16

浮选法选煤

从矿井中采出的煤炭 S_1 中混有矸石，为了得到高质量的煤炭，需要增加机械场 F（浮选机，见图 7-28 ），将矸石从煤中分离出来，物 – 场模型的构建过程如图 7-29 所示。

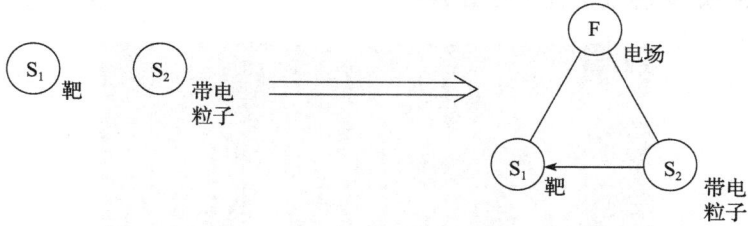

图 7-27 通过补齐元素（引进场）来实现功能的物 – 场模型

图 7-28 浮选机

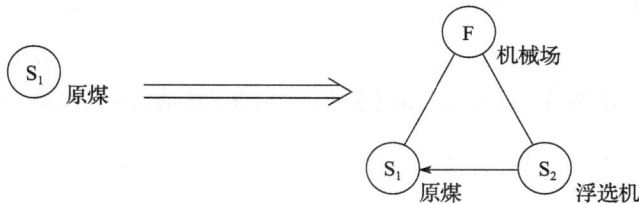

图 7-29 引进场 F（浮选机）选煤的物 – 场模型

7.4.2 一般解法 2

一般解法 2，即加入第三种物质 S_3 来阻止有害作用，S_3 也可由 S_1 或 S_2 改变而来。

例 7-17

烟花中的火星问题

2008 年北京奥运会的鸟巢的保护薄膜，无法承受烟花的高温，哪怕只有一个小小的火星落在鸟巢上，薄膜当即就会被灼穿。如何让贯穿开幕式长达 3 个多小时的焰火表演（见图 7-30）顺利进行呢？对这个问题进行物 – 场分析可知，这是一个有害效应的完整物 – 场模型，控制每一个火星的"着陆"，使所有火星在鸟巢棚顶燃尽，焰火的高温就不再成为鸟巢薄膜的"克星"。

"芯片"烟花产品，让写有燃放时间等数据的芯片（即物质 S_3）植入烟花"心脏"，由数码控制系统操控烟花燃放全程（见图 7-31）。

图 7-30   鸟巢上空燃放的烟花

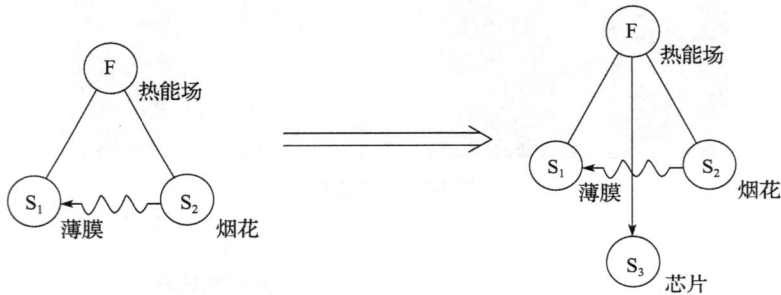

图 7-31   通过加入 S_3（芯片）来实现功能的物 – 场模型

例 7-18

磨 砂 玻 璃

要增加屋内的隐秘性，将窗户玻璃加贴玻璃纸 S_3（若对玻璃进行磨砂，此时 S_3 由 S_2 改变而来）使之变成半透明（见图 7-32），以保护屋内的隐私（见图 7-33）。

图 7-32   屋内窗户选用磨砂玻璃防止隐私泄露

图 7-33　房屋隐私物 – 场模型

7.4.3　一般解法 3

一般解法 3，即引入另外一个场 F_2 来抵消原来场 F 的有害效应。

例 7-19

降落伞问题

从失事飞机往下跳的乘客，或从飞机上空投的物品，由于重力的作用，将以重力加速度 g 加速下落，当到达地面时速度极大，会与地面发生强烈的碰撞，将对人或物带来毁灭性的损害。利用降落伞（见图 7-34）则可以减缓下落的速度。

在空气对降落伞的阻力 f 作用下，由牛顿第二定律：$mg - f = ma$，（m 为人或物体的质量，a 为下落的加速度），则下落加速度会由 g 减小到 a，使人或物安全着陆，从而消除重力场带来的有害作用，物 – 场模型的构建过程如图 7-35 所示。

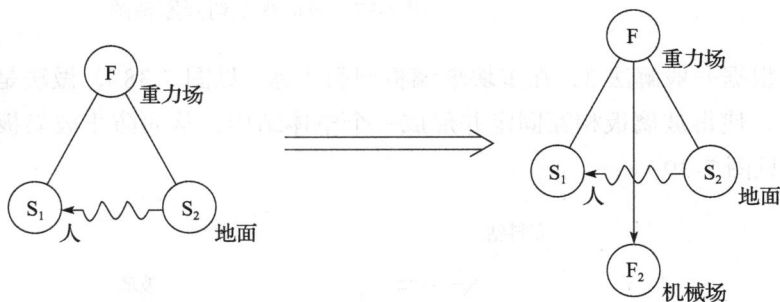

图 7-34　降落伞　　　图 7-35　通过引入另外一个阻力场 F_2 来实现功能的物 – 场模型

例 7-20

玻璃板上切圆

在玻璃板上切圆可用套料钻完成（见图 7-36 和图 7-37），然而，玻璃板上会造成破碎和裂纹，这样就降低了生产率和质量。

图 7-36　玻璃框切圆套料钻实物图

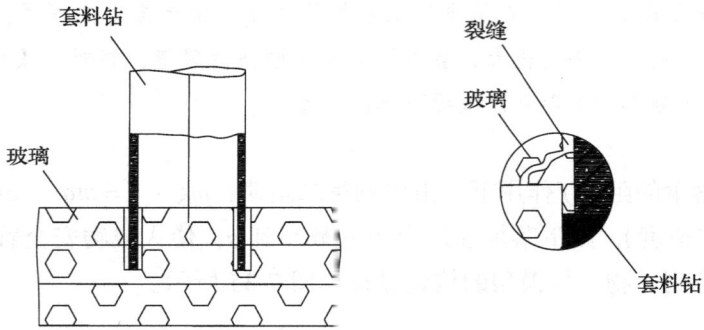

图 7-37　玻璃板上切圆原理图

　　根据一般解法 3，在多块玻璃板间引入水（见图 7-38），做法是先将玻璃板弄湿，然后冻结，使得玻璃板相互固定并形成一个整体结构，从而防止玻璃板切圆时的破碎和碎裂问题（见图 7-39）。

图 7-38　引入阻力场 F_2（冰）在玻璃板上切圆原理图

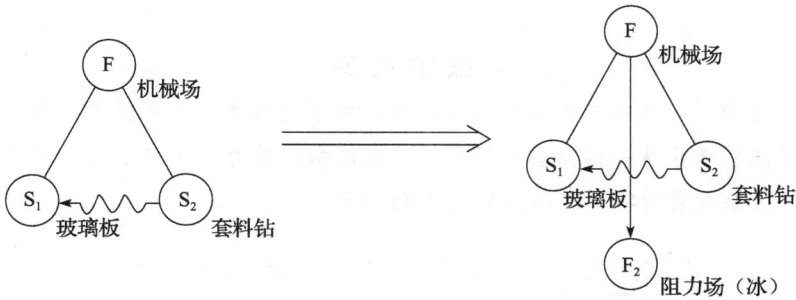

图 7-39 玻璃板上切圆物－场模型转换示意图

7.4.4 一般解法 4

一般解法 4，即用另一个场代替原来的场，以达到系统所需要的效应。

▌例 7-21

导体中的电流问题

大家都知道，导体中的自由电子在热能场的作用下做杂乱无章的热运动，不能形成电流（见图 7-40）。

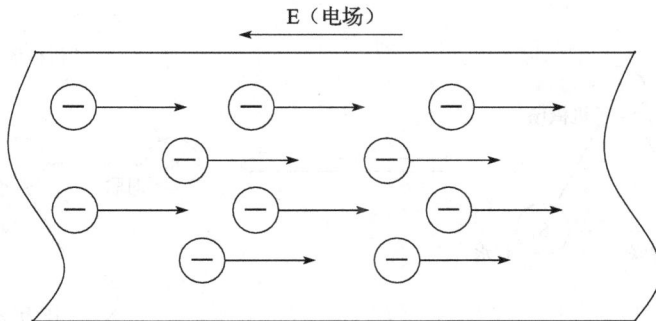

图 7-40 导体中电流的形成

分析可知，在导体两端加一个电场代替热能场，使电子在电场的作用下定向运动，形成电流，物－场模型的构建过程如图 7-41 所示。

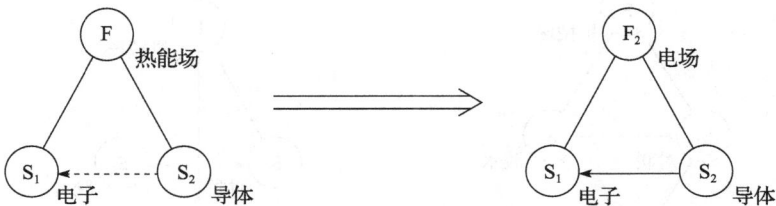

图 7-41 引入另外一个场 F_2 代替原有的热能场的物－场模型

7.4.5 一般解法 5

一般解法 5，即增加另外一个场来强化有用效应。

例 7-22

张 贴 对 联

过春节时，在中国，家家户户都会张贴对联。由于是冬天，往往多风，为了让对联尽快粘在墙上，可用手或扫把涂抹一遍对联：用手或扫把施加的外力，相当于引入第二个场，增强系统的有用效应。张贴对联的物 – 场模型如图 7-43 所示。

图 7-42　张贴对联

图 7-43　张贴对联的物 – 场模型（一）

此时，物场模型图也可以表示为下面两种形式，如图 7-44 所示。

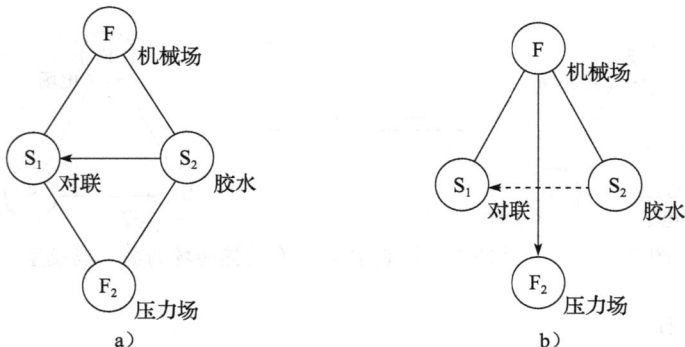

图 7-44　张贴对联的物 – 场模型（二）

例 7-23

扩音器问题

在有几百号人的报告厅，报告人用最大的声音，坐在后面的听众也很难听清报告人的报告内容。

如果给报告人配置一个扩音器（见图 7-45），通过电子元件的电磁场把信号放大，进而把报告人的声音放大，然后经声波传播，使报告厅里所有听众都能清楚地听到报告内容，物 – 场模型的构建过程如图 7-46 所示。

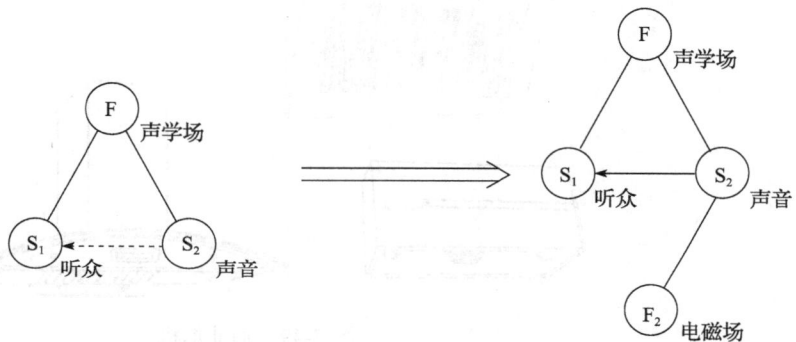

图 7-45　扩音器　　　　　图 7-46　通过增加场 F_2 来改善系统功能的物 – 场模型

例 7-24

骨折的处理

当人骨折后（见图 7-47），医生通过钢钉等机械将病人的骨骼固定。在骨骼长好前，要打上石膏绷带进行封闭，石膏的束缚力就是外加的场 F_2，如图 7-48 所示。

图 7-47　骨折后的伤员　　　　　图 7-48　骨折后处理的物 – 场模型

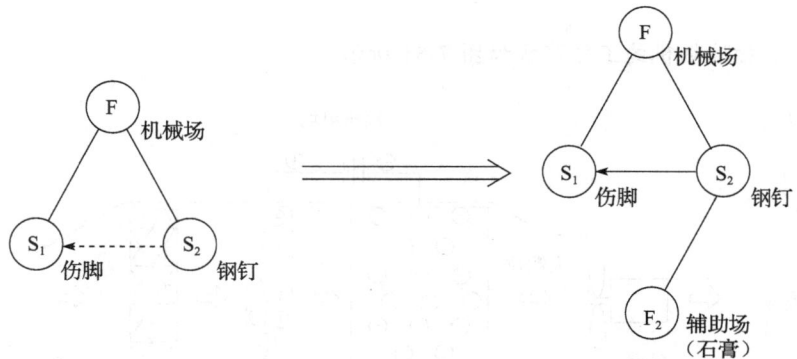

7.4.6　一般解法 6

一般解法 6，即引入 S_3（S_3 也可由 S_1 或 S_2 改变而来），并引入 F_2 提高有用效应。

例 7-25

油 烟 问 题

抽油烟机（见图 7-49）的细小颗粒在经过高压电场 F_2 后聚集成带电荷的油烟大颗粒 S_3，会大幅度提升油烟过滤效率。物 – 场模型的构建过程如图 7-50 所示。

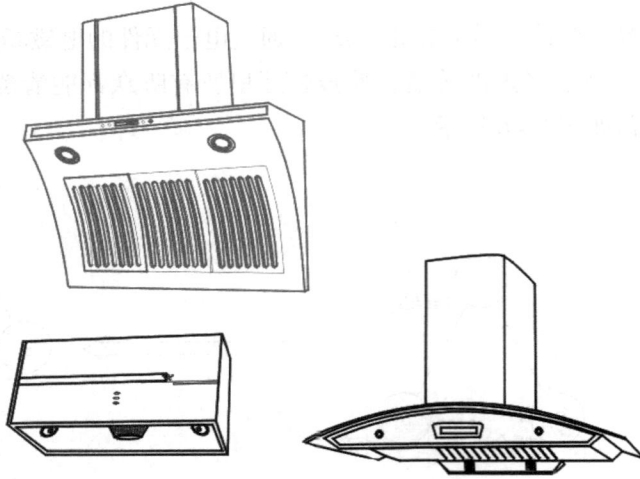

图 7-49   抽油烟机

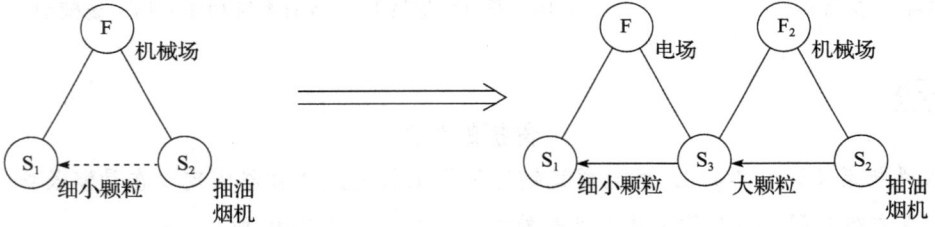

图 7-50   增加物质 S_3 和场 F_2 来改善系统功能的物 – 场模型

抽油烟机的工作流程如图 7-51 所示。

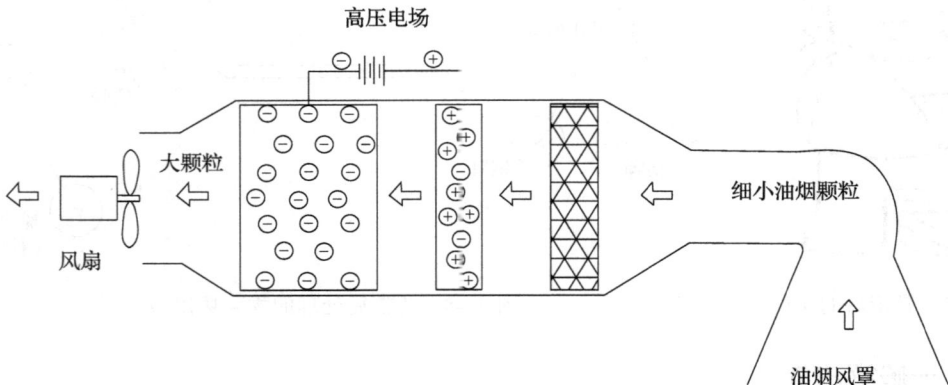

图 7-51   加电场的抽油烟机的工作流程

例 7-26

汽车的清洗

当汽车表面的污垢沉积时间较长时，用普通洗涤剂和水已很难冲洗掉，如果利用含有表面活性剂的过热水蒸气和高压力场来改善清洗，使得含有表面活性剂的过热水蒸气在与汽车表面沉积的污垢发生化学反应的同时，将对污垢形成强烈的爆炸冲击，从而将污垢彻底从车体表面清除。物 – 场模型的构建过程如图 7-52 所示。汽车清洗的场景则如图 7-53 所示。

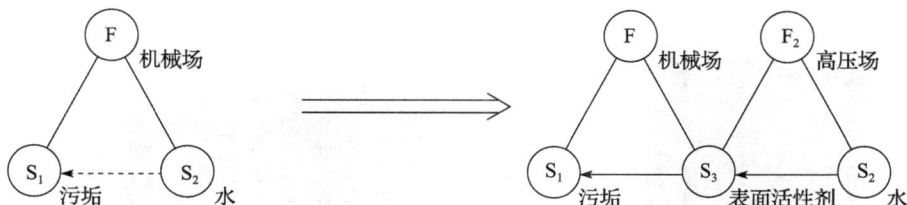

图 7-52　引入活性剂和高压场的物 – 场模型图

图 7-53　引入活性剂和高压场的汽车清洗图

例 7-27

纱门问题

蚊蝇不仅是多种疾病的传播媒介，而且它们的肆意骚扰也常常使我们痛苦不堪。安装"纱门"是把蚊蝇"拒之门外"简单有效的方法。

在广大农村，常见的"纱门"是用木条制作框架，中间镶嵌上纱网，将这样的两扇门连接在门框上，如图 7-54 所示。这种方式制作、安装复杂，难以标准化，因此不能形成商品流通，且换季时也不宜收藏，特别是使用时大开大合，蚊蝇常常"趁机而入"，不能很好地起到防范作用。

　　"磁性软纱门"的发明故事在中央电视台《我爱发明》栏目做了专题报道，这种纱门没有刚性框架，直接由两片纱网用布包边而成，每扇软纱门的上边缘及外侧边缘被固定在门框上，两扇软纱门的中间结合边缘分别缝制有软磁条，形成磁性软门（见图 7-55）。两扇磁性软纱门通常在磁条磁力作用下保持紧密闭合，人进出时则依据人体大小开启相应尺寸，人走过后瞬间自动闭合。这种纱门款式设计新颖，外形美观，开合、出入方便，封闭性好，可折可叠，制作、安装、收藏都很方便。纱门换代的物 – 场模型图如图 7-56 所示。

图 7-54　普通纱门

图 7-55　磁性软纱门

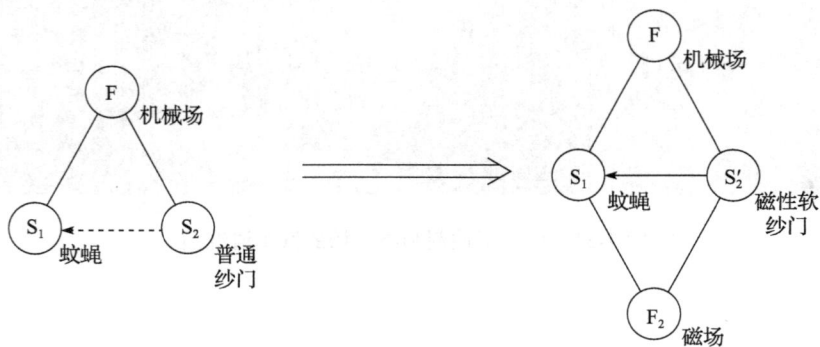

图 7-56　纱门换代的物 – 场模型图

　　可是，你是否知道这一简单发明竟然花费了发明者十余年的心血？如果他不是用"试错法"，而是用 TRIZ 理论来指导发明，结果会怎样呢？

　　其实，发明者很早就想到要把纱门的刚性框架去掉，这符合产品结构"提高柔性"的进化趋势，可是，这样两扇软纱门不能很好地闭合。如果他会应用"物 – 场模型与标准解法"，解决这种问题就变得非常简单。

物 – 场模型分析法用以解决不太清晰的技术冲突和物理冲突之外的其他冲突。前面谈到两扇软纱门不能很好地闭合，究其原因，显然是这两种"物质"（两扇软纱门）之间的"场"作用不足，TRIZ 理论对于这类问题的解法是增加一种"场"，最常用的就是"磁场"。根据这一提示，在两扇软纱门接缝处安装磁条，就会很容易想到和做到，而不必像李先生那样反复尝试各种实验了。

7.5　一般解法的分析步骤及其应用

7.5.1　物 – 场模型一般解法的分析步骤

在物 – 场分析法中，场 F 通过物质 S_2 作用于 S_1，并改变 S_1，达到系统所需要完成的功能。在构建物 – 场模型的过程中，通常构造物 – 场模型有以下四个步骤：

第一步：识别元件。首先确定问题需要完成的功能，并根据问题所存在的区域和问题的表现，确定造成问题的相关元素，以缩小问题分析的范围。

第二步：构造模型。分析各元素之间的相互作用（或效应），确定物 – 场模型的类型，构建系统的功能模型图。

第三步：选择方法。根据物 – 场模型的类型，查找相应的一般解法。如果有多个，则逐个进行对照，寻找最佳解法。

第四步：发展概念。将一般解法与实际问题相对照，并考虑各种限制条件，形成最终的解决方案。

在第三步和第四步中，就要充分挖掘和利用其他知识性工具。这个循环过程不断地在第三步和第四步之间往复进行，直到建立一个完整的模型。第三步使研究人员的思维有了重大的突破。为了构建一个完整的系统，研究人员应该考虑多种选择方案。

该步骤指出了研究人员如何运用物 – 场模型实现创新，由图 7-57 可以看出，分析性思维和知识性工具之间有一个固定的转化关系。

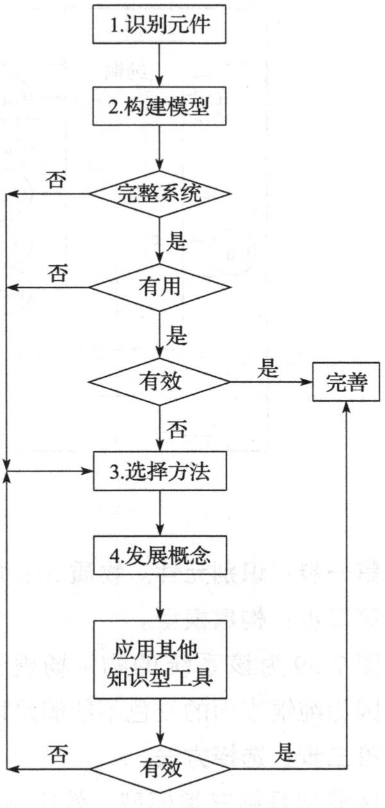

图 7-57　应用物 – 场模型一般解法的分析步骤

物场模型分析方法是 TRIZ 的一种分析工具，熟练地应用该工具可以实现创新设计。下面通过几个实例详细讲解物 – 场分析过程。

7.5.2 物 – 场模型一般解法的案例分析

例 7-28

电解工业中纯铜板清洗问题

工业上常用电解法生产纯铜（见图 7-58）。在电解过程中，少量的电解液残留在纯铜表面。在储存过程，电解质蒸发并产生氧化斑点，这些斑点造成了很大的经济损失，因为每片纯铜上都存在不同程度的缺陷。为了减少损失，在对纯铜进行储存前，每片纯铜都要清洗，要彻底清除纯铜表面的电解质仍然非常困难，因为纯铜表面的毛孔非常细小。那么，怎样才能改变清洗过程，使纯铜得到彻底的清洗呢？

下面用物 – 场分析方法来解决这个问题。

图 7-58 电解铜示意图

第一步：识别元件。 物质 S_1：电解质；物质 S_2：水；场 F：FMe，机械清洗过程。

第二步：构建模型。

图 7-59 为该系统的物 – 场模型，在现有的情况下，系统因为纯铜表面的变色不能满足期望效应的要求。

第三步：选择方法。

该模型是第三类模型，效应不足的完整模型，它有 3 种一般解法：4、5、6。本问题选择的一般解法是 5 和 6。在模型中插入一种附加场以增加这种效应（清洗）是一种标准解法。

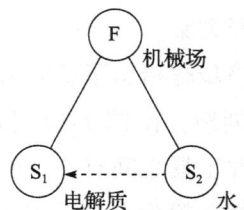

图 7-59 纯铜板清洗的物 – 场模型

第四步，发展概念。

（1）一般解法 5，增加另外一个场 F_2 来强化有用效应。如图 7-60 所示，通过系统地研究各种能量场来选择可用的场形式。

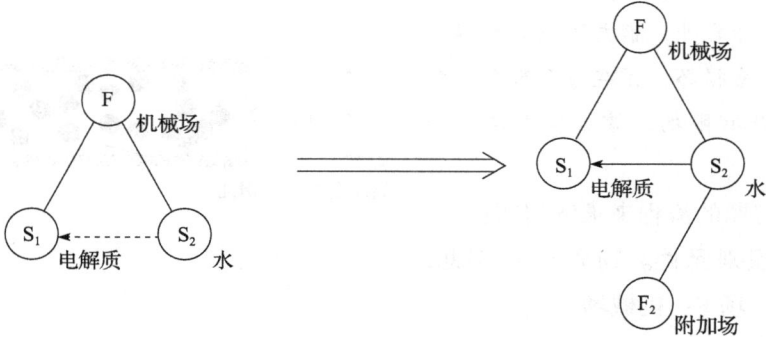

图 7-60 引入附加场的纯铜清洗物 – 场模型

F_2：机械冲击力，利用超声波清洗。

F_2：热冲击力，利用热水的热能清洗。

F_2：化学冲击力，利用表面活性剂溶解的化学特性，去除残留的电解液。

F_2：磁冲击力。利用磁场磁化水，进而改善清洗过程。

以上各种能量形式过程对改善清洗效果都是有效的。但是效果似乎没有达到 IFR（最终理想效果），TRIZ 要求对问题彻底解决，追求获得最终理想解。

考虑另一种解法，从而在循环进行第三步中的过程，对在第三步中描述的每一种解法，其相关的概念都应该在第四步中得到继续发展，探求所有的可能性。对每一种情况都要想一想究竟是为什么。

（2）应用一般解法 6。引入物质 S_3 和另一种场 F_2（见图 7-61）来提高有用效应。

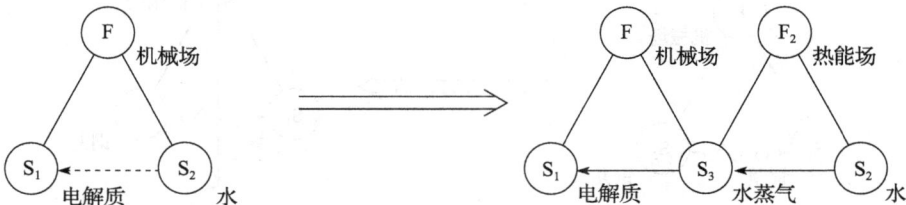

图 7-61 增加场 F_2 和物质 S_3 的物 – 场模型

F_2 是热能，S_3 是水蒸气（见图 7-61）。应用过热水蒸气，水在一定的压力下，温度可达 1 000℃以上。水蒸气将被迫进入纯铜表面非常细小的毛孔中，使电解质离开纯铜表面。

（3）发展概念得到最后解决方案。

例 7-29

钢丸发送机弯曲部分磨损问题

工程上使用管道运送钢丸（金属颗粒），将钢丸从管道的一端用高速空气送入管道，钢丸在管道中被空气从另一端送出（见图 7-62）。但是，在管道的转弯处，钢丸可以频繁撞击管道壁，管道容易损坏，而在弯管部分添加保护层的效果是有限的，该如何解决这个问题？

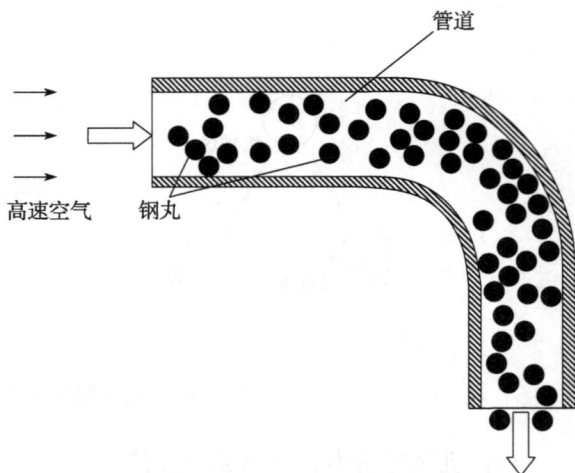

按照以上解题的流程来求解问题：

第一步：识别元件。物质 S_2：钢丸；物质 S_1：管道；场 F：机械场。

所需实现的功能：输送钢丸。

第二步：构建模型。钢丸在机械场的作用下经管道被输送，是有用功能，但对转弯部分的管道壁造成了磨损，是一个有害功能。可见需要解决的问题属于一个有害效应的完整功能模型。

图 7-62　钢丸发送机原理图

第三步：选择方法。对有害效应的完整功能模型，相应的解法为一般解法 2（加入第三种物质 S_3）和一般解法（引入另一个场 F_2）。

第四步：发展概念。引入 S_3，使 S_2 与 S_1 不直接接触，即钢丸不与管壁发生逆撞，则可消除有害作用。

物 - 场模型的构建过程如图 7-63 所示。

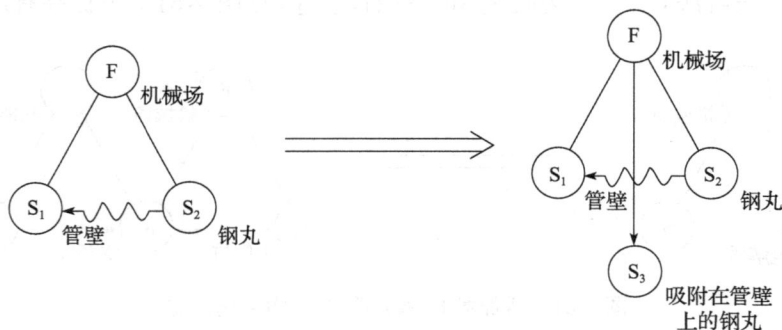

图 7-63　钢丸发送机弯曲部分磨损问题的物 - 场模型的构建过程

具体实施办法：在弯管外放置磁铁，将飞行中的钢丸吸附在弯管的内壁，形成保护层，即 $S_3 = S_2$，如图 7-64 所示。这里所加入的第三种物质 S_3 是通过 S_2 改变而来的。

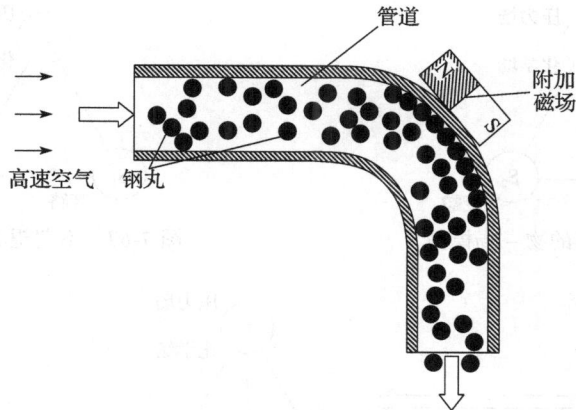

图 7-64　钢丸发送机弯曲部分磨损问题的解决方案

例 7-30

输送废酸液管路问题

实验室和工业用废酸排放过程中，由于酸的特性，废酸经常腐蚀和损坏排放管路，出现废酸泄漏事故（见图 7-65），那么，怎样才能改善运输环境，降低废酸对管路的损害，提高管路的使用寿命呢？

图 7-65　管路运输废酸

下面应用物 – 场模型分析法来解决这个问题。

第一步：识别元件。 物质 S_1：输送管路；物质 S_2：废酸液；场 F：废酸液流动压力场——FH；化学场——Fch。

需要实现的功能：废酸液的运输。

第二步：构建模型。

期望功能：废酸液顺利的运输（见图 7-66）。

有害功能：废酸液对管道的腐蚀和损坏（见图 7-67）。

第三步：选择方法。

本例属于物 – 场模型第 2 类模型：有害效应的完整模型，模型存在有害作用，即废酸液腐蚀、损坏输送管道。

参照上节内容，该案例可选一般解法：2、3。引入第三种物质 S_3 来消除有害的功能，或者增加另一个场（F_2），用来平衡产生有害效应的场（见图 7-68）。

图 7-66   期望的物 – 场模型

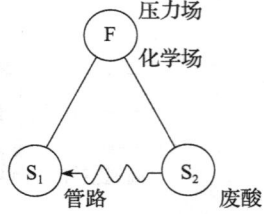

图 7-67   不期望的物 – 场模型

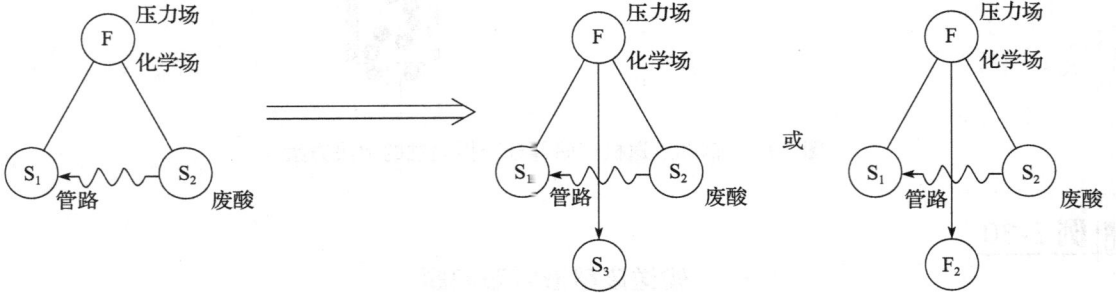

图 7-68   引入另外的物质或场

第四步：发展概念。

（1）引入物质 S_3。有害作用是废酸液与金属管道内表面发生化学反应引起的。因此，化学场 Fch 是产生有害作用的根源。引入的新物质 S_3 应能消除废酸液与金属管道的化学场（Fch）。消除此化学场的方法是事先让 S_3 与废酸液发生化学反应以消耗废酸液的反应能力。

根据问题状况，选择最适合的解作为具体解。代表性的解 S_3 可为金属、水、碱等，即与废酸液可进行化学反应进而消除其对管道内表面产生的有害作用。

金属：可先于管道内表面与酸进行反应进而保护管道。例如，管道的内表面涂保护层，效果可行，但成本较高，不采纳。

水：大量的水或污水可稀释废酸液。但会给后续处理增加困难，不采纳。

碱性物质：碱性添加物、废碱液等。其中废碱液是具有负价值的，因此应用废碱液的成本较低。

（2）最后解决方案。使用废碱液作为引入的第 3 种物质，利用废碱液降低成本；并利用废碱综合掉管路中的废酸。保护管路不受腐蚀，如图 7-69 所示。

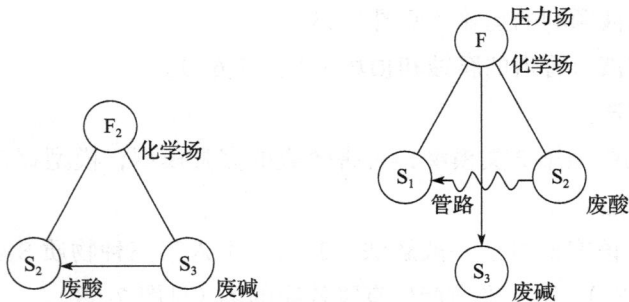

图 7-69   酸碱综合物 – 场模型

例 7-31

洗衣机不易洗净问题

洗衣机的发明给人们的生活带来了方便，但是无论是滚筒洗衣机、波轮洗衣机还是搅拌洗衣机。洗衣机洗衣服时，衣服容易打结，也不容易洗干净，如何提高洗衣机的"洗净度"呢？

现在用物－场分析的方法进行以下探讨。

第一步：识别元件。 物质 S_1：衣服；物质 S_2：洗衣粉或水；场 F：化学 Fch 或机械场 FMe。

第二步：构建模型。 本问题属于第 3 种模型，是效应不足的完整模型，对应的模型如图 7-70 所示。

第三步：选择方法。 针对效应不足的完整模型，有 3 种一般解法：4、5、6。本问题选择一般解法 5 和 6。在模型中插入一种附加场以增加这种效应（清洗）。

第四步：发展概念。

（1）应用一般解法 5。增加另外一个场 F_2 来强化有用效应，如图 7-71 所示。创新者可以通过系统地研究各种能量场来选择可用的场形式。

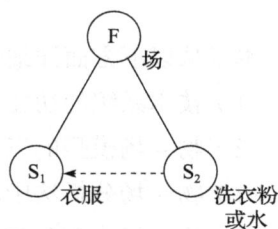

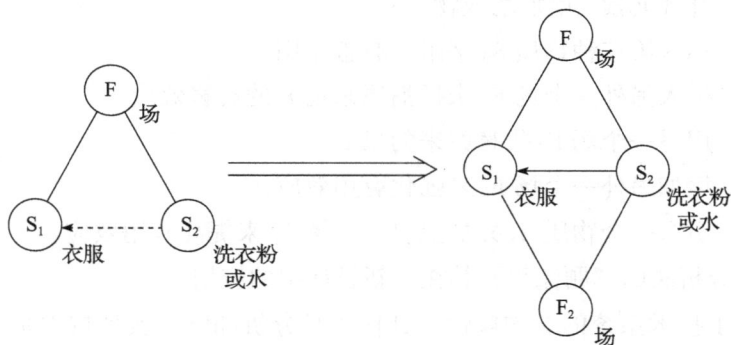

图 7-70　洗衣机洗衣服的物－模型

图 7-71　增加场 F_2 提高洗衣机洗涤功能的物－场模型

F_2：机械冲击力，利用超声波在衣物和电极间产生真空气泡，利用气泡破裂力洗涤衣物。

F_2：热冲击力，增加洗涤衣物的水温，增加洗涤效果。

F_2：化学冲击力，添加洗涤剂，增加洗涤效果。

F_2：电场击力，利用电场电离水，进而改善清洗过程。

（2）发展概念得到最后解决方案。利用水电解和超声波振荡相结合的方式洗涤衣物，超声波由插入电极的两个陶瓷元件振动产生，在振动头前端与衣物间不断形成真空，并产生真空气泡。真空气泡破裂时会产生冲击波，将衣物下的污垢去除。同时，通过电极将水或水中的盐电解，产生负氧离子、氢气根离子，通过离子水的高渗透性及离子对污渍、灰尘的分解和吸附作用，实现衣物的清洁。从而实现 TRIZ 理论不要洗衣粉，减少漂洗次数，减少对环境的危害，却增加洗衣机"洗净度"的目的。

本节中的 6 种一般解法只是物 – 场分析法的初步应用，在解决问题时，若能将 6 种一般解法结合在一起应用，可以更有效地解决问题。物 – 场分析法针对物 – 场模型的类型，还提出了更全面的解法，即 76 种标准解法，下一章将详细介绍这 76 种标准解法的内容及应用。

7.6　物 – 场分析法小结

本章从以下方面详细介绍了物 – 场分析法及其初步应用。

（1）技术系统的功能分析、物 – 场模型。

（2）物 – 场模型的三元素：物质 S_1、物质 S_2、场 F。

（3）物 – 场分析法中的符号系统。

（4）物 – 场模型的类型：有效完整的物 – 场模型、不完整的物 – 场模型、有害效应的完整物 – 场模型、效应不足的完整物 – 场模型。

（5）6 种一般解法。

一般解法 1：补齐元素（增加场或物质）。

一般解法 2：加入第三种物质 S_3 来阻止有害作用。

一般解法 3：引入另外一个场 F_2 来抵消原来场 F 的有害效应。

一般解法 4：用另一个场 F_2 代替原来的场 F。

一般解法 5：增加另外一个场 F_2 来强化有用效应。

一般解法 6：引入一个物质 S_3 并加上另一个场 F_2 来提高有用效应。

（6）物 – 场分析法的解题流程及其在创新设计中的应用。

物 – 场反映了技术系统的结构属性。其作用是分析和解决实现技术系统功能的某结构要素出现的问题。在技术创新中应用物 – 场分析法：

1）能正确地描述产品或者技术系统的构成要素以及构成要素之间的相互联系，从而使技术人员能正确地理解系统问题的所在。

2）通过改变物质以及它们之间的相互作用，物 – 场模型从一种形式变换到另一种形式，并最终把物 – 场模型映射到真实的产品改进上，从而实现技术创新。

3）伴随着技术系统问题的解决，物 – 场模型可以在结构上实现形式变换，因此各种技术系统及其变换形式都可用物质和场的相互作用形式表述，这些变化的作用形式汇集成了发明问题的标准解法。

4）解法系统可以及时正确地运用先进技术并快速满足市场需求，为技术创新的具体实践提供具体的、有效的方法。解决物 – 场模型问题的一般过程如表 7-6 所示。

表 7-6　解决物 – 场问题的一般过程

技术系统 问题属性	问题根源	表现形式	问题模型	解决工具	解决方案
结构属性	实现系统功能的结构要素存在的问题		物质 – 场	解法系统	最佳解法

思考题

1. 什么是物 – 场分析法？

2. 构成物 – 场的三个基本元素是什么？

3. 在什么情况下使用物 – 场分析法？

4. 什么是物 – 场的标准解？

5. 请说明物 – 场与技术系统的关系。

6. 请读者认真体会生活中的场景，画出下列场景的物 - 场模型图：

（1）奔驰的列车

（2）吸尘器清洁地毯

（3）人工刷墙

（4）地面对鞋子的摩擦力

①有用并且充分的相互作用

②有用但不充分的相互作用

③有用但过度的相互作用

④有害的相互作用

7. 作为本章中"乒乓球掉入树洞问题"（【例 7-5】）的延伸，请读者自行分析：如果掉入树洞的不是乒乓球，而是一个铁制的螺丝钉，如何处理？如何画出物 – 场模型图？

8. 在城市中，小广告张贴得到处都是。怎样清除小广告是一个令人头疼的问题。为了清除小广告，可以利用刷子清除，然而效果并不理想。引入另一个场（水蒸气），效果非常理想。请构建清除小广告的物 – 场模型图。

9. 输电线路鸟害防治问题。

架空输电线路是输电网的重要组成部分，其良好的运行状况是输电网安全可靠的必要保障，近年来人们环保意识逐渐增强，野生鸟类（以乌鸦为主）得以大量繁殖，鸟类的频繁活动给输电线路的安全稳定带来了很大的威胁，鸟粪引起的绝缘子闪络和鸟在杆塔上筑巢引起短路是国内外高压输电线路闪络跳闸事故发生的主要原因之一，严重影响高压输电系统的安全性和稳定运行。据统计，输电线路跳闸事故近一半是由于鸟害引起的，因此采取有效措施防治鸟害对维护输电网的安全稳定至关重要。

现在针对鸟害采取的防治措施主要有定期检修、拆除鸟巢、安装防鸟刺、驱鸟器等装置驱赶鸟类使其远离输电线路，虽然起到了一定程度的作用，但现有的驱鸟装置作用范围有限且寿命短，因此并不能完全杜绝鸟害。请用 TRIZ 物 - 场分析方法提出至少 4 个防治鸟害的解决方案。

（1）概念解释。

①闪络：固体绝缘子周围的气体或液体电介质被击穿时，沿固体绝缘子表面放电的现象（见图 7-72）。其放电时的电压称为闪络巳压。发生闪络后，电极间的电压迅速下降到零或接近于零。闪络通道中的火花或电弧侵绝缘表面局部过热造成炭化，损坏表面绝缘。

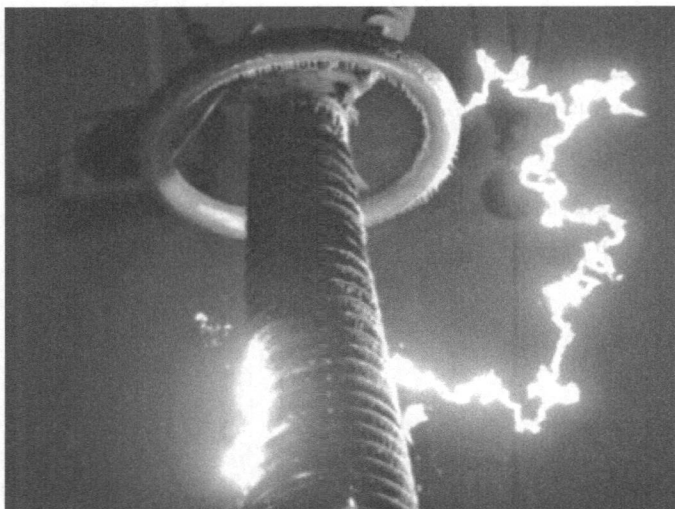

图 7-72   固体绝缘子发生闪络图

②防鸟刺：针对于电力铁塔防止鸟害筑巢而开发出来的一款产品，安装在输变电线路设备的杆塔横担的上部位置，由 24 根钢丝组成，呈散开状，有效防止鸟类在导线瓷瓶串的正上方打斗、停留、筑巢，确保线路的畅通，减少停电事故的发生，驱鸟防鸟害效果明显，不伤害鸟类的生存，实现了人与鸟类和谐共处的原理（见图 7-73）。

（2）鸟害问题描述。鸟害主要有两类：鸟粪闪络和鸟窝短路。

①鸟粪闪络是鸟栖息在杆塔或横担等相对较高的地方时向下排便，由于绝缘子就位

图 7-73   防鸟刺

于横担下面，鸟粪下落通过绝缘子边缘瞬间，会短接部分空气通道，发生闪络故障，有些鸟粪虽不会当时造成线路闪络，但时间久了，绝缘子串上附着鸟粪越来越多，在空气潮湿、大雾时，极易发生线路绝缘子闪络。

②鸟窝短路是指春季鸟类在杆塔或横担上筑巢，鸟筑巢时收集使用树枝、铁丝、柴草等，当铁丝等导体物质落在横担与导线之间或者零线和火线之间，就会造成线路故障，有鸟巢的输电线路如图 7-74 所示。

（3）物－场分析。

提示：

物质 S1：横担、导线、绝缘子；物质 S2：鸟、鸟窝、鸟粪；场 F：筑巢、短接、（鸟粪）污闪。

所需要的功能：解决鸟类引起的绝缘子闪络和鸟在杆塔上筑巢引起短路问题。

10. 管理创新中的物－场模型。

有人类比物－场分析的方法，在组织目标的实现过程中，他们将管理主体与管理对象看作模型中的两

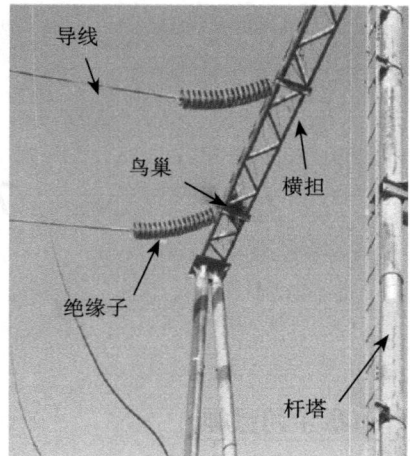

图 7-74　有鸟巢的输电线路

种"物质"，将管理手段视为模型中的"场"。他们认为，管理主体对管理对象的作用也可分为三种类型：一是正常有效的管理；二是效用不足的管理（无管理或者作用不足的管理）；三是有害作用的管理（增加了成本或降低了效率的管理）。请读者根据物－场模型的分析思路尝试解决管理中的问题（三种类型至少各一个）。

提示：管理对象为人、财、物、信息等；管理手段为法律、制度、文化、道德等。

第8章

76 种标准解法

本章学习目标

1. 了解"标准解法的由来、构成及与一般解法的关系";

2. 掌握"标准解法（5 级）的含义及实现方法"，能运用物 – 场模型及标准解法解决实际发明创新问题。

由第 7 章的阐述我们可以看出，物 – 场模型是通过研究技术系统结构的完整性以及构成系统作用的有效性，指导创造者在宏观层面上了解系统并给出解决问题的方向，可见它是 TRIZ 中重要的分析工具。标准解系统是主要用于条件和约束确定后发明问题的解决，是主要针对物 – 场模型来分析的，可以这样理解，物 – 场模型分析发现了问题并指明解决问题的方向，而标准解法正是在这种分析下具体的解决方案。

本章先阐述标准解法的由来和它与一般解法的关系，其次讲述标准解法的分类与构成，接下来主要着重于标准解法的 5 级 76 种解法，最后说明标准解法与 40 条发明原理的关系以及它的使用步骤和应用流程。

8.1 标准解法概述

8.1.1 标准解法的由来

一般情况下，要解决一个问题，首先需要建立问题模型，根据所建立的模型来分析问题，揭开要素矛盾，提出解决方法，如利用建立数学模型手段来分析人口问题。同样在发明问题解决中，TRIZ 理论提出简洁有力的分析工具——物 – 场分析模型，它将技术系统构成归结为三种要素的：物质 S_1、物质 S_2、场 F。现考虑以下两种情况：其一，若三要素中某种要素出现缺失，则造成的后果为系统不完整；其二，若系统中某一物质所特定的机能没有实现时，系统内部就会产生各种矛盾（技术难题）。由第 7 章可知，不完整性、效应不足、有害效应皆可通过引进物质或改进场的作用，在此过程中伴随有能量的生成、变换和吸收使得原物 – 场模型得到相应改善。由此可见，各种技术系统及其变换都可用物质和场的相互作用形式表述，将这些变化的作用形式归纳总结后，就形成了发明问题的标准解法，它既可解决系统内的矛盾，同时也可以根据用户的需求进行全新的产品设计。

阿奇舒勒经过分析大量的专利后，提出了 5 级共 76 种标准解法，可以发现，按照物 – 场分析法进行分析后，几乎所有的技术系统都可以归纳到不同的物 – 场模型类别中去，对于每一种类别来说，它们都有各自特别的、规范性的解题方法，这种具有特定性、通用性、普遍性、有规律可循的方法就称为标准解法（不同领域的通用诀窍），这可以理解为标准解法的一般定义。

最后还要指出，物 – 场分析具有的分解功能，即它可以将宏观层面的技术系统分解成三要素的微观层面，技术矛盾转为物理矛盾，再到求解物场问题，矛盾问题也由宏观转为微观，而标准解法是解决这些微观问题的有力"武器"，它是决定创新能否实现的关键决定性因素，因此可以说标准解法是 TRIZ 高级理论精华之一。

8.1.2 标准解法与一般解法的关系

由前章内容可知，物 – 场模型共分四类，有效完整模型是创造者所追求的。对于其他不完整模型、效应不足模型、有害效应模型都没有达到系统所需功能，TRIZ 提出了 6 种一般解法和 76 种标准解法，需要完善的三种模型和 6 种一般解法的对应关系如表 8-1 所示。

表 8-1 三种模型对应的 6 种一般解法

三种需要完善的模型	处理办法	解法
不完整模型	补齐缺失元素（S 或 F）	一般解法 1
有害效应完整模型	增加另一种物质 S_3 以阻止有害效应	一般解法 2
	增加另一种场 F_2 以抵消原 F 的有害效应	一般解法 3
效应不足完整模型	用另一个场 F_2 替代原来的场 F	一般解法 4
	增加另一个场 F_2 以强化有用效应	一般解法 5
	增加另一种物质 S_3 和另一种场 F_2 以强化有用效应	一般解法 6

一般解法是用于物 – 场模型转换的一般法则，但实际生活中，人们所遇到的问题往往是纷繁复杂的，因此使用一般解法就显得捉襟见肘，此时需要更加强大的解法系统来支持问题解决，即发明问题标准解法。

以往的文献资料较少提及标准解法与一般解法的关系，但了解它们之间的联系与区别有助于快速、准确地获取解决问题的方法。

首先，一般解法主要由三种不完善的物 – 场模型衍化而来，即一般解法针对不完整模型，相比而言，标准解法的针对性就弱得多；其次，一般解法如果能够得到有机组合且灵活使用，也可以解决一些不太复杂的问题，而标准解法适用范围更为广泛且能够解决一些复杂问题；此外，一般解法灵活性较大，解法指明方向后需要寻找相应的实际办法，而标准解法最终给出的方法更为具体，标准解法的解决方案比一般解法所得到的解更具系统性。

一般解法和标准解法都是 TRIZ 理论的重要组成部分，都是基于物 – 场模型分析的方法，两者之间存在着某种对应关系，图 8-1 展示了两者的联系。

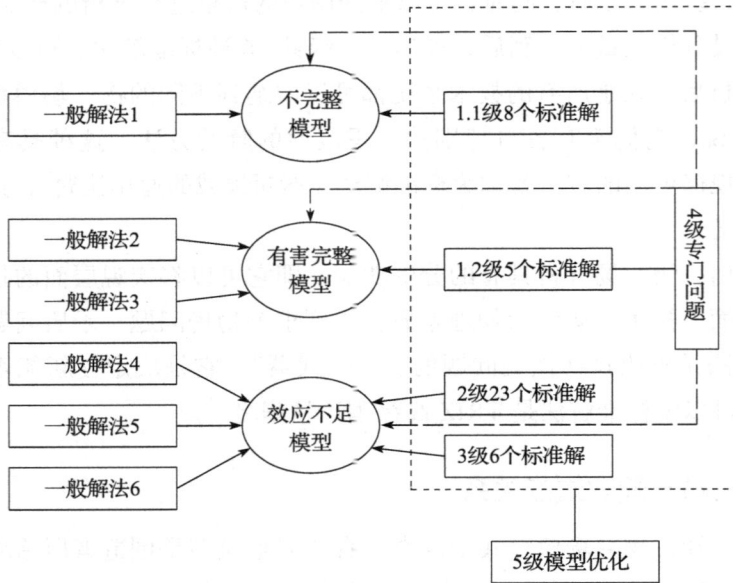

图 8-1   一般解法和标准解法的关系

8.1.3   标准解法的构成

阿奇舒勒将 76 个标准解分为 5 级，每一级下又分为若干个子级，共计 18 个子级，76 个标准解就分布在这 18 个子级中。标准解法的结构如表 8-2 所示。

表 8-2   标准解法的分布

层　　级	级名称	子级数	标准解法数
第 1 级	建立和拆解物 – 场模型	2	13
第 2 级	强化完善物 – 场模型	4	23
第 3 级	向超系统或微观级系统转化	2	6
第 4 级	检测和测量的标准解法	5	17
第 5 级	简化与改善策略	5	17
合计		18	76

为了便于检索和使用，人们规定了级、子级、解的编号方式："SN.M.X"，其中"S"表示"标准解"；"N"表示所属的"级"；"M"表示所属的"子级"；"X"表示"标准解"。76 个标准解的具体内容如下：

第 1 级　建立和拆解物 – 场模型

　　S1.1　建立物 – 场模型

　　　　S1.1.1　完善物 – 场模型

　　　　S1.1.2　内部合成物 – 场模型

　　　　S1.1.3　外部合成物 – 场模型

　　　　S1.1.4　与环境一起的外部物 – 场模型

　　　　S1.1.5　与环境和添加物一起的物 – 场模型

　　　　S1.1.6　最小模式

　　　　S1.1.7　最大模式

　　　　S1.1.8　选择性最大模式

　　S1.2　拆解物 – 场模型

　　　　S1.2.1　引入 S_3 消除有害效应

　　　　S1.2.2　引入改进的 S_1 或（和）S_2 来消除有害效应

　　　　S1.2.3　排除有害作用

　　　　S1.2.4　用场 F_2 来抵消有害作用

　　　　S1.2.5　切断磁影响

第 2 级　强化完善物 – 场模型

　　S2.1　向合成物 – 场模型转化

　　　　S2.1.1　链式物 – 场模型

　　　　S2.1.2　双物 – 场模型

　　S2.2　加强物 – 场模型

　　　　S2.2.1　使用更易控制的场

　　　　S2.2.2　物质 S_2 的分裂

　　　　S2.2.3　使用毛细管和多孔的物质

　　　　S2.2.4　动态性

　　　　S2.2.5　构造场

　　　　S2.2.6　构造物质

　　S2.3　通过匹配节奏加强物 – 场模型

　　　　S2.3.1　匹配 F、S_1、S_2 的节奏

　　　　S2.3.2　匹配场 F_1 和 F_2 的节奏

　　　　S2.3.3　匹配矛盾或预先独立的动作

　　S2.4　铁 – 场模型（合成加强物 – 场模型）

　　　　S2.4.1　预 – 铁 – 场模型

　　　　S2.4.2　铁 – 场模型

　　　　S2.4.3　磁性液体

8.2　第 1 级标准解法：建立和拆解物－场模型

　　本章第 2～6 节将分别阐述每一级中的标准解法，通过配备案例讲解可以比较准确地说明每一种标准解法的内在含义，同时案例设置力求简洁明了、深入浅出，其主要目的是使读者掌握每一种解法的内在精髓。本节内容讲解第 1 级标准解法：建立和拆解物－场模型。第 1 级标准解法的基本出发点是"不改变或最少改变系统"针对创建需要的效应和消除有害效应，本级有 2 个子级共 13 种标准解法。其具体内容如表 8-3 所示。

表 8-3 第 1 级：建立和拆解物 – 场模型

子 级	标准解法	问题解读
S1.1 建立物 – 场模型	S1.1.1 完善物 – 场模型	三要素有缺失的将其补齐
	S1.1.2 内部合成物 – 场模型	系统已有元素无法按需改变，在 S_1 或 S_2 内部添加 S_3
	S1.1.3 外部合成物 – 场模型	系统已有元素无法按需改变，在 S_1 或 S_2 外部添加 S_3
	S1.1.4 与环境一起的外部物 – 场模型	同 1.1.2 情况，无法内部引入可利用环境已有的（超系统）资源实现需要变化
	S1.1.5 与环境和添加物一起的物 – 场模型	同 1.1.2 情况，不允许在物质内外部引入添加物时可在环境中引入添加物
	S1.16 最小模式	如果要求的是作用最小模式，但难以或不能提供，应先使用最大模式，再消除过剩物质或场
	S1.1.7 最大模式	当不允许达到最大化作用时，可以用另一种物质 S_2 传递给 S_1
	S1.1.8 选择性最大模式	系统同时有强弱场，出现强场时要引入物质来保护弱场
S1.2 拆解物 – 场模型	S1.2.1 引入 S_3 消除有害效应	系统存在有害作用，又无法限制 S_1 和 S_2 接触，在两者间引入 S_3 以消除有害作用
	S1.2.2 引入改进的 S_1 或（和）S_2 来消除有害效应	同 1.2.1，不允许添加新物质，此时可以改变 S_1 或 S_2 以消除有害作用
	S1.2.3 排除有害作用	引入 S_2 来消除场对 S_1 的有害作用
	S1.2.4 用场 F_2 来抵消有害作用	S_1 和 S_2 必须直接接触，可引入 F_2 抵消有害作用
	S1.2.5 切断磁影响	系统部分磁性质产生有害作用，可通过加热使其处于居里点上消除磁性，或者引入相反磁场

以下将针对每一个具体解法通过举例来进行解读。

S1.1 建立物 – 场模型

S1.1.1 完善物 – 场模型

如果物 – 场模型不完整，可以通过添加缺失的所需元素（场或者物质）使物 – 场模型完整。比如在建立物 – 场模型的时候，如果发现只有一种物质 S_1，则需要增加第二种物质 S_2 和表示相互作用的场 F。其问题模型和解决方案模型如图 8-2 所示。

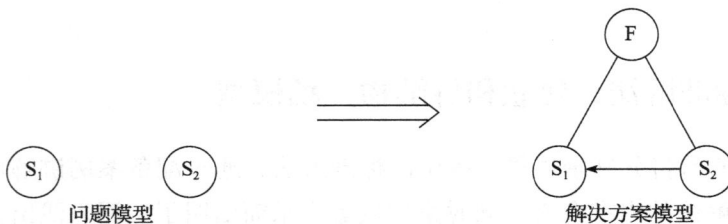

图 8-2 完善物 – 场模型

例 8-1

钉　钉　子

钉钉子时，如果只有钉子和锤子但缺少力，就什么都不会发生。钉子、锤子和锤子力作用在钉子上的机械能才能构成一个完整的系统（见图 8-3）。

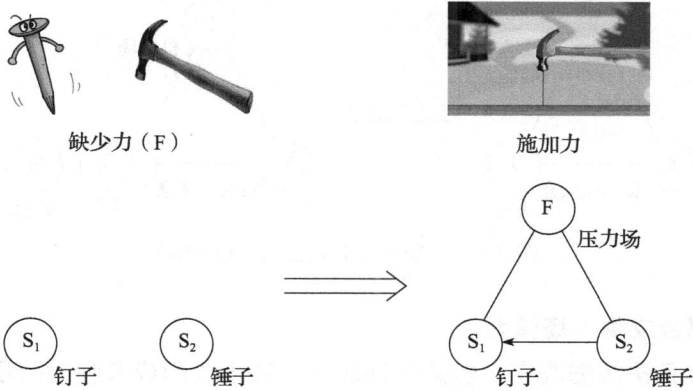

图 8-3　钉钉子的物 – 场模型

S1.1.2　内部合成物 – 场模型

系统中已有的元素无法按需改变，但是允许加入一种永久的或者临时的添加物帮助系统实现功能，可以在 S_1 或 S_2 内部添加 S_3。其问题模型和解决方案模型如图 8-4 所示。

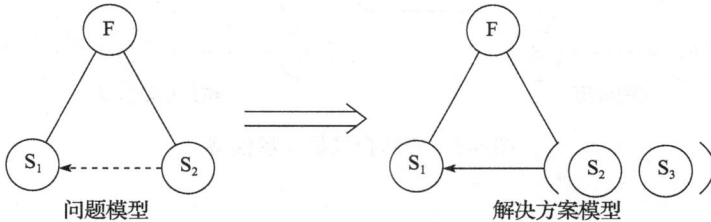

图 8-4　内部合成物 – 场模型

例 8-2

火柴头中添加磁粉

如何保证火柴包装时，火柴头朝向同一侧，使其很容易地装入火柴盒？在火柴头中加入磁粉，通过磁场进行火柴的装盒操作（见图 8-5）。

例 8-3

石灰石加入混凝土中

混凝土是由水泥、沙子和石子组成的，使用这种方式的混凝土早期强度较低，在其中加入石灰石可以增强混凝土早期的强度。

图 8-5   火柴头（S_2）加入磁粉（S_3）

S1.1.3   外部合成物 – 场模型

系统已有元素无法按需改变，但是允许加入一种永久的或者临时的添加物帮助系统实现功能。可以在 S_1 或 S_2 外部引入一种永久的或者临时的外部添加物 S_3。其问题模型和解决方案模型如图 8-6 所示。

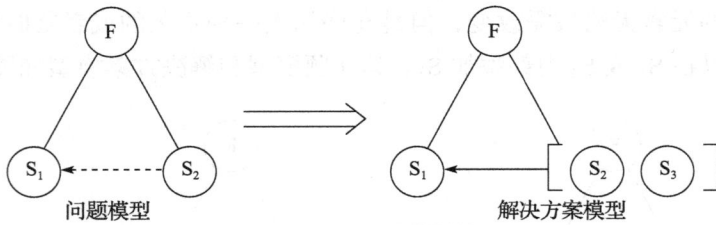

图 8-6   外部合成物 – 场模型

▋例 8-4

滑雪板底部涂抹蜡

人们在滑雪的过程中，滑雪板和雪层表面之间的效果有时候表现为不足。我们可以通过在滑雪板底部涂抹蜡来增加滑雪速度（见图 8-7）。

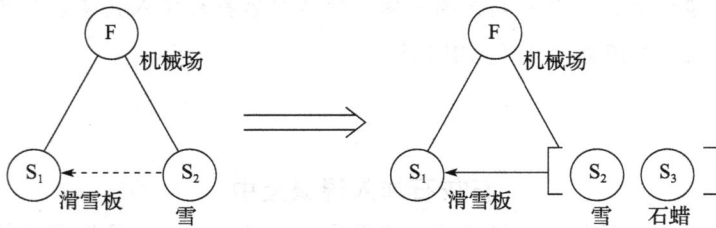

图 8-7   滑雪板物 – 场模型

S1.1.4　与环境一起的外部物－场模型

同 S1.1.2 情况，如果无法在物质的内部引入添加物，可利用环境已有的（超系统）资源实现需要变化。其问题模型和解决方案模型如图 8-8 所示。

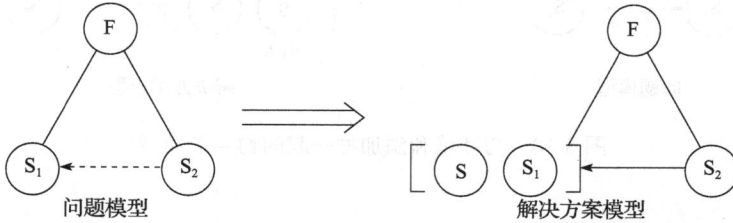

图 8-8　与环境—起的外部物－场模型

▌例 8-5

浮标内部灌装海水

航道标志浮标受海浪影响摇摆不定，其预警作用下降。可以采取在浮标内部灌装海水，使其具有一定的稳定性（见图 8-9）。

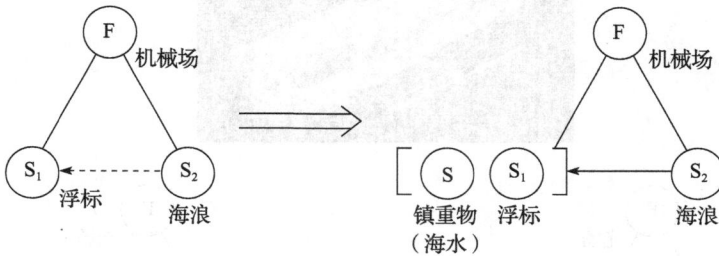

图 8-9　航道标志浮标的物－场模型

▌例 8-6

转速离心测量仪

转速离心测量仪由连杆和负荷组成，为减少测量仪的尺寸和重量，可将负荷做成机翼形，在转动过程中产生附加的升力来抵消一部分重量。

S1.1.5　与环境和添加物一起的物－场模型

同 S1.1.2 情况下，如果不允许在物质的内部或外部引入添加物，环境中也没有需要的物质建立物－场模型，则可以用以下方法获得可供使用的物质：

（1）用另一个包含可用物质的环境来替换当前的环境。

（2）环境分解。

（3）将添加物引入环境中。

其问题模型和解决方案模型如图 8-10 所示。

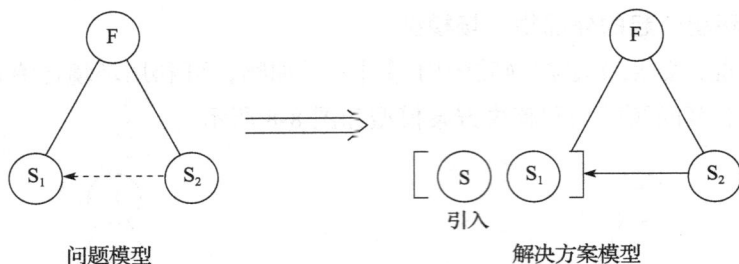

图 8-10   与环境和添加物一起的物 – 场模型

例 8-7

哈勃望远镜

望远镜在正常环境中拍摄的太空物体的图像很不清晰，倘若在太空中设置望远镜，由于完全改变了环境，致使望远镜的功能和清晰度大大提高，如图 8-11 所示。

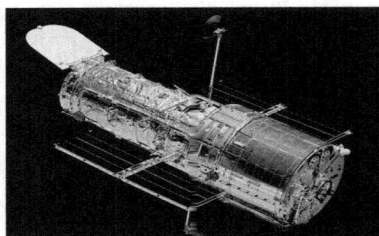

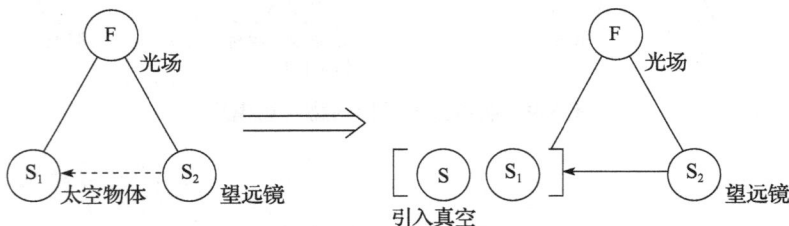

图 8-11   哈勃望远镜的物 – 场模型

例 8-8

机房中加入空调

在一个有多台计算机的房间内，计算机会释放热量使房间的温度升高，房间温度升高后，会影响计算机的性能。解决方案是可以利用空调来改变房间（环境）的温度。

S1.1.6   最小模式

如果要求的是作用最小模式（也就是标准的、最佳的模式），但难以或不可能提供，此时应先使用最大模式，随后再消除过剩的物质或场（过剩的作用用双箭头表示）。其问题模型和解决方案模型如图 8-12 所示。

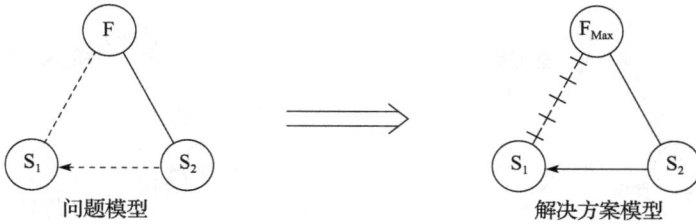

图 8-12　最小模式物 – 场模型

▌例 8-9

磁发电机导体陶瓷板上涂强磁性导电材料

首先向整个陶瓷板喷满一层强磁涂料，随后将喷洒在凸面上的过量部分通过机械作用将其去除掉，最后只在板槽中留下薄薄的一层强磁性导电材料（见图 8-13）。

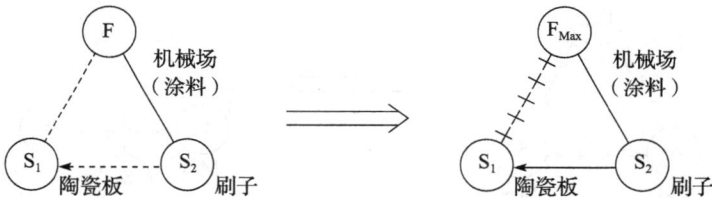

图 8-13　磁发电机的物 – 场模型

S1.1.7　最大模式

如果需要对一个物质 S_1 施加最大模式作用，但又不可行，则可以将这种最大模式作用施加到另一个物质 S_2 上，通过 S_2 传递给 S_1。其问题模型和解决方案模型如图 8-14 所示。

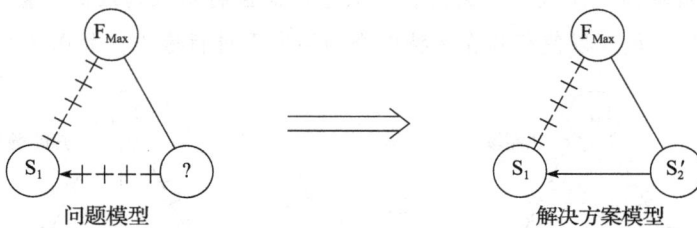

图 8-14　最大模式物 – 场模型

▌例 8-10

蒸 煮 食 物

普通蒸锅是一个比较好的例子，要蒸煮的食物是不能直接接触到火焰的，但可以利用火焰加热水，然后通过水把热量传递给食物，此时加热的温度不可能超过水的沸点，也就不会烧焦食物（见图 8-15）。

图 8-15　蒸煮食物的物－场模型

S1.1.8　选择性最大模式

有时候既需要很强的场的作用，同时又需要弱场的作用，此时选择给系统施加很强的作用场，同时要在较弱场作用的地方引入物质 S_3 起到保护作用。其问题模型和解决方案模型如图 8-16 所示。

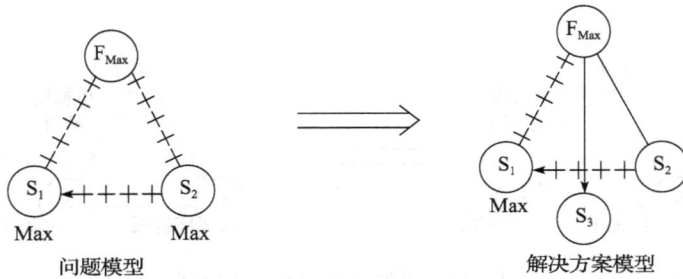

图 8-16　选择性最大模式物－场模型

例 8-11

玻璃瓶密封

盛装注射液的玻璃瓶是用火焰密封的，怃火焰的高温将降低药液的质量，如果将药瓶盛装药物的部分放在水里，就可以使药物在保持安全的温度下进行操作，如图 8-17 所示。

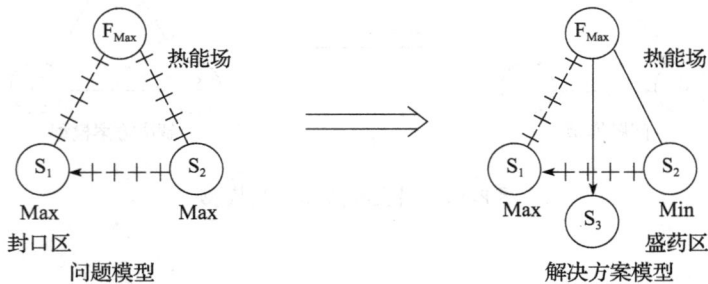

图 8-17　玻璃瓶密封的物－场模型

S1.2　拆解物－场模型

S1.2.1　引入 S_3 消除有害效应

系统存在有害作用，又无法限制 S_1 和 S_2 接触，在两者间引入 S_3 以消除有害作用。其问题模型和解决方案模型如图 8-18 所示。

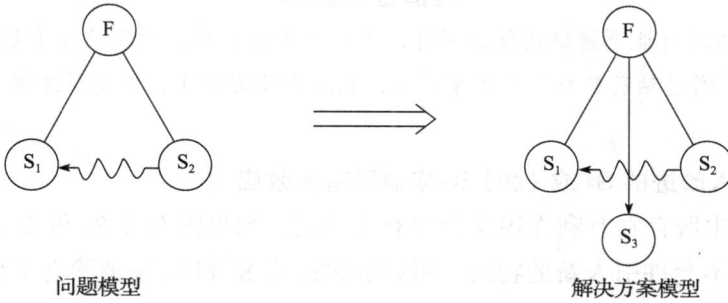

图 8-18   引入 S_3 消除有害效应的物 – 场模型

例 8-12

矿用电机车防滑

轨道运输可以减少矿用电机车的运行阻力，但也使得矿用电机车的爬坡能力下降，为了提高矿用电机车爬坡能力，在可用电机上设置沙箱。电机车运行时，通过沙箱往钢轨上撒沙，增加摩擦力（见图 8-19）。

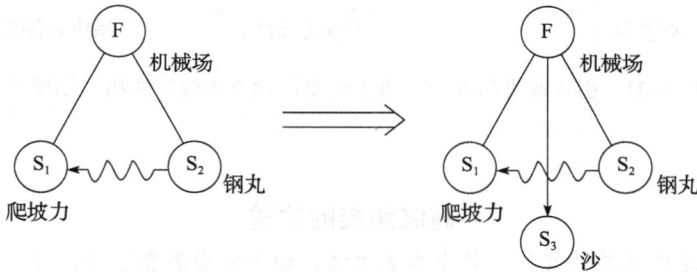

图 8-19   矿用电机车的物 – 场模型

例 8-13

无 菌 手 套

做外科手术时，医生的手要接触病人身体，容易造成病人和医生之间的细菌交叉感染。让医生戴一双无菌手套可以消除细菌带来的有害作用（见图 8-20）。

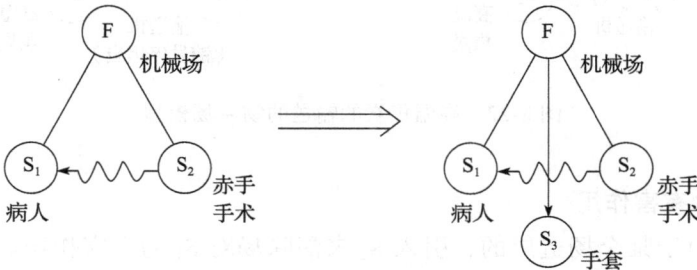

图 8-20   无菌手套的物 – 场模型

例 8-14

隧道墙壁加固

利用爆炸气体进行地下隧道墙壁加固时，产生有用功能的同时也产生有害功能：爆炸气体会导致墙面裂缝。通过钻孔装料并用泥浆封口，让压力均匀分布，避免裂缝的产生。

S1.2.2 引入改进的 S_1 或（和）S_2 来消除有害效应

在当前设计中既存在有利作用又存在有害作用，如果没有让 S_1 和 S_2 必须直接接触的限制条件。但是不允许引入新的物质，可以通过改变 S_1 和 S_2 来消除有害作用。这种解决方案包括加入一些"不存在的物质"，如利用空间、空穴、真空、空气、气泡、泡沫等，或者加入一种场，这个场可以实现需添加物质的作用。其问题模型和解决方案模型如图 8-21 所示。

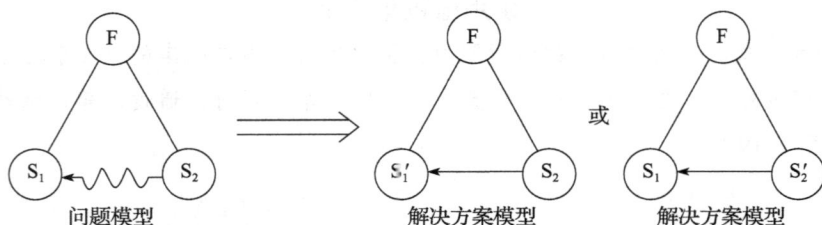

图 8-21　引入改进的 S_1 或（和）S_2 来消除有害效应的物 – 场模型

例 8-15

高温焦炭的输送

用带式输送机运输炙热的焦炭，效率高成本低，由于焦炭温度很高，胶带寿命受到影响。为了提高胶带的使用寿命，在传送带上铺设一层碎的焦炭，可以起到隔热的作用（见图 8-22）。

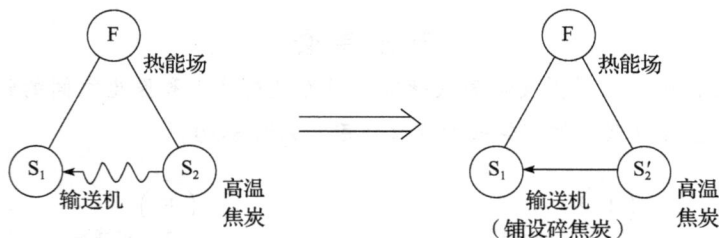

图 8-22　高温焦炭的输送的物 – 场模型

S1.2.3 排除有害作用

有害作用是由于某个场造成的，引入 S_2 来消除场对 S_1 的有害作用。其问题模型和解决方案模型如图 8-23 所示。

图 8-23　排除有害作用的物 – 场模型

例 8-16

X 射线体检

医疗上的 X 射线只需要照射在形成图片的某个特定的区域，但是产生 X 射线的射线管会产生一簇很强很宽的光束。为了防止 X 射线对病人身体造成伤害，在病人身体前方放置一个铅屏，从而保护病人的其他部位不受到 X 射线的照射，如图 8-24 所示。

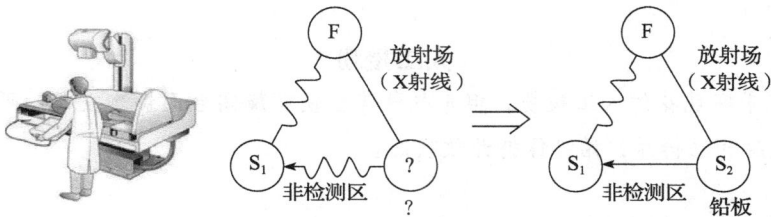

图 8-24　X 射线体检的物 – 场模型

S1.2.4　用场 F_2 来抵消有害作用

如果系统中存在有用作用的同时又存在有害作用，而且 S_1 和 S_2 必须直接接触。可以通过引入场 F_2 来抵消 F_1 的有害作用，或将有害作用转换为有用作用。其问题模型和解决方案模型如图 8-25 所示。

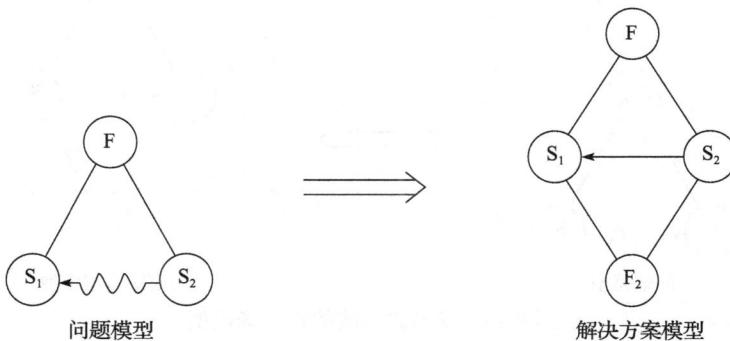

图 8-25　用场 F_2 来抵消有害作用的物 – 场模型

例 8-17

脉冲电场防止肌肉萎缩

在脚腱拉伤手术后，脚必须固定起来，可以利用绷带 S_2 作用于脚 S_1 起到固定的作用，场

F_1 是机械场。但是肌肉不活动的话容易造成萎缩，这个机械场 F_1 也产生了有害的作用。解决方法是在物理治疗阶段向肌肉加入一个脉冲的电场 F_2，来防止肌肉的萎缩（见图 8-26）。

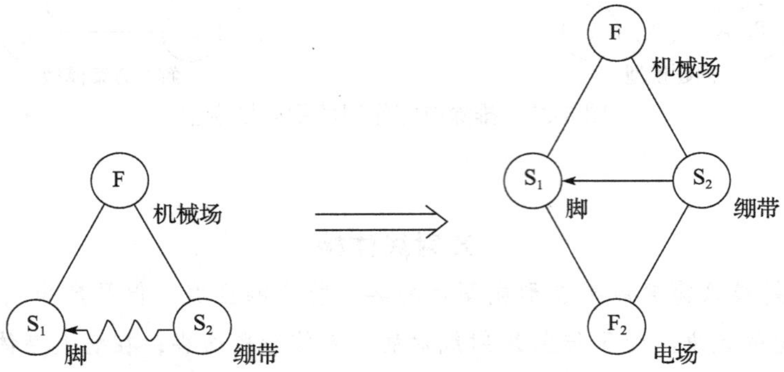

图 8-26   脉冲电场的物 – 场模型

例 8-18

人工授粉

使用强气流来实现花的人工授粉，但是强气流会使花瓣闭合而影响授粉。可以使用静电离子的气流，让花瓣相互排斥，始终保持开放状态。

S1.2.5   切断磁影响

某一种有害作用可能是因为系统内部的某个部分的磁性物质导致的，可以通过加热，使其处于居里点上消除磁性，或引入一个相反的磁场来消除有害作用。其问题模型和解决方案模型如图 8-27 所示。

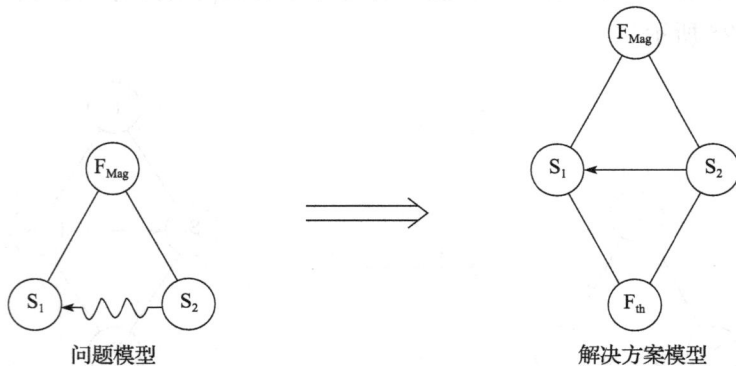

图 8-27   切断磁影响的物 – 场模型

例 8-19

永久磁铁抓举货物

用电磁吸盘的起重机运输铁质材料时，所需的能量直接与运输的距离和时间有关。为了减少所需的能量，可以通过永久磁铁来抓举货物。在释放货物时，只要通过激活一相反电场，产生所需要的负相位磁场，以抵消永久磁铁产生的磁场，从而使货物被释放。在突然停电的情况下，货物也不会掉下，非常安全（见图 8-28）。

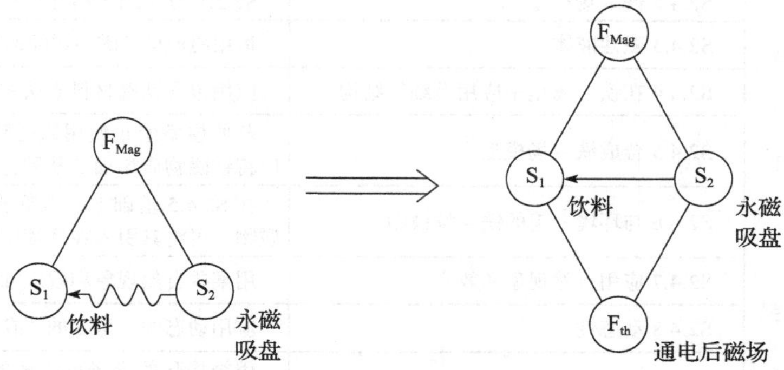

图 8-28　永久磁铁抓举货物的物 – 场模型

例 8-20

铁磁粉末的焊接

铁磁粉末的焊接很困难，因为焊接电流产生的磁场会将粉末从工作区域"推开"。为克服这个缺点，可以将粉末加热到居里点以上再进行焊接。

8.3　第 2 级标准解法：强化完善物 – 场模型

第 2 级标准解是强化完善物 – 场模型，主要针对效应不足的物 – 场模型，来提出 4 个子级共 23 种解法。其具体内容如表 8-4 所示。

表 8-4　第 2 级：强化完善物 – 场模型

子　级	标准解法	问题解读
S2.1 向合成物 – 场模型转化	S2.1.1 链式物 – 场模型	单一的物 – 场模型转化成链式模型
	S2.1.2 双物 – 场模型	系统中场 F_1 作用不足，又能引入新物质，可引入场 F_2 增加场 F_1 作用
S2.2 加强物 – 场模型	S2.2.1 使用更易控制的场	用易控制的场代替或叠加到不易控制的场上
	S2.2.2 物质 S_2 的分裂	提高具有工具功能物质的分散（分裂）度
	S2.2.3 使用毛细管和多孔的物质	在物质中增加空穴或毛细结构
	S2.2.4 动态性	原系统具有刚性，永久和非弹性元件，尝试使系统具有柔韧性，适应性和动态性
	S2.2.5 构造场	用动态场替代静态场
	S2.2.6 构造物质	将均匀的物质空间结构变成不均匀的物质空间结构
S2.3 通过匹配节奏加强物 – 场模型	S2.3.1 匹配 F、S_1、S_2 的节奏	将场 F 的频率与物质 S_1 或 S_2 的频率相协调
	S2.3.2 匹配场 F_1 和 F_2 的节奏	让场 F_1 和 F_2 的频率相互协调和匹配
	S2.3.3 匹配矛盾或预先独立的动作	两个独立的动作，可以让一个动作在另一个动作停止的间歇完成

（续）

子　　级	标准解法	问题解读
S2.4 铁 – 场模型（合成加强 物 – 场模型）	S2.4.1 预 – 铁 – 场模型	在物 - 场模型中加入铁磁物质和磁场
	S2.4.2 铁 – 场模型	S2.2.1 与 S2.4.1 结合在一起
	S2.4.3 磁性液体	运用磁流体（磁性颗粒的煤油、硅树脂等）
	S2.4.4 在铁 – 场型中应用毛细管结构	应用包含铁磁材料或铁磁液体的毛细管结构
	S2.4.5 合成铁 – 场模型	若原模型禁止使用铁磁物质替代原物质，可以将铁磁物质添加到某种物质的内部
	S2.4.6 与环境一起的铁 – 场模型	在 S2.4.5 基础上，若物质内部不允许添加铁磁物，可将其引入在环境中来改变环境参数
	S2.4.7 应用自然现象和效应	用某些自然现象和效应加强模型可控性
	S2.4.8 动态性	应用动态的、可变的（或自动调节）磁场
	S2.4.9 构造场	用结构化的磁场更好地控制或移动铁磁物质颗粒
	S2.4.10 在铁 – 场模型中匹配节奏	铁磁场模型的频率协调，在宏观系统中，利用机械振动来加速铁磁颗粒的运动，在分子或者原子级别，通过改变磁场的频率，利用测量对磁场发生相应的电子共振频率频谱来测定物质的组成
	S2.4.11 电 – 场模型	应用电流产生磁场，而不是应用磁性物质
	S2.4.12 流变学的液体	通过电场，可以控制流变体的黏度

以下将针对每一个具体解法通过举例来进行解读。

S2.1　向合成物 – 场模型转化

S2.1.1　链式物 – 场模型

将单一的物 – 场模型转化成链式模型。可以通过将物场模型中一个元素转化成一个独立控制的完整模型，形成链式物 – 场模型来解决问题。其问题模型和解决方案模型如图 8-29a 所示。

▌例 8-21

炼钢场高温防护服

为保护炼钢工人免受高温的伤害，穿着厅低导热材料制成的防护服，这在短时间内效果还是很好的，但经过一段时间后，衣服内外的湿度达到平衡，其隔热效果就会明显下降。在防护服的外表面附设一个袋子，可以将普通的防护服转换为降温防护服。在袋子中插入充有可融化材料 14 烷和 16 烷的混合物，其熔点在 10℃ ~ 16℃ 之间。使用前，将其冷却到摄氏零度以下，以便使混合物变成固相。待穿上身时，室外的高温透过相变材料后再作用到人体上，利用相变材料产生的吸热效应使防护服具有良好的降温效果，如图 8-29b 所示。

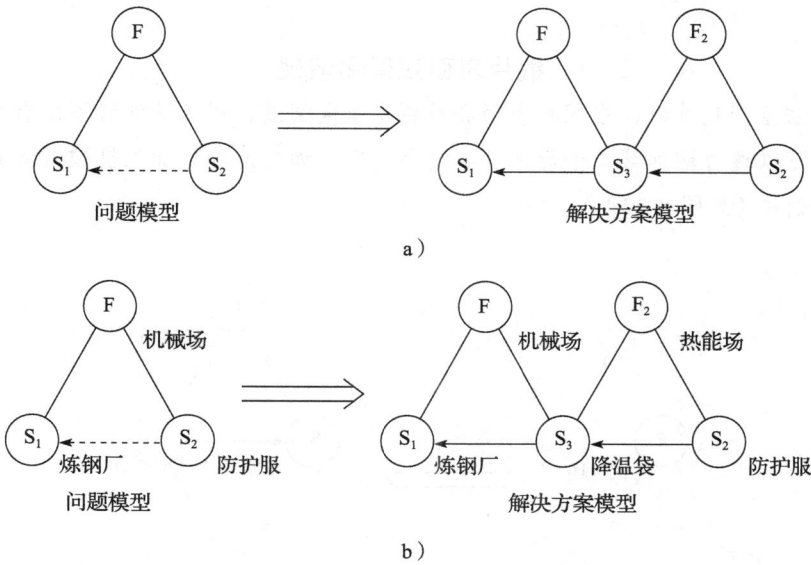

图 8-29 链式物 – 场模型

例 8-22

锤子砸石头完成分解巨石的功能

为了增强现有功能，可以通过在锤子和石头之间加入凿子完成。锤子的机械场传递给凿子，然后凿子的机械场传递给石头（见图 8-30）。

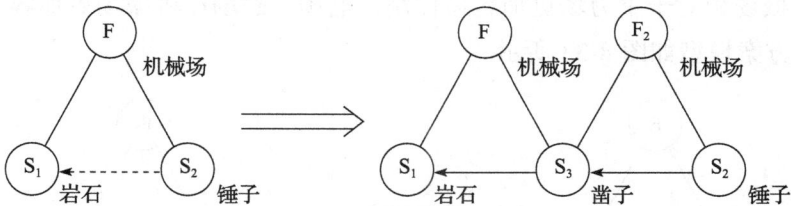

图 8-30 分解巨石物 – 场模型

S2.1.2 双物 – 场模型

现有系统的有用作用不足，需要进行改进，但是又不允许引入新的元件或物质，可以通过引入第二个场 F_2 来增强 F_1 的作用。其问题模型和解决方案模型如图 8-31 所示。

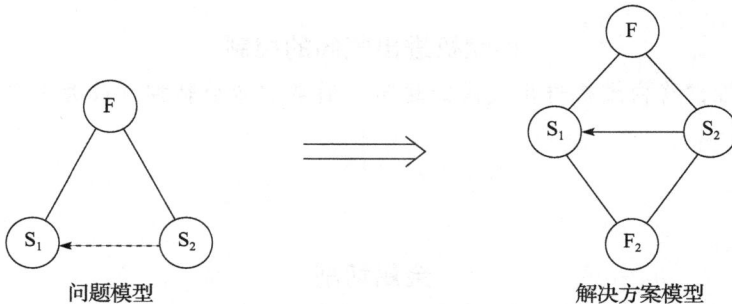

图 8-31 双物 – 场模型

▌例 8-23

铜片表面残留物清理

应用电镀法生产铜片时，在铜片表面会残留少量电解液，用水清洗时不能有效地除掉这些电解液。此时可以通过增加第二个场来解决这个问题，如在清洗时加入机械振动或者在超声波清洗池中清洗铜片（见图 8-32）。

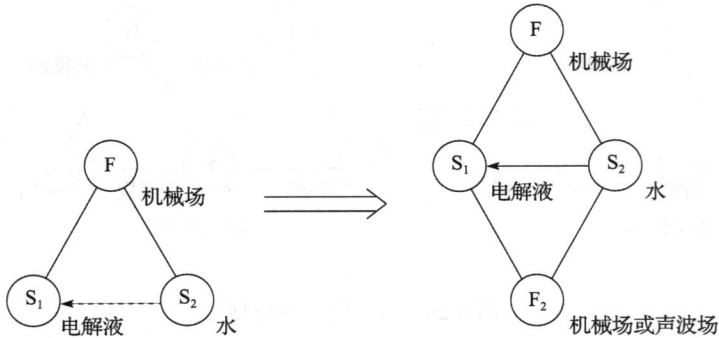

图 8-32　铜片表面残留物清理的物 – 场模型

S2.2　加强物 – 场模型

S2.2.1　使用更易控制的场

该解法是指用更加容易控制的场来代替原来不易控制的场，或者叠加到不容易控制的场上。例如机械场相对于重力场更加容易控制，电场、磁场比机械场更加容易控制。其问题模型和解决方案模型如图 8-33 所示。

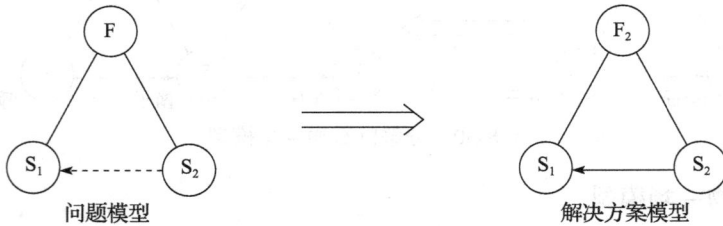

图 8-33　使用更易控制的场的物 – 场模型

▌例 8-24

内燃机进出气阀的控制

为提高可控性，将内燃机进出气阀的运转由通常的转动轴控制改为用电磁铁来控制（见图 8-34）。

▌例 8-25

金属切削

金属刀片进行金属切削时不均匀，可用水切割来代替，另外激光切割可代替水切割。

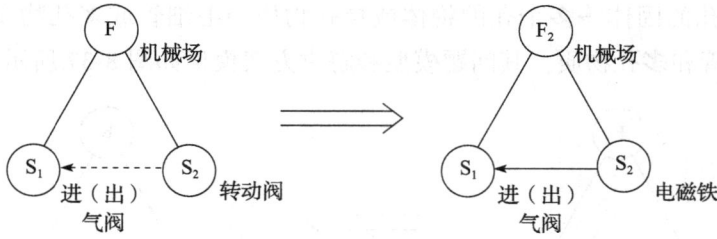

图 8-34　内燃机进出气阀的物 – 场模型

S2.2.2　物质 S₂ 的分裂

增加物 – 场模型中作为工具物质的分割程度可以加强物 – 场模型。这个标准解实际上是从宏观到微观层面，然后到场的进化模型，该工具的演化分为以下几个阶段：非分割物体、分割的物体、粉末、液体、气体、新的场。其问题模型和解决方案模型如图 8-35 所示。

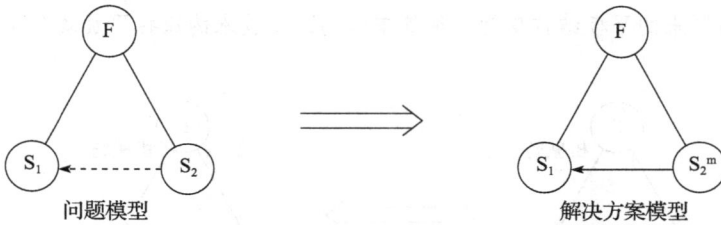

图 8-35　物质 S₂ 的分裂的物 – 场模型

▌例 8-26

"针式"混凝土

用钢丝代替标准的钢筋混凝土中常用的较粗钢筋，可以制造出"针式"混凝土，使其结构能力获得增强（见图 8-36）。

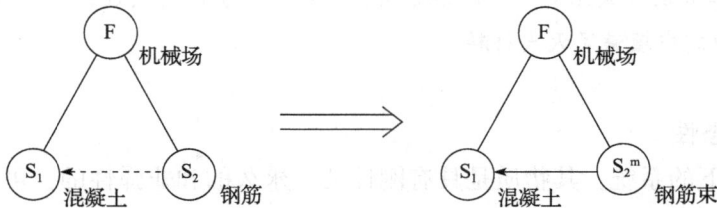

图 8-36　"针式"混凝土的物 – 场模型

▌例 8-27

汽车气垫

汽车的座椅由原来的一个气垫变为多个气垫，这样更容易让驾驶员调节坐垫位置，使驾驶员更加舒服。

S2.2.3　使用毛细管和多孔的物质

一种特别的物质分裂形式是从固体物转化到毛细管和多孔物质材料。其转化路径一般为：固体→一个孔的固体→多个孔的物体或穿孔物质→毛细管或多孔物质→有特殊结构、尺寸毛孔的毛细管和多孔物质。其问题模型和解决方案模型如图 8-37 所示。

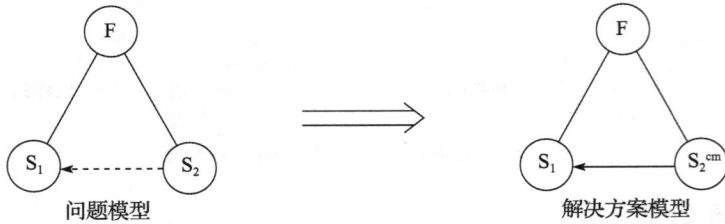

图 8-37 使用毛细管和多孔的物质的物－场模型

例 8-28

胶水刷子

胶水的刷子由原来的平板结构变为毛细管束结构，使胶水的涂抹更加均匀（见图 8-38）。

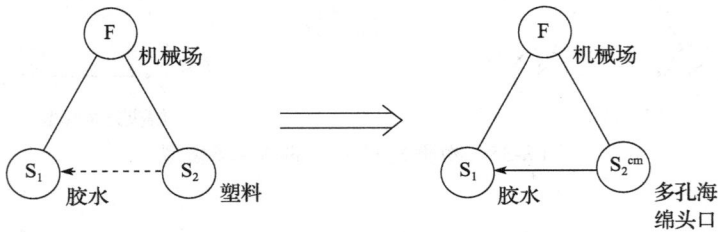

图 8-38 胶水刷子的物－场模型

例 8-29

防火沪罩设计

一种防火护罩被设计成充满颗粒的格栅状，为增加防护的有效性，这种颗粒用易熔化的材料制成，而且颗粒芯中填满了灭火材料。

S2.2.4 动态性

对于效率低下的系统，其物质是具有刚性的、永久的和非弹性的，可通过提高动态化的程度（向更加灵活和更加快速可变的系统结构进化）来改善其效率，动态进化路径一般为：刚体→单铰链→双铰链→多铰链→柔性体→液体→气体→场。其问题模型和解决方案模型如图 8-39 所示。

例 8-30

可移动座椅

为了便于椅子的移动，在椅子下面安装滚轮，增加椅子的动态性能，移动更灵活（见图 8-40）。

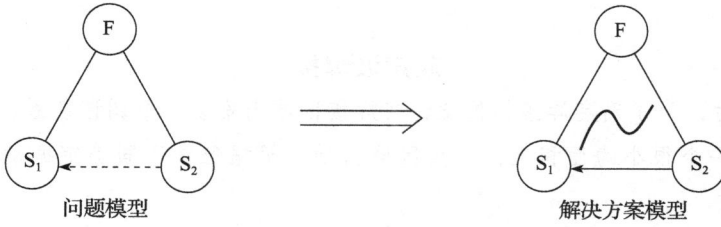

图 8-39 动态性的物 – 场模型

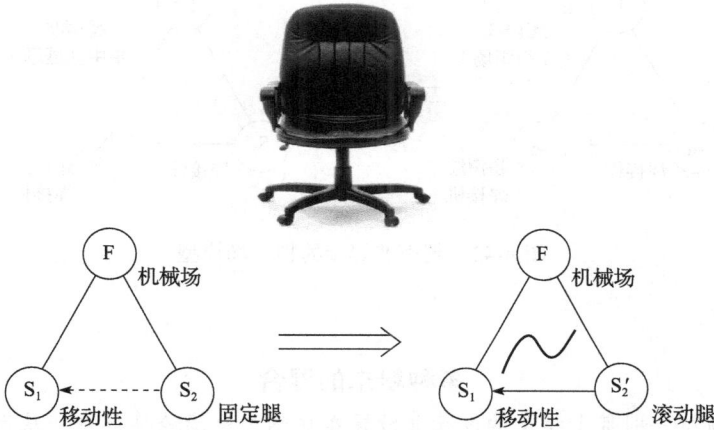

图 8-40 可移动座椅的物 – 场模型

▍例 8-31

自行车变速齿轮

自行车原来的传动比是一定的，在后轮增加变速齿轮，从而增加了传动比的数量，方便骑行者在不同的环境和路面使用不同的传动比。

S2.2.5 构造场

一般为动态场代替静态场，使一个不可控制或可控性较弱的场变为一个按规则运行的可控场，这种控制可以通过均匀的场向非均匀的场转换，或者非结构化、无序的、紊乱的向具有特定时空结构的场（恒定的、变化的）转换，以此来加强物 – 场模型。其问题模型和解决方案模型如图 8-41 所示。

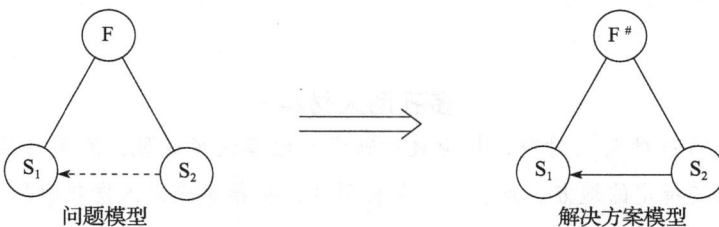

图 8-41 构造场的物 – 场模型

例 8-32

超声波焊接

超声波焊接时，为了确定焊接的位置，在焊接区域内安装一个调谐装置，利用调节元件将振动定向集中到一个很小的面积上，产生区域振动，根据位置不同确定振动频率，如图 8-42 所示。

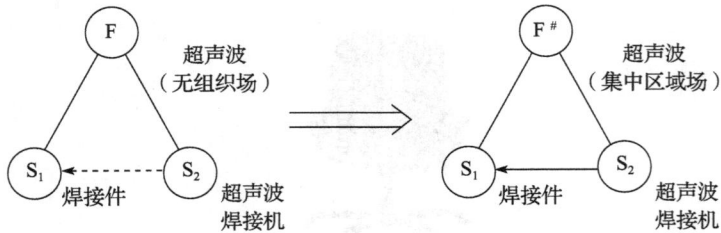

图 8-42   超声波焊接的物 – 场模型

例 8-33

多种粉末的混合

给各种粉末颗粒分别带上相反的电荷并放置在非均匀电场轮换层中，从而增加多种粉末的混合均匀效果。

S2.2.6   构造物质

将均匀的物质空间结构变成不均匀的物质，使用可控物质或者可调节空间结构的物质代替无规则不可控的物质。其问题模型和解决方案模型如图 8-43 所示。

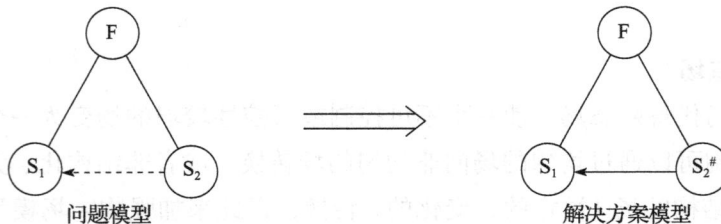

图 8-43   构造物质的物 – 场模型

例 8-34

多孔耐火材料

为制作有定向多孔的耐火材料，将耐火材料沿着丝绸线径成型，随后将丝绸线烧掉。特别是，如果需要在系统指定的地方、点、线上获得强热，推荐事先引入发热物质。

例 8-35

混凝土质量的提高

通过添加加强钢筋来提高混凝土的质量（见图 8-44）。

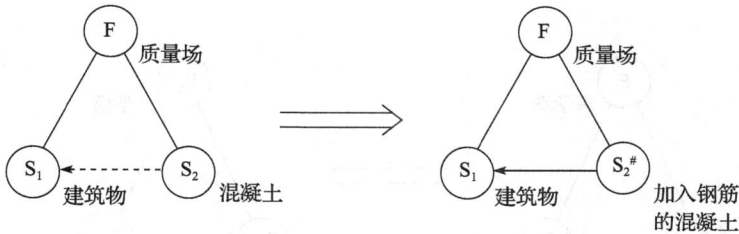

图 8-44　加入钢筋提高混凝土质量的物 – 场模型

S2.3　通过匹配节奏加强物 – 场模型

S2.3.1　匹配 F、S_1、S_2 的节奏

将场 F 的频率与物质 S_1 或 S_2 固有的频率相协调。其问题模型和解决方案模型如图 8-45 所示。

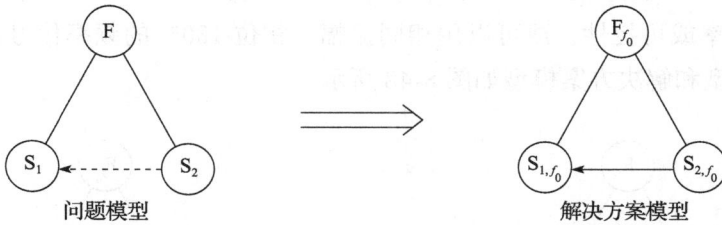

图 8-45　匹配 F、S_1、S_2 的节奏的物 – 场模型

例 8-36

矿用凿岩机

煤矿进行打眼放炮时，使用凿岩机进行钻孔，为了增加钻孔效率，使用脉冲频率与岩层的固有频率相同（见图 8-46）。

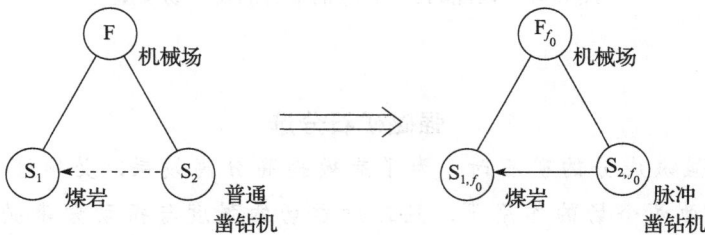

图 8-46　矿用凿岩机的物 – 场模型

例 8-37

超声波破碎人体结石

将超声波的频率调到结石的固有频率，使得结石在超声波作用下产生共振，结石就能被震碎（见图 8-47）。

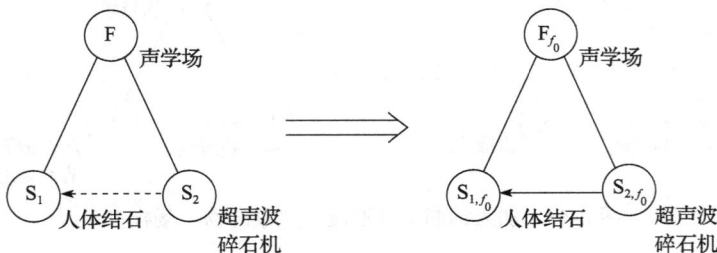

图 8-47   超声波破碎人体结石的物 – 场模型

S2.3.2   匹配场 F_1 和 F_2 的节奏

合成物 – 场模型中所使用的场的频率可进行匹配或故意不匹配。在使用了两个场的复合物 – 场模型中，利用协调场与场的固有频率来完成所需的功能或要求的特性，来达到增强系统的功能效率或可控性，或可以用相同振幅，相位 180° 的频率信号音，消除振动和噪声。其问题模型和解决方案模型如图 8-48 所示。

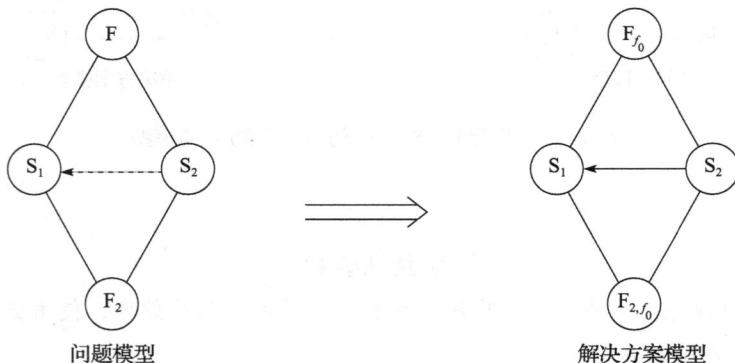

问题模型

解决方案模型

图 8-48   匹配场 F_1 和 F_2 的节奏的物 – 场模型

例 8-38

强磁矿石分选

在进行分选强磁成分的矿石时，为了有效提高分离效果，必须让坚硬的磁矿石同时置于磁场和振动两个场的作用下，且连续磁场的强度与振动频率必须是匹配的（见图 8-49）。

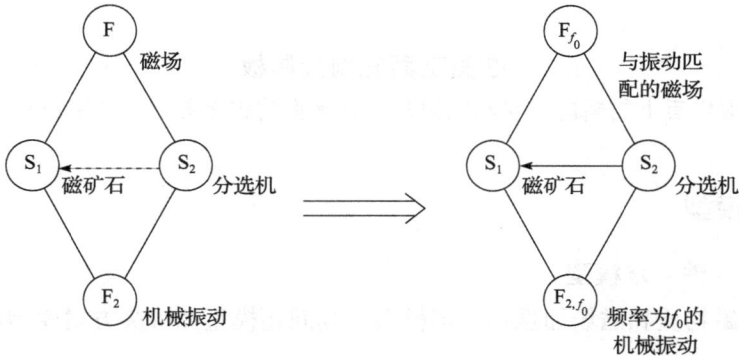

图 8-49　强磁矿石分选的物 – 场模型

▌例 8-39

粉末涂抹零件

为了给零件均匀地包裹一层物质，此物质通常以粉末的形式在电流和磁场的共同作用下包裹到零件上。为了使粉末能被均匀地涂在零件上，电流的脉冲频率和磁场的脉冲频率应该相同。

S2.3.3　匹配矛盾或预先独立的动作

如果需要两个不兼容的或彼此独立的动作在一个系统中执行，那么其中的一个动作应该在另一个动作暂停期间来执行。通常，在一个动作的操作间隙应该执行另一个有用的动作来提高系统的效率。其问题模型和解决方案模型如图 8-50 所示。

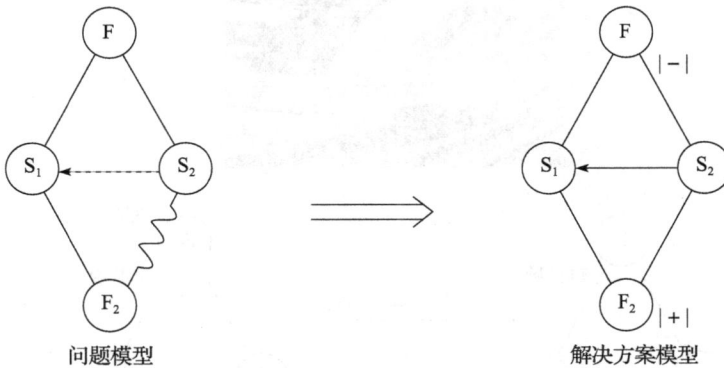

图 8-50　匹配矛盾或预先独立的动作的物 – 场模型

▌例 8-40

接触式点焊的自动热循环控制

接触式点焊的自动热循环控制是基于测量热电动势来完成的。为改进高频脉冲焊接中的控制精度，热电动势的测量是在焊接电流的两个脉冲之间完成的。

▌例 8-41

在固定面轧制金属板

当金属板在固定面上轧制时，在纵轧间隙进行横向的部分轧制（以增加宽度）。

S2.4　铁 – 场模型

S2.4.1　预 – 铁 – 场模型

同时利用铁磁物质和磁场加强物 – 场模型，其问题模型和解决方案模型如图 8-51 所示。

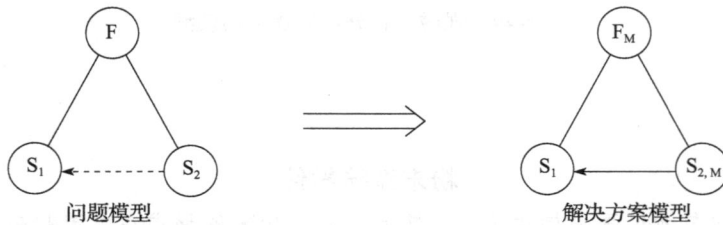

图 8-51　预 – 铁 – 场模型的物 – 场模型

▌例 8-42

磁悬浮列车

在铁轨上加入磁场以悬浮起列车从而减小摩擦力，提高车的速度（见图 8-52）。

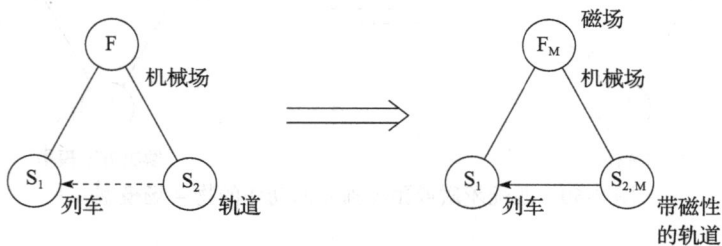

图 8-52　磁悬浮列车的物 – 场模型

▌例 8-43

用磁铁代替图钉张贴海报

通常用图钉或胶带将海报贴到墙面上，元论对墙面或海报都会造成伤害。可采用小磁铁来代替图钉或胶带，改善系统。需要注意的是，张贴海报的墙面必须是铁磁表面。

S2.4.2 铁 – 场模型

将 S2.2.1（使用更易控制的场）与 S2.4.1（预 – 铁 – 场模型）结合在一起，可用"铁磁场"模型来替换物 – 场模型或原"铁磁场"模型，将系统中的物质更换为铁磁微粒或在原系统中加入铁磁微粒，同时使用磁场或电场。其问题模型和解决方案模型如图 8-53 所示。

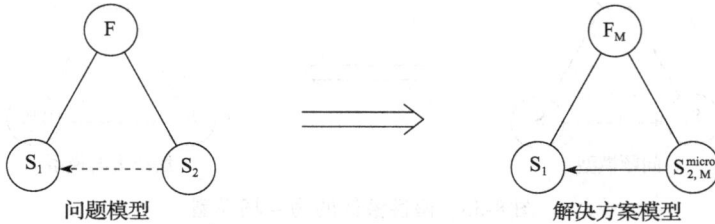

图 8-53　铁 – 场模型的物 – 场模型

例 8-44

磁性飞镖

长时间使用针式飞镖会把箭靶扎烂，使用无针磁性飞镖替代针式飞镖，使用磁性材料填充制作箭靶，可以达到多次使用而不会损毁箭靶的目的。如图 8-54 所示。

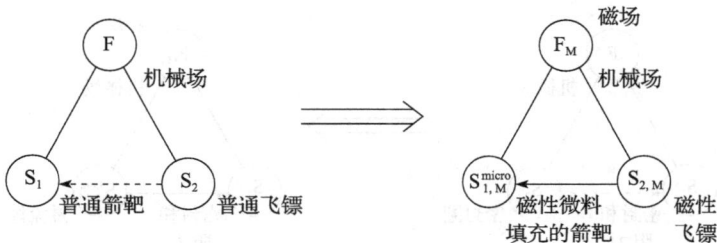

图 8-54　磁性飞镖的物 – 场模型

例 8-45

吸油晶体

正在行驶的油船一旦出现事故，大量的油就会流入海中。为了及时将油去除，通常是将疏松的晶体抛洒在受污染的油面上，以此来有效地吸除油污。但这些晶体颗粒彼此不能相互吸附，很容易被风或波浪吹散，极大地影响其吸附效果。在晶体中添加磁化颗粒，使晶体之间由无效作用转换为相互吸附的有效作用，用来抑制油污面积向外扩散。

例 8-46

橡胶模具的刚度控制

橡胶模具的刚度难以控制，在加入铁磁物质后通过磁场进行控制。

S2.4.3　磁性液体

磁性液体也称磁流体，是铁磁颗粒悬浮在煤油、硅树脂或水中形成的一种胶质溶液。它可以看成是 S2.4.3 的进化终极状态。物质包含铁磁材料的进化路径：固体物质→颗粒→粉末→液体。系统的控制效率将随着铁磁材料的进化路径而增加。其问题模型和解决方案模型如图 8-55 所示。

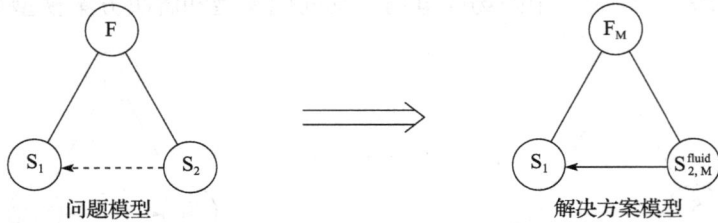

图 8-55　磁性液体的物 - 场模型

例 8-47

磁流体密封

对于水泵等旋转类机械，存在密封问题，如果减小密封间隙，则摩擦力增大；如果增大密封间隙，则密封效果不好，零件磨损大。为了增加密封效果，同时减小运行阻力，采用磁流体密封，在旋转轴与极靴间填充磁流体，并加磁场，实现小阻力密封（见图 8-56）。

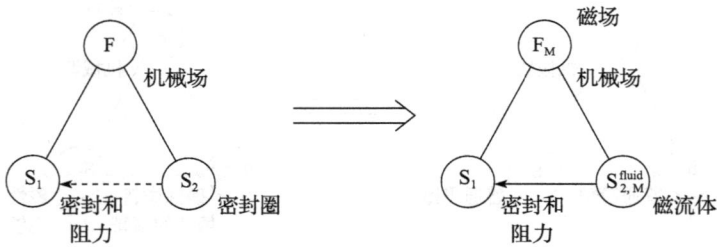

图 8-56　磁流体密封的物 - 场模型

例 8-48

管道低黏度减压层

为减小管道中的压强，在贴近管壁处形成一层低黏度液体。为降低黏度液体的消耗，应用磁性液体，并沿管道放置磁铁。

S2.4.4　在铁 - 场型中应用毛细管结构

如果已经存在着铁 - 场，但其效率不足，可将固体结构的物质改为用毛细管或多孔结构或毛细管与多孔一体结构的物质。其问题模型和解决方案模型如图 8-57 所示。

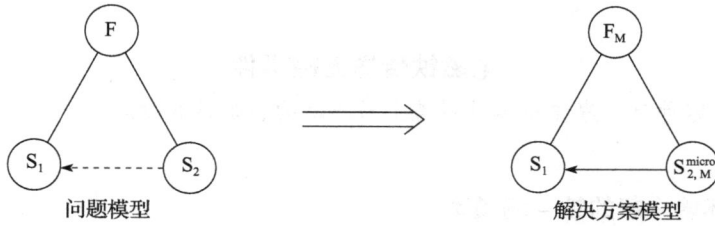

图 8-57   在铁 – 场型中应用毛细管结构的物 – 场模型

例 8-49

波动焊接机

波动焊接机包含一个磁性圆柱，镀有一层铁磁微粒，它的主要目的是去除多余的焊料，同时圆柱内的多孔设计允许熔接剂通过小孔流到焊接点。

S2.4.5   合成铁 – 场模型

若原模型禁止使用铁磁物质替代原物质，可以将铁磁物质添加到某种物质的内部，创建合成铁 – 场模型。其问题模型和解决方案模型如图 8-58 所示。

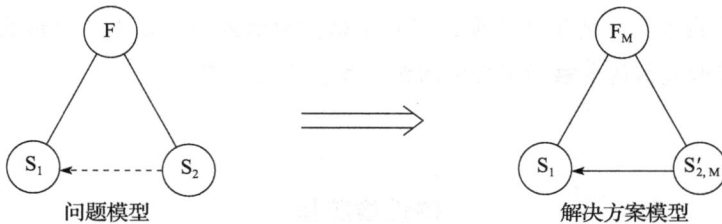

图 8-58   合成铁 – 场模型的物 – 场模型

例 8-50

磁性物体附着在药物上

为了使药物分子精确地到达需要它的身体部位，把磁性分子附着在药物分子上，在患者周围用外部的磁体排列引导药物到达病灶部位（见图 8-59）。

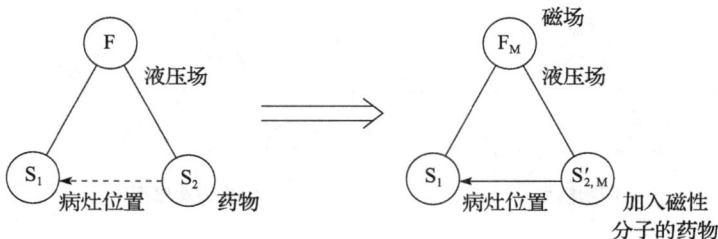

图 8-59   磁性物体附着在药物的物 – 场模型

例 8-51

电磁铁传送无磁零件

在传送无磁性零件时，事先将零件覆盖上易流动的、磁性的物质。

S2.4.6　与环境一起的铁 – 场模型

在 S2.4.5 基础上，若物质内部不允许添加铁磁物，又禁止引入附着物，可将铁磁粒子引入环境来改变环境参数。其问题模型和解决方案模型如图 8-60 所示。

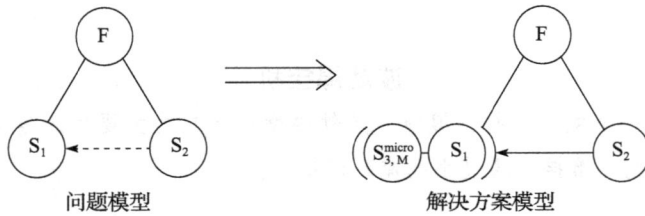

图 8-60　与环境一起的铁 – 场模型的物 – 场模型

例 8-52

磁流体

为了控制物体在液体中的下降速度，可将铁磁微粒加入到液体中从而形成磁性流体。磁性流体的密度会随着所施加的电磁场强度的增加而发生适当的变化。

例 8-53

磁性橡胶垫

将一个涂有磁性材料的橡胶垫放在汽车内，而不用磁化整个汽车，将修理工具附在该垫子上便于使用。

S2.4.7　应用自然现象和效应

铁 – 场模型的可控性可以通过利用某些自然现象和效应来加强。其问题模型和解决方案模型如图 8-61 所示。

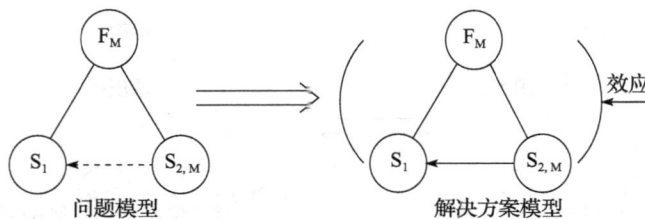

图 8-61　应用自然现象和效应的物 – 场模型

▌例 8-54

磁放大器

为提高磁放大器的测量灵敏性。放大器的磁心是加热的。为降低磁干,磁心的绝对温度保持在其居里点的 0.92 ~ 0.99,以利用霍普金斯效应。

▌例 8-55

磁共振成像

磁共振成像应用了物理效应。

S2.4.8　动态性

铁 – 场模型可通过动态性来加强,即通过转向柔性的、可更改的系统结构,其问题模型和解决方案模型如图 8-62 所示。

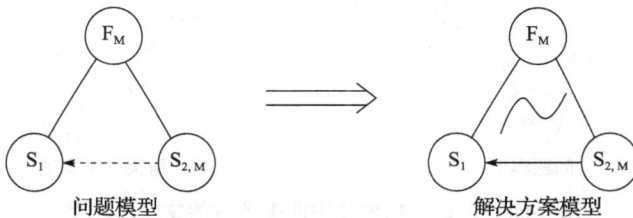

图 8-62　动态性的物 – 场模型

▌例 8-56

提高无磁性产品窟窿壁厚测量的准确性

测量无磁性产品窟窿壁厚的设备,包括作为测量仪器的感应换能器和放在洞壁两侧的铁磁零件。为增加测量的准确性,铁磁零件做成覆盖铁磁薄膜的可膨胀弹性壳状。

S2.4.9　构造场

利用结构化的磁场来更好地控制或移动铁磁物质颗粒。其问题模型和解决方案模型如图 8-63 所示。

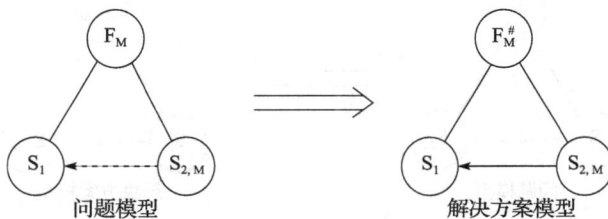

图 8-63　构造场的物 – 场模型

例 8-57

塑料零件的磁成型方法

一个塑料零件的磁成型方法，使用加热至居里点以上，处于最小伸张的适当状态的铁磁粉制成的模具制作。

S2.4.10　在铁 – 场模型中匹配节奏

铁磁场模型的频率协调。在宏观系统中，利用机械振动来加速铁磁颗粒的运动，在分子或者原子级别，通过改变磁场的频率，利用测量对磁场发生相应的电子共振频率频谱来测定物质的组成。其问题模型和解决方案模型如图 8-64 所示。

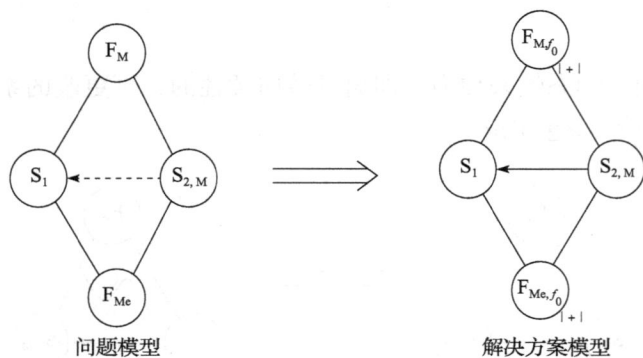

图 8-64　在铁 – 场模型中匹配节奏的物 – 场模型

例 8-58

微波炉加热食物

微波会使水分子在其共振频率处振动，从而起到加热食物的效果。

S2.4.11　电 – 场模型

如果引入铁磁粒子或磁化一个物体是困难的，则利用外部电磁场与电流的效应或者两个电流之间的效应。电流可以与电源的接触产生或者电磁感应产生。其问题模型和解决方案模型如图 8-65 所示。

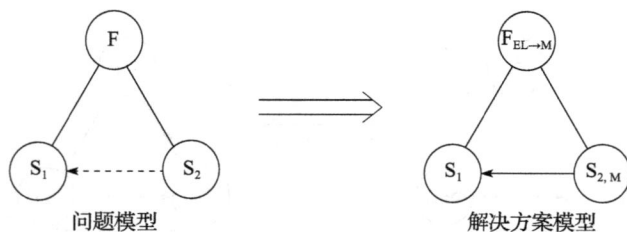

图 8-65　电 – 场模型的物 – 场模型

例 8-59

抓握非磁性金属零件

为了改善抓握非磁性金属零件的可靠性，可以将非磁性金属零件和爪盘都置于磁场中，并使电流以垂直磁场零件的方向流经它们。

S2.4.12 流变学的液体

通过电场可以控制流变体的黏度，从而使其能够模仿固（液）相变。其问题模型和解决方案模型如图 8-66 所示。

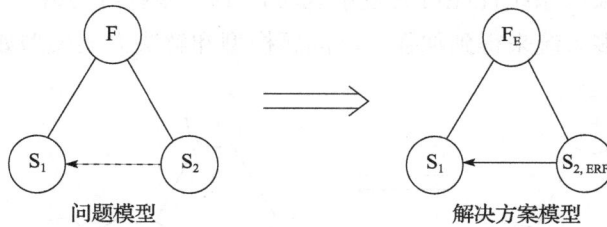

图 8-66 电流变学的液体的物－场模型

例 8-60

万能夹具

"万能夹具"可以将任何形状的零件固定在铣床上。零件被放置在一个流变液体池中，适当定位，然后施加电场以凝固液体。

8.4 第 3 级标准解法：向超系统或微观级系统转化

第 3 级标准解是向超系统或微观级系统转化。此级解法主要是把问题向超系统转化，或者寻找微观水平的改变。第 3 级解法所用的法则继续沿着（第 2 级中开始）系统改进方向前进，第 2 级和第 3 级的各种解法均基于以下技术系统进化路径：增加集成度再进行简化原则；增加动态性和可控性进化原则；向微观级和增加场应用的进化法则；子系统协调进化法则。此级有 4 个子级共 23 种解法，其具体内容如表 8-5 所示。

表 8-5 第 3 级：向超系统或微观级系统转化

子 级	标准解法	问题解读
S3.1 向双系统和多系统转化	S3.1.1 系统转化 1a：创建双、多系统	将多个技术系统并入到一个超系统
	S3.1.2 加强双、多系统内的链接	改变双系统或多系统之间的连接
	S3.1.3 系统转化 1b：加大元素间的差异	双、多系统可通过加大元素间的差异来获得
	S3.1.4 双、多系统的简化	已进化的双、多系统再次简化成单一系统
	S3.1.5 系统转化 1c：系统整体或部分的相反特征	部分或整体表现相反的特征或功能

（续）

子　级	标准解法	问题解读
S3.2 向微观级转化	S3.2.1 系统转化 2：向微观级转化	引入"聪明物质"来实现系统向微观级地跃进

以下将针对每一个具体解法通过举例来进行解读。

S3.1　向双系统和多系统转化

S3.1.1　系统转化 1a：创建双、多系统

处于任意进化阶段的系统性能可通过系统转化 1a，系统与另外一个系统组合，从而创建一更加复杂的双、多系统来得到加强。其问题模型和解决方案模型如图 8-67 所示。

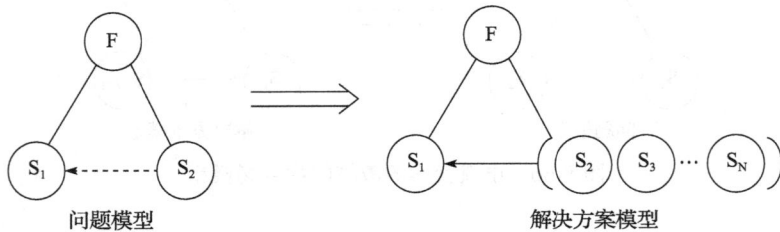

图 8-67　系统转化 1a：创建双、多系统的物 – 场模型

建立双、多系统的简单方式是组合两个或两个以上的元件，组合的元件可能是物质、场、物 – 场对和整个物 – 场系统。

例 8-61

多级矿用水泵

为提高水泵的扬程，串入多级叶轮，经过多级加速，泵出口水的扬程加大。

例 8-62

多层薄玻璃加工

为提高效率，多层薄玻璃叠在一起同时被切成所需的形状（见图 8-68）。

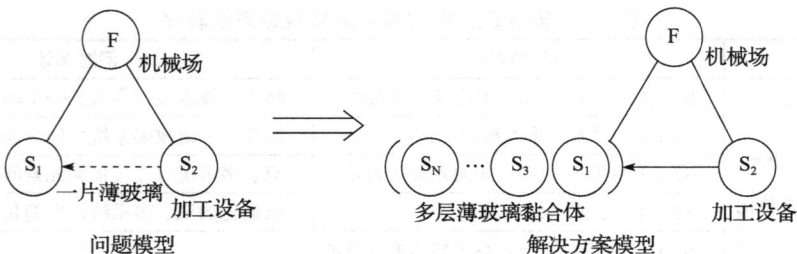

图 8-68　多层薄玻璃加工的物 – 场模型

S3.1.2　加强双、多系统内的链接

加强双、多系统之间的链接，可以使它们各自更加刚性或更加动态化。其问题模型和解决方案模型如图 8-69 所示。

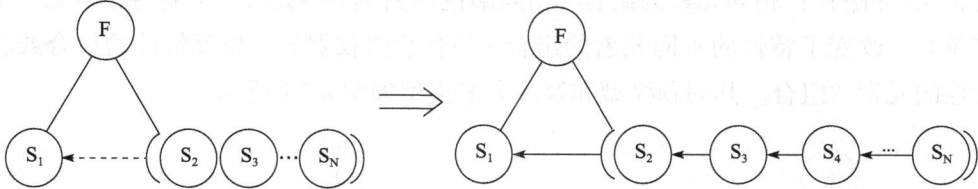

图 8-69　加强双、多系统内的链接的物 – 场模型

▌例 8-63

刮板输送机中部槽连接

采煤工作中，需要经常移动采煤机和刮板输送。为了移动方便，刮板输送机的中部槽之间通过哑铃环相连接，通过液压支架可以实现一节一节的推移。

▌例 8-64

刚性三角的使用

要同步由三台起重机吊起非常沉重的部件的过程中，通常使用刚性三角来同步起重机的运动部件（见图 8-70）。

图 8-70　起重机的刚性三脚架

S3.1.3   系统转化 1b：加大元素间的差异

双、多系统可通过加大元素间的差异来加强。基于"向较高级系统跃迁的法则"，通过加入元素功能特性差异，然后再进行组合，以此来获得双级系统和多级系统效率的增强。系统转化 1b 的路径：相同元素的组合（相同颜色的铅笔）→具有不同特性的元素（不同颜色的铅笔）→改变了特性的不同元素的组合（一套绘图仪器）→相反特性的组合或者具有相反特性的元素的组合。其问题模型和解决方案模型如图 8-71 所示。

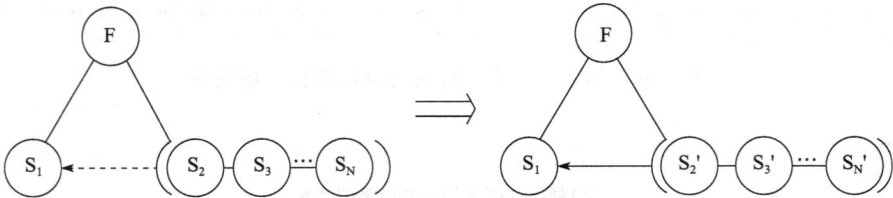

图 8-71   系统转化 1b：加大元素间的差异的物 – 场模型

▌例 8-65

扩大热处理炉的使用功能

车间内设置了数台形式完全相同的热处理炉，给各台炉子以相同方法预设加热，可获得经热处理后的同一种产品，如果给每台炉子首先预设不同的加热方法，则组合后可以获得热处理后的多种不同产品。如果将其中的炉改变为冷却炉，则组合后可以实现完全不同的新处理工艺（见图 8-72 ）。

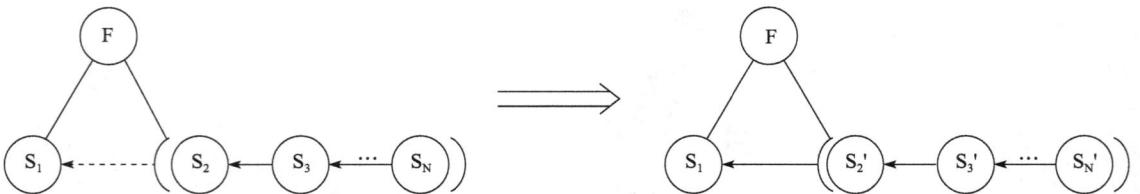

图 8-72   热处理炉的物 – 场模型

▌例 8-66

多头订书机

多头订书机各头可以装不同大小尺寸和深度的订书钉。增加一个起钉器可以使订书机的作用更加丰富。

S3.1.4   双、多系统的简化

双、多系统可以通过简化系统得到加强，首先是通过简化系统中起简化作用的部分来获得，比如双管猎枪只有一杆枪柄。完全地简化双、多系统又成为一个单一系统，整个循

环会在更高级别上重复进行。其问题模型和解决方案模型如图 8-73 所示。

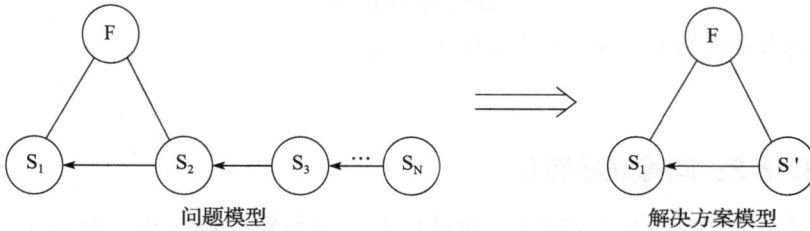

图 8-73　双、多系统的简化的物 – 场模型

▌例 8-67

消防员防护服

冷冻装（比如像消防员穿的衣服）的保护能力受制于其重量。人们提出将冷冻和呼吸系统进行组合的保护衣，在此系统中，一种单冷物质（氧）可完成两种功能：（液态）氧先形成冷冻，一旦蒸发成氧气，又可用来呼吸。沉重的呼吸设备不再被需要，冷冻物质也可以携带得更多。

▌例 8-68

高集成数码相机

现代高集成的数码相机，自动对焦、变焦、闪光灯、自动曝光等形成新的单一系统，而且每个功能都相对独立。

S3.1.5　系统转化 1c：系统整体或部分的相反特征

通过将相反的特性分别赋予系统和其子系统，来加强双系统和多系统的转换。结果，系统在两个水平上获得应用，整个系统具有特性 "F"，而其子系统具有特性 "—F"。其问题模型和解决方案模型如图 8-74 所示。

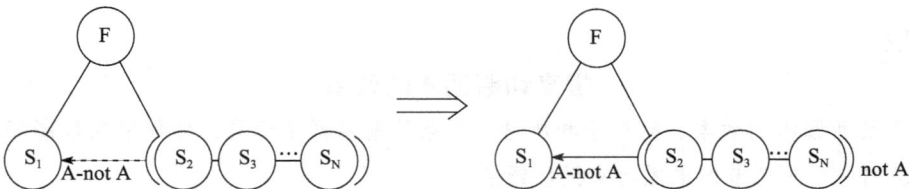

图 8-74　系统转化 1c：系统整体或部分的相反特征的物 – 场模型

▌例 8-69

老虎钳

用于夹紧零件的老虎钳的工作零件具有由系列相连的钢衬套组成的复杂形状。每个零件（衬套）是刚性的同时，工作零件又是柔性的。

▌例 8-70

自行车的链条

自行车的链条是刚性的，但是总体上是柔性的。

S3.2　系统转化 2：向微观级转化

系统可以在进化过程的任意阶段，通过从宏观级别到微观级别转换得到加强。无论是一个系统还是一个子系统，都可以在某种场的作用下实现所需功能的物质替代。一种物质有多种微观状态（分子、离子、原子、基本粒子、场等），因此在解决问题时应考虑各种过渡到微观级和各种从一个微观级过渡到另一个较低层级的方案。其问题模型和解决方案模型如图 8-75 所示。

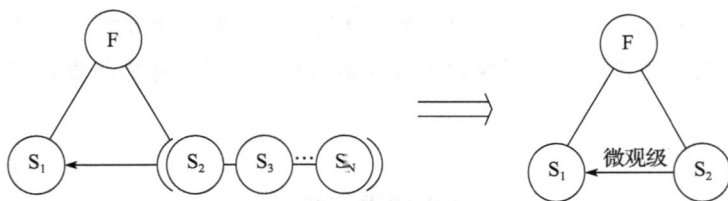

图 8-75　系统转化 2：向微观级转化的物 – 场模型

▌例 8-71

γ 刀手术刀

普通手术对人体伤害很大，γ 刀利用聚焦的射线替代普通手术刀，可以不用开颅即可穿过头盖骨。每条 γ 射线的能量非常小，单束射线几乎不起作用，但 201 束射线的交点，可局部产生巨大能量，而对周围组织只有很小的伤害或无任何损伤。

▌例 8-72

提高切断圆木的效率

为提高切断圆木的效率、生产率和质量，锯条的前沿两边锋利，并使用磁性高密度材料制成，然后应用一个可调节的电磁场来振动锯条。

▌例 8-73

打印机打印头的发展

打印机从最早的 9 针打印到 24 针打印，后期出现了 100 孔 / 英寸的激光打印头，现在打印机使用的是由 1 200 孔 / 英寸的激光打头，在速度和打印质量上都得到了大大提高。

8.5　第 4 级标准解法：检测和测量的标准解法

第 4 级专注于解决测量和探测的专项问题，虽然测量系统的进化方向主要服从于一般进化路径，但这里的专项问题有其独特的特性。可以看出，第 4 级的标准解法与第 1 级、第 2 级、第 3 级中的标准解法有很多相似之处。此级有 5 个子级共 17 种标准解法。具体如表 8-6 所示。

表 8-6　第 4 级：检测和测量的标准解法

子　　级	标准解法	问题解读
S4.1 间接方法	S4.1.1 以系统的变化代替检测或测量	改变系统，使需要测量的系统变得不再需要测量
	S4.1.2 应用拷贝	用原物体的复制品和图片替代操作对象
	S4.1.3 测量当作二次连续检测	应用两次间断测量替代连续测量
S4.2 建立测量的物－场模型	S4.2.1 测量的物－场模型	完善基本物－场模型或双物－场模型结构求解
	S4.2.2 合成测量的物－场模型	测量引入的附加物
	S4.2.3 与环境一起的测量的物－场模型	不能引入添加物，可以在外部环境加入物质，对其进行测量
	S4.2.4 从环境中获得添加物	将环境中物质进行降解或转换变成其他状态，检验转换后物质变化
S4.3 加强测量物－场模型	S4.3.1 应用物理效应和现象	检测的有效性通过物理效应加强
	S4.3.2 应用样本的谐振	产生与系统整体或部分共振解决问题
	S4.3.3 应用加入物体的谐振	可以通过与系统相连的物体或环境的自由振动，获得系统变化的信息
S4.4 向铁－场模型转化	S4.4.1 测量的预－铁－场模型	增加铁磁物质或利用磁场
	S4.4.2 测量的铁－场模型	加入铁磁颗粒，检测磁场
	S4.4.3 合成测量的铁－场模型	将铁磁物质添加到系统已有的物质中
	S4.4.4 与环境一起测量的铁－场模型	在环境中引入铁磁物质
	S4.4.5 应用物理效应和现象	测量与磁性相关的自然现象
S4.5 测量系统的进化方向	S4.5.1 向双系统和多系统转化	一个测量系统不具有高的效率，应用两个或更多的测量系统
	S4.5.2 进化方向	不直接测量，而是在时间或者空间上，测量待测物体的第一级或者第二级的衍生物

以下将针对每一个具体解法通过举例来进行解读。

S4.1　间接方法

S4.1.1　以系统的变化代替检测或测量

遇到检测和测量问题时，改进一下原来系统，从而使原来需要测量的系统现在不需要测量。其问题模型和解决方案模型如图 8-76 所示。

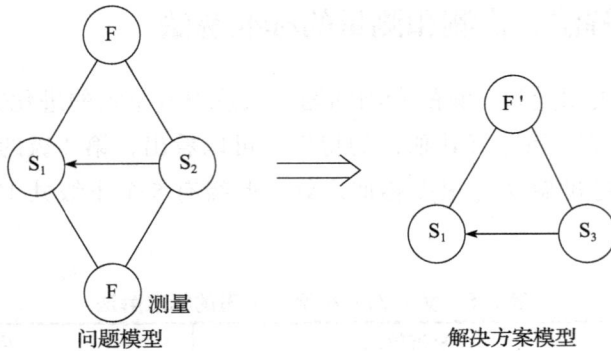

图 8-76   以系统的变化代替检测或测量的物 – 场模型

例 8-74

电饭锅

做米饭用铁锅做米饭，为了防止米饭糊锅，要经常手动翻动。为了省力先把米放入铁质容器中，然后将铁制容器放入水中煮或放到蒸屉里蒸；同理，电饭锅做米饭时为了控制温度，使用双金属片制造开关，实现温度的自动控制（见图 8-77）。

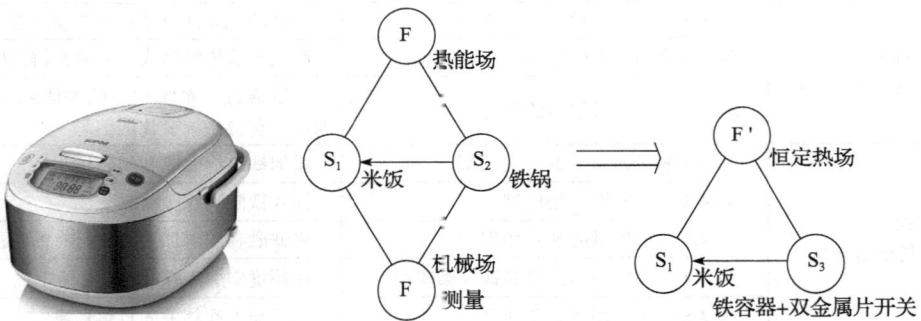

图 8-77   电饭锅的物 – 场模型

例 8-75

恒定的热处理温度

用电磁感应对金属零件进行热处理，为其提供要求的温度且不必进行测量，在感应器和零件间的空间填充满化学盐，盐的熔化温度就等于需要的温度。

S4.1.2   应用拷贝

如果标准解 S4.1.1 不能使用，则考虑使用测量对象的复制品或者图像来替代其本身。其问题模型和解决方案模型如图 8-78 所示。

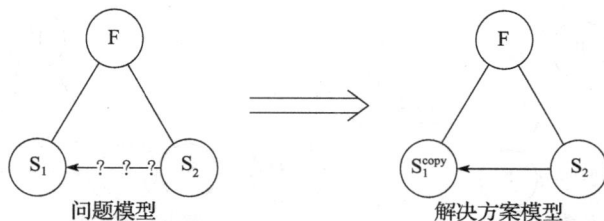

图 8-78　应用拷贝的物 – 场模型

例 8-76

曹冲称象

大家所熟知的曹冲称象就是一个复制品的经典案例，如直接称大象重量十分困难，曹冲想出办法：先让大象上船，记下吃水深度，然后把大象牵到岸上，将石头装船，让石头的吃水深度等于之前大象在船上的吃水深度，最后通过称石头的重量得到大象的重量（见图 8-79）。

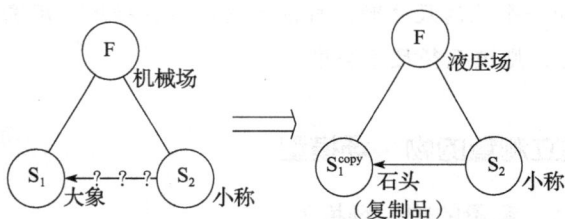

图 8-79　曹冲称象的物 – 场模型

例 8-77

测量蛇的长度

测量蛇的长度是十分危险的，但是测量蛇的图像是安全的，然后重新计算就可得到结果。

例 8-78

卫星云图预报天气

不用到云层中进行现场测量，通过对卫星云图的研究，判断空气中水分含量，从而进行天气预报。

S4.1.3　测量当作二次连续检测

如果 S4.1.1 和 S4.1.2 都不能使用，可以应用两次间断测量来代替连续测量。其问题模型和解决方案模型如图 8-80 所示。

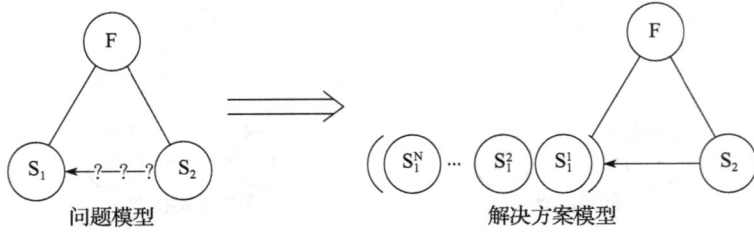

图 8-80　测量当作二次连续检测的物 – 场模型

例 8-79

柔性体的直径测量

柔性体的直径应该实时地进行测量从而看它是否和相互作用对象之间匹配完好。但是实时测量不容易进行，可以测量它的最大直径与最小直径，确定变化的范围。

例 8-80

塞规检验

当检测一个孔的尺寸时，可以使用塞规去检测。用塞规的大端检测不通过，用塞规的小端检测能通过，则该孔径尺寸合格。

S4.2　建立测量的物 – 场模型

S4.2.1　测量的物 – 场模型

如果一个完整的物 – 场模型难以进行测量和检测，则可以通过完善一个合格的物 – 场模型或输出具有场的双物 – 场模型来得到解决。其问题模型和解决方案模型如图 8-81 所示。

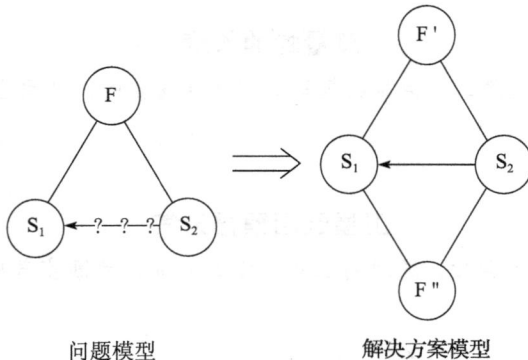

图 8-81　测量的物 – 场模型

例 8-81

自行车胎漏气查找

自行车胎漏气后，如果漏气孔很小，其位置很难被寻找和确定时，可以给车胎充气，然后将车胎放入水中，并挤压车胎，漏气位会出现气泡，指示破损位置，如图 8-82 所示。

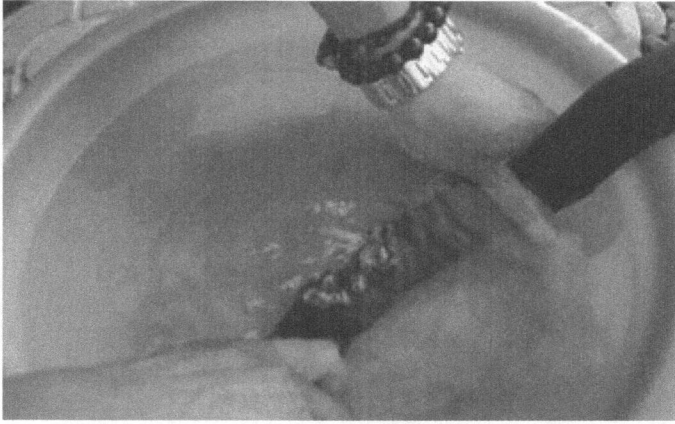

图 8-82　车胎的漏气查找

例 8-82

液体沸腾瞬间检验

为检验液体开始沸腾的瞬间，也就是液体中开始出现气泡的时候，让电流通过液体，开始出现气泡时电阻会有相应的增加。

S4.2.2　合成测量的物 – 场模型

如果一个系统难以进行监测和测量，可以通过向被测对象引入一种可检测的添加物，引入的添加物与原系统相互作用产生变化，通过测量添加物的变化再进行转换。其问题模型和解决方案模型如图 8-83 所示。

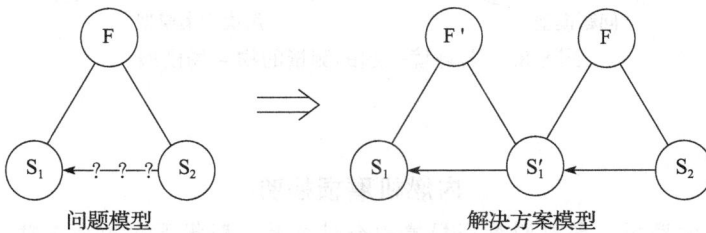

图 8-83　合成测量的物 – 场模型

例 8-83

生物样品显微观察

生物样品很难通过显微镜观察，可以通过加入化学染色剂观察其结构，如图 8-84 所示。

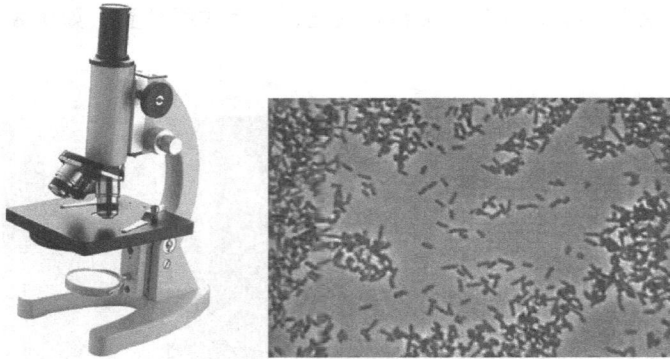

图 8-84   显微镜及加入化学染色剂的观察

▊例 8-84

制冷剂中混入发光粉

为了能让肉眼检测到冰箱中制冷剂的泄漏，可在制冷剂中混入发光粉，在紫外线下检测泄漏问题。

S4.2.3   与环境一起的测量的物 – 场模型

若一个系统难以在时间上的某些时刻进行测量和检测，且不可能引入附加物和产生易检测场的附加物，则可以将物质引入外部环境，这个物质的变化（环境状态的改变）可提供系统中改变的信息。其问题模型和解决方案模型如图 8-85 所示。

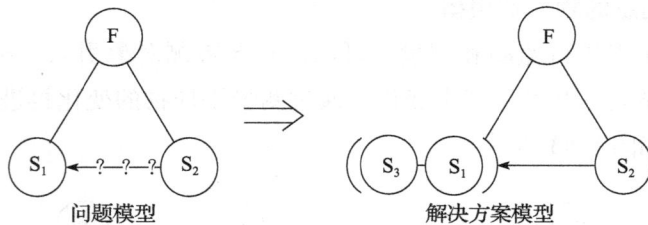

图 8-85   与环境一起的测量的物 – 场模型

▊例 8-85

内燃机磨损检验

为检验内燃机的磨损，需要测量磨损掉的金属数量，磨损下来的金属颗粒是混合在发动机的润滑油中的。润滑油可以看作是一个环境，在润滑油中加入发光粉，金属颗粒会破坏这些发光粉，从而获得磨损的颗粒数量。

▊例 8-86

卫星定位

卫星相对于地球是环境中的附加物，它产生全球定位系统的连续信号（场），地球上的人使用一个 GPS 接收器，通过测量卫星的相对位置，就可确定人在地球上的精确位置。

S4.2.4 从环境中获得添加物

在 S4.2.3 下不能引入附加物到环境中，可以通过将环境中已有的物质进行降解或转换成其他的状态，然后测量或检验转换后的这种物质的变化。其问题模型和解决方案模型如图 8-86 所示。

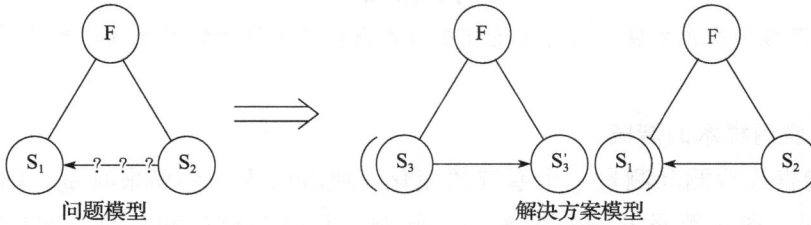

图 8-86 从环境中获得添加物的物 – 场模型

例 8-87

水流速度测量

管道中水流的速度可以通过气穴现象产生的空气气泡量来测量。

例 8-88

粒子运动的研究

在气泡室中，利用相变产生低于沸点及压力的液态氢，当能量粒子穿过时，会使局部沸腾，形成气泡路径，该路径可以被拍照，用于研究流体粒子的运动特性。

S4.3 加强测量物 – 场模型

S4.3.1 应用物理效应和现象

应用在系统中发生的已知效应，并且检测因此效应发生的变化，从而知道系统的状态，提高监测和测量的效率。其问题模型和解决方案模型如图 8-87 所示。

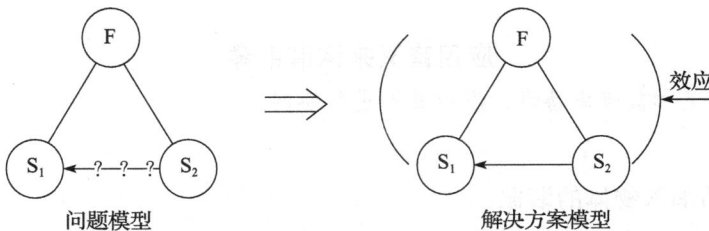

图 8-87 应用物理效应和现象的物 – 场模型

例 8-89

液体的温度测量

液体的热传导率会随液体温度的改变而改变，因而液体的温度可以通过测量液体热传分导率的变化来确定。

例 8-90

水汽检测

为增加水汽检测的灵敏度，通过应用在少量水汽前熄灭发光体发光的现象来测量。

S4.3.2　应用样本的谐振

如果不能直接检测和测量一个系统的变化，或者引入一种场来测量，则让系统或者部分产生共振，通过测量共振频率来解决问题。其问题模型和解决方案模型如图 8-88 所示。

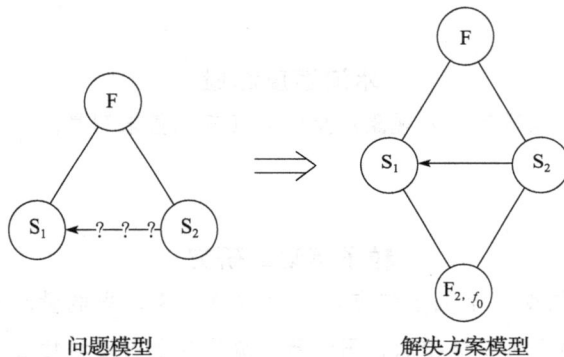

问题模型　　　　　　　　解决方案模型

图 8-88　应用样本的谐振的物 – 场模型

例 8-91

母牛乳房内剩余奶量的测量

通过测量母牛乳房的共振频率，确定母牛乳房内剩余奶量。

例 8-92

应用音叉来调谐钢琴

调解琴弦、音叉和其频率协调，发生共振进行协调。

S4.3.3　应用加入物体的谐振

如果不能应用标准解法 S4.3.2，系统状态的信息可以通过加入或与系统相连的环境中物体的频率变化来得到系统的变化信息。其问题模型和解决方案模型如图 8-89 所示。

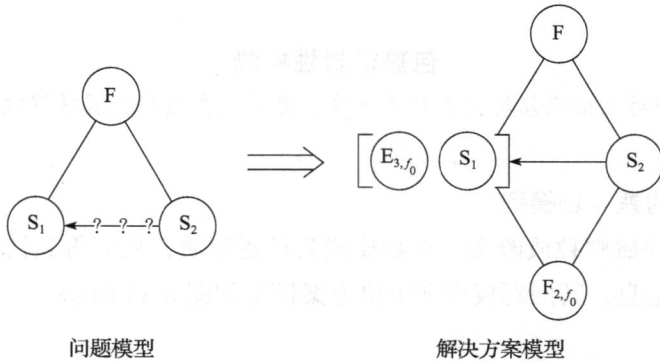

图 8-89　应用加入物体的谐振的物 – 场模型

例 8-93

未知物体电容的测量

不直接测量该物体的电容，将该未知电容的物体插入到已知感应系数的电路中，然后改变电压的频率，通过测定该组合电路的共振频率后，换算出物体的电容。

例 8-94

沸腾层的物质数量测量

为提高测量的准确性，通过测量沸腾层上面的气体自由振荡的振幅变化来计算其数量。

S4.4　向铁 – 场模型转化

S4.4.1　测量的预 – 铁 – 场模型

为便于测量，在非磁性系统内引入固体磁铁，致使将非磁性的测量的物 – 场模型转换为包含磁性物质和磁场的预 – 铁 – 场模型。其问题模型和解决方案模型如图 8-90 所示。

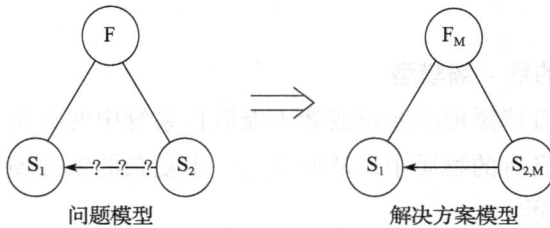

图 8-90　测量的预 – 铁 – 场模型

例 8-95

统计十字路口等待的车辆数

如果想知道车辆需要等候多久或者想知道车辆已经排了多长的队伍，可在十字路口内设置含有铁磁部件的传感器，可以方便地用来统计通过红绿灯控制下等待的车辆数。

例 8-96

包裹密封性检测

为易于在包裹密封后检测包裹内特定的区域，可预先在这些位置放置磁性标记。

S4.4.2　测量的铁–场模型

在系统中增加铁磁颗粒或改变一种物质成为铁磁物质，从而得到铁–场模型，通过磁场的探测获得所需信息。其问题模型和解决方案模型如图 8-91 所示。

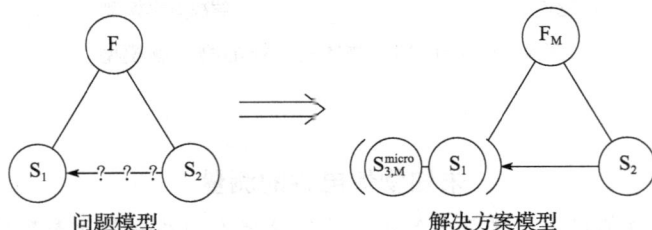

图 8-91　测量的铁–场模型

例 8-97

鉴别货币的真假

引入固体磁性物质混合到特定的颜料中，并将颜料印在货币上，在判别货币真假时，将磁场作用在货币，通过铁磁粒子就能确定货币的真假。

例 8-98

探测塑料的硬化或软化程度

为探测塑料的硬化或软化程度，在塑料中混合铁磁粉，测量磁导系数的结果就可以提供所需要的信息。

S4.4.3　合成测量的铁–场模型

如果铁磁颗粒不能直接添加到系统或者不能取代系统中的物质，那么可以将铁磁颗粒作为附加物引入系统中已有的物质中，从而建立一个复杂的铁磁场模型。其问题模型和解决方案模型如图 8-92 所示。

例 8-99

磁悬浮粒子防隐身飞机

隐身飞机由于自身隐身外形和机体上涂覆吸波隐身材料，使得普通雷达通过磁场很难检测到，可以在空气中释放大量磁性悬浮粒子，当飞机进入悬浮粒子空域时，悬浮磁性粒子会吸附在隐形飞机表面，形成合成铁–场，增大雷达检测性，实现反隐身（见图 8-93）。

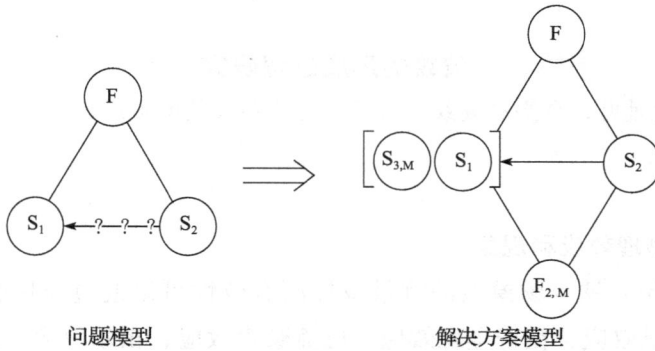

图 8-92　合成测量的铁 – 场模型

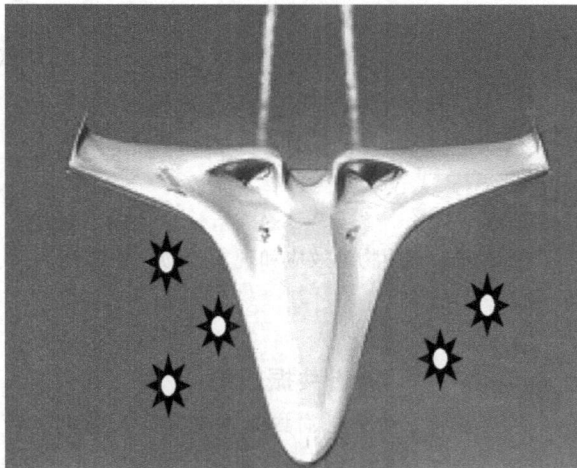

图 8-93　磁悬浮粒子防隐身飞机

例 8-100

非磁性物体裂纹检测

通过在非磁性物体表面涂覆含有磁性材料和表面活化剂颗粒的流体，检测该物体的表面裂纹。

S4.4.4　与环境一起测量的铁 – 场模型

如果系统不允许添加磁性物质，可以将其添加到外部环境中。其问题模型和解决方案模型如图 8-94 所示。

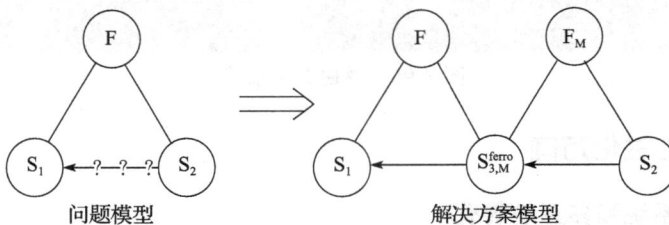

图 8-94　与环境一起测量的铁 – 场模型

▌例 8-101

波纹的形成过程研究

当船舶从水中驶过时，会形成波纹。为了研究这些波纹的形成过程，可以在水中添加铁磁粉末来进行辅助测量。

S4.4.5 应用物理效应和现象

物 – 场模型或预 – 铁 – 场模型的测量或探测有效性可以通过应用物理现象和效应得到加强。例如，居里效应、霍普金森效应、巴克豪森效应、霍尔效应、磁滞现象、超导性等。其问题模型和解决方案模型如图 8-95 所示。

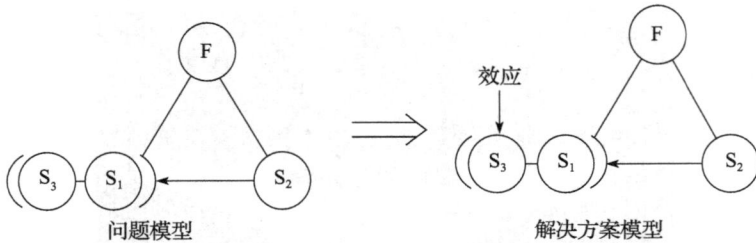

图 8-95 应用物理效应和现象的物 – 场模型

▌例 8-102

核磁共振成像

因为在磁场中的原子核会沿磁场方向呈正向或反向有序平行排列，而施加无线电波之后，原子核的自旋方向发生翻转。医学家发现水分子中的氢原子可以产生核磁共振现象，利用这一现象可以获取人体内水分子分布的信息，从而精确绘制人体内部结构，实现人体的检测（见图 8-96）。

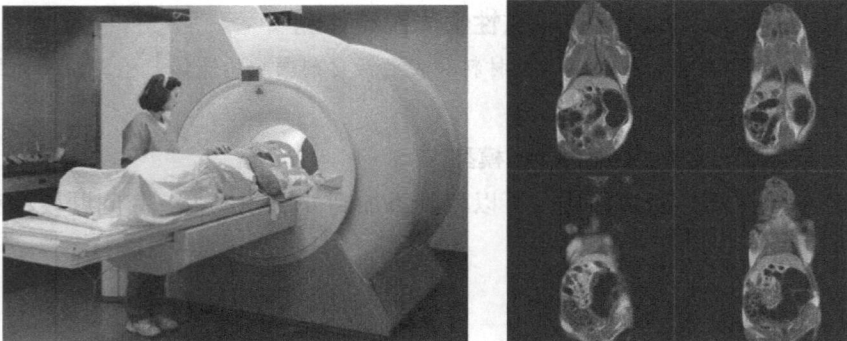

图 8-96 核磁共振成像

S4.5 测量系统的进化方向

S4.5.1 向双系统和多系统转化

如果单一测量系统不能给出足够的精度，可以应用两个或者更多的测量系统。其问题模型和解决方案模型如图 8-97 所示。

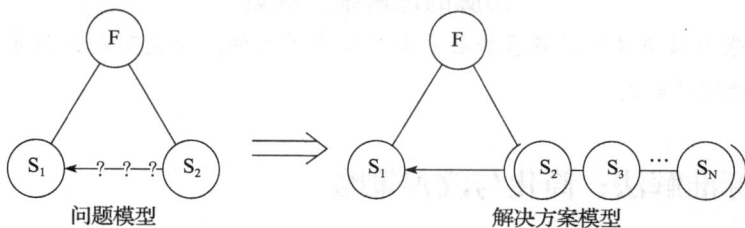

图 8-97　向双系统和多系统转化的物 – 场模型

例 8-103

配镜验光

验光师在给人们进行配镜时，使用多传感器融合技术的仪器远处聚焦、近处聚焦、视网膜整体的一致性等多项指标，以全面反映整体视力水平（见图 8-98）。

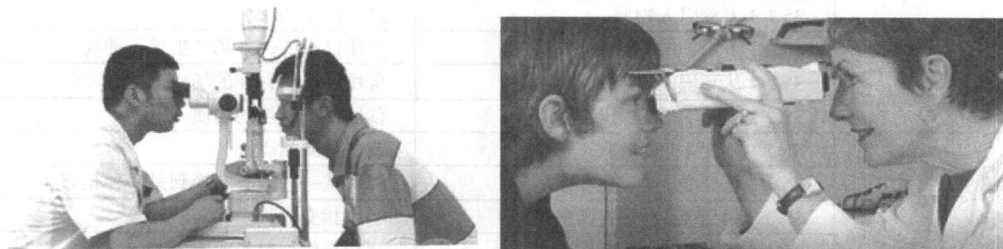

图 8-98　配镜验光

例 8-104

温度测量

很难测量一只小甲虫的温度，如果有许多小甲虫堆放在一起，温度可以很容易测量出来。

S4.5.2　进化方向

不直接测量，而是在时间或者空间上测量第一阶或者第二阶的衍生物，检测系统向检测受控功能的衍生物的方向进化。测量和检测系统沿着以下方向进化：测量一个功能→测量功能的一阶导数→测量功能的二阶导数。其问题模型和解决方案模型如图 8-99 所示。

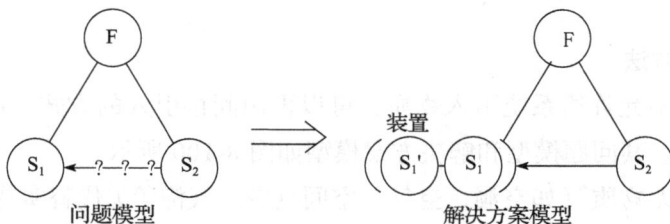

图 8-99　进化方向的物 – 场模型

例 8-105

山脉的地震张力测量

山脉的地震张力以前是通过测量岩石的电导率来得到的。为提高测量精度，现在是通过测量电导率的变化速度得到的。

8.6 第 5 级标准解法：简化与改善策略

第 5 级中的标准解法专注于对系统的简化和改善，引导人们如何使得系统不会增加任何新的东西，不会使系统复杂化，即使在引入新的物质或新的场的情况下。第 5 级有 5 个子级共 17 种解法。其具体内容如表 8-7 所示。

表 8-7 第 5 级：简化与改善策略

子　　级	标准解法	问题解读
S5.1 引入物质	S5.1.1 间接方法	使用多种间接方式
	S5.1.2 分裂物质	将物质分割为更小的组成部分
	S5.1.3 物质的"自消失"	添加物使用完毕后自动消失
	S5.1.4 大量引入物质	加入虚空物质
S5.2 引入场	S5.2.1 可用场的综合使用	应用已有的一种场产生另一种场
	S5.2.2 从环境中引入场	应用环境中存在的场
	S5.2.3 利用物质可能创造的场	使用能产生场的物质
S5.3 相变	S5.3.1 相变 1：变换状态	改变物质相态
	S5.3.2 相变 2：动态化相态	物质从一种相态转换到另一种相态
	S5.3.3 相变 3：利用伴随的现象	利用相变过程中伴随的现象
	S5.3.4 相变 4：向双相态转化	双相态代替单一相态
	S5.3.5 状态间作用	利用相态间的相互作用
S5.4 应用物理效应和现象 的特性	S5.4.1 自我控制的转化	如果物体必须周期性地在不同的物理状态中调节和转换，这种转化可以通过物体本身可逆的物理转化来实现
	S5.4.2 放大输出场	如果要求弱感应下的强作用，物质转换器需接近临界状态，输出场放大
S5.5 根据实验的标准解法	S5.5.1 通过分解获得物质粒子	通过降解获得物质粒子
	S5.5.2 通过结合获得物质粒子	通过组合获得物质粒子
	应用标准解法 S5.5.1 及标准解去 S5.5.2	标准解法 S5.5.1 及标准解法 S5.5.2 结合使用

以下将针对每一个具体解法通过举例来进行解读。

S5.1 引入物质

S5.1.1 间接方法

如果工作状况不允许给系统引入物质，可以再用间接引入的方式。以下将分开讲解每一种间接引入方式。其问题模型和解决方案模型如图 8-100 所示。

（1）使用"虚无物质"（如空洞、空气、空间真空、气泡等）代替实物。

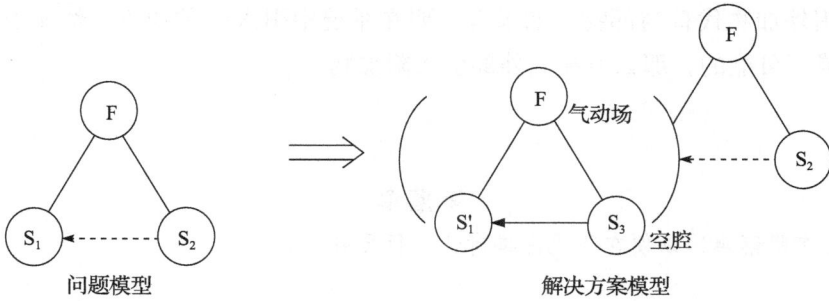

图 8-100　间接方法的物 – 场模型

例 8-106

水中气泡

当跳水运动员在发生误跳动作时，为了防止运动员坠入水中后会造成伤害，教练踩下脚踏板，让压缩气瓶中的空气通过安装在水池底部多孔的管道涌出，使水池内的水变成充满气泡的"软水"（见图 8-101）。

图 8-101　气泡水池

（2）引入场代替物质。

例 8-107

测量移动细丝的伸展

为测量移动细丝的伸展，通过给其加上电荷测量线性电荷密度而获得。

例 8-108

磁场感应铁钉位置

想知道墙壁内铁钉的位置，不需要使用凿子一个地方一个地方地凿洞，用磁场直接来检测。

（3）使用外加物代替内部物。如果有必要在系统中引入一种物质，然而引入物质内部是不允许的或不可能的，那么就在其外部引入附加物。

▌例 8-109

降落伞

飞机中备有降落伞，以便在飞机出事时让飞行员脱险。

▌例 8-110

金属片包裹用于物体修补

对折断的物体进行修补，如果不改变其内部的结构，则以直接在外部用金属片包裹。

（4）应用少量高活性添加物。

▌例 8-111

液动压的降低

为降低一种用于拉伸管道润滑剂的液动玉，在润滑剂中加入 0.2% ~ 0.8% 的聚甲基丙烯酸酯。

（5）只在特定位置引入一定添加物。

▌例 8-112

靶向疗法

为了避免药物对身体的健康造成严重负面影响，将药物集中在疾病的准确部位上。

（6）临时引入添加物，然后再将其除掉。

▌例 8-113

无磁空心零件的遥控磁性取向的获得

为了获得无磁空心零件遥控磁性取向，应事先在零件里边放入铁磁粒子。

（7）利用模型或复制品代替实物，允许在其中引入添加物。

▌例 8-114

增加立体研究的准确性

为增加立体研究的准确性，通过使用放在物体透明模型内部的一个液体水平面来获得三维体的平面复制品，模型空间形状可以很容易进行修改。

（8）不能直接引入某种物质，可以引入能通过反应或衍生产生所需物质的物质。

例 8-115

食盐补钠

人体需要钠但直接向人体添入金属钠是有害的，可以用化合物食盐来替代，食盐中的钠则可以被人体吸收。

（9）通过电解或相变，从环境或物体本身分解得到所需要的添加物。

例 8-116

臭氧消毒

臭氧对微生物有较强的杀伤力，利用环境物质（空气）进行分解而获得的臭氧引入水中，用以加强水的消毒作用。

S5.1.2 分裂物质

将物质分割为更小的组成部分。其问题模型和解决方案模型如图 8-102 所示。

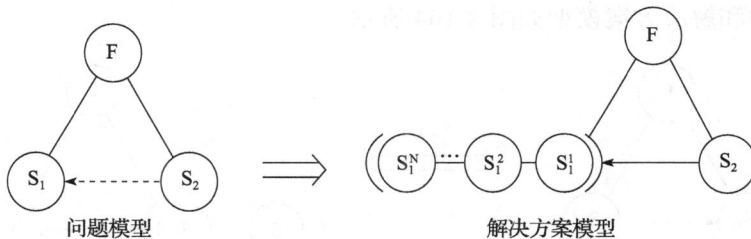

图 8-102 分割物质的物 – 场模型

例 8-117

气流噪声的降低

气流产生噪声的解决方案是将基本气流分为两股流，从不同的方向形成涡流，并相互抵消。

S5.1.3 物质的"自消失"

被引入的添加物在完成其功能后，自动消失或变得与系统环境中己有的物质相同。其问题模型和解决方案模型如图 8-103 所示。

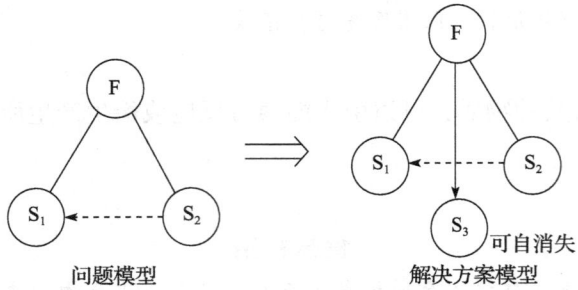

图 8-103　物质的"自消失"的物 – 场模型

例 8-118

人工降雨

使用干冰人工降雨，降雨后不会留下任何痕迹。

例 8-119

粗糙物体的打磨

用冰把粗糙物体的表面打磨光滑，冰溶化后消失。

S5.1.4　大量引入膨胀结构和泡沫

如果工作状况不允许大量物质的引入，应用膨胀结构或泡沫使物 – 场相互作用正常化。其问题模型和解决方案模型如图 8-104 所示。

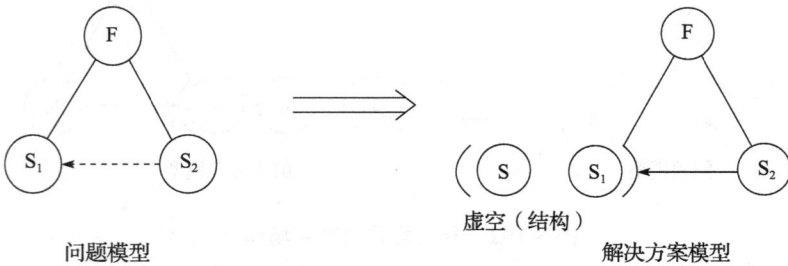

图 8-104　大量引入膨胀结构和泡沫的物 – 场模型

例 8-120

用充气结构抬起空难飞机

空难后要移走飞机，将充气结构放在机翼下面，当充气以后，可以将飞机抬起，运输车可以放到充气结构的下面去。

例 8-121

物体内部增加空洞可以减轻物体的重量

将物体内部做成带有孔状的空洞结构以减轻物体的重量。

S5.2 引入场

S5.2.1 可用场的综合使用

应用已有的一种场产生另一种场。其问题模型和解决方案模型如图 8-105 所示。

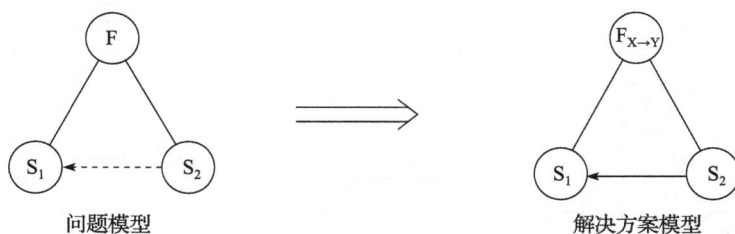

图 8-105 可用场的综合使用的物－场模型

┃┃例 8-122

电场产生磁场

电与磁是一对孪生兄弟，均匀变化的电场可以产生稳定的磁场，均匀变化的磁场也可以产生稳定的电场；周期性变化的电场产生周期性变化的磁场，周期性变化的磁场也可以产生周期性变化的电场。因此，很容易做到应用已有的电场产生磁场。

S5.2.2 从环境中引入场

如果可以给物－场模型引入场，但又不能依据标准解法 S5.2.1 那样去做，则尝试应用环境中已存在的场。其问题模型和解决方案模型如图 8-106 所示。

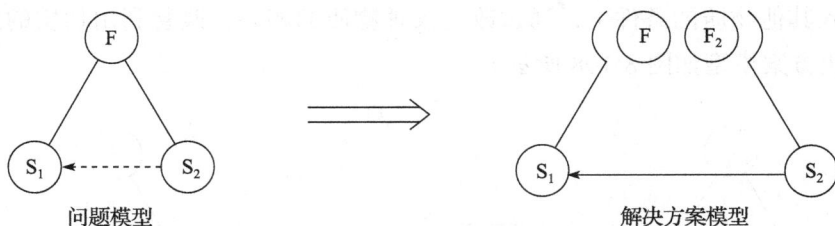

图 8-106 从环境中引入场的物－场模型

┃┃例 8-123

汽车尾气的处理

在汽车中采用引擎散热剂作为一种热能（场）资源使乘客取暖，而不是直接使用燃料。

┃┃例 8-124

设备的冷却

电子设备使用各个组成部分产生的热量，形成气流冷却设备，而无须额外增加风扇，使整体设备的性能提升。

S5.2.3　利用物质可能创造的场

利用系统或外部环境中已有的物质作为媒介物或源而产生的场。其问题模型和解决方案模型如图 8-107 所示。

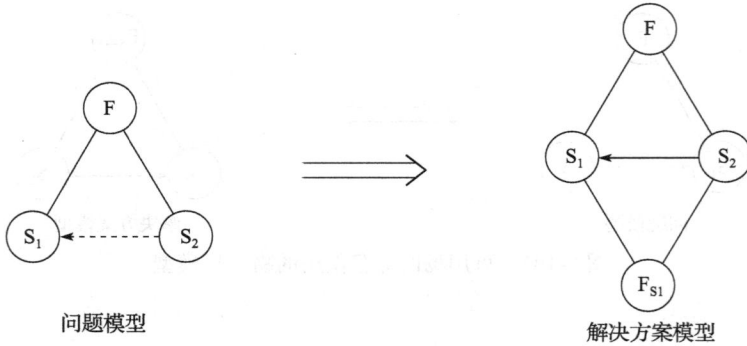

图 8-107　利用物质可能创造的场的物 – 场模型

▌例 8-125

肿瘤治疗

医生将放射性物质植入病人的肿瘤部位，来杀死癌细胞，不久后再进行清除。

S5.3　相变

S5.3.1　相变 1：变换状态

在不引入其他物质的条件下，通过改变某种物质的相态，改善利用物质的效率。其问题模型和解决方案模型如图 8-108 所示。

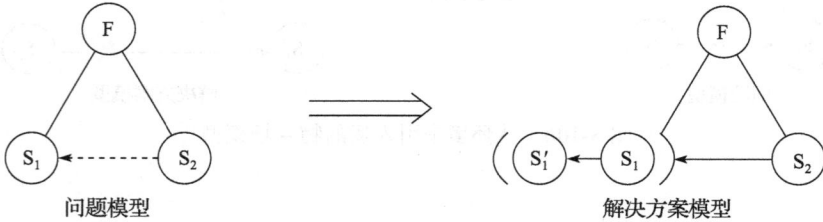

图 8-108　相变 1：变换状态的物 – 场模型

▌例 8-126

潜水员的水下呼吸器

为解决潜水员能较长时间停留在水中，氧气瓶中的氧为液态氧。利用氧气由液态转换为气态的相变来满足对氧气的大量需求。

例 8-127

舞台烟雾

利用干冰来做舞台烟雾,如图 8-109 所示。

图 8-109 利用干冰来做舞台烟雾

S5.3.2 相变 2:动态化相态

根据工作条件的变化,物质由一种相态转化为另一种相态,利用物质的这种能力可以提供"双重"特性。其问题模型和解决方案模型如图 8-110 所示。

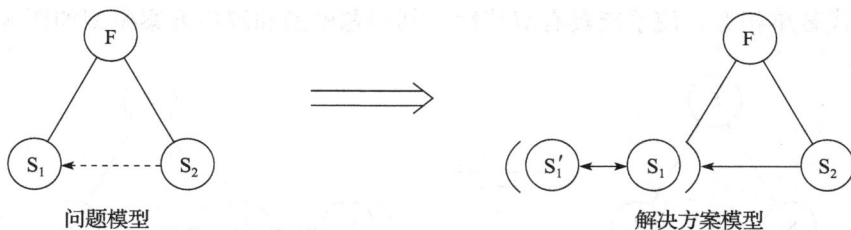

问题模型   解决方案模型

图 8-110 相变 2:动态化相态的物 – 场模型

例 8-128

滑冰刀片

在滑冰过程中,通过将刀片上的冰转化成水来减小摩擦力,然后水又结成冰。

S5.3.3 相变 3:利用伴随的现象

利用相变过程中伴随出现的现象。在所有相变类型中,随着聚合状态的改变,物质的结构、密度、导热系数也发生变化。此外,在相变过程中还伴随能量的释放或吸收。其问题模型和解决方案模型如图 8-111 所示。

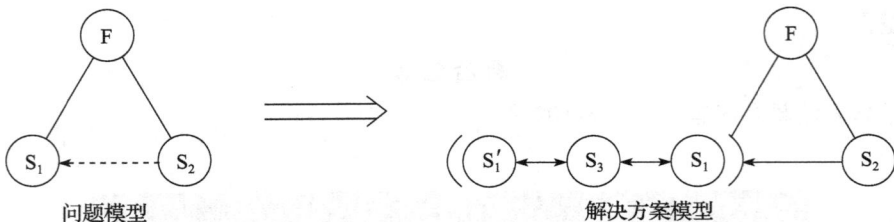

图 8-111   相变 3：利用伴随的现象的物 – 场模型

例 8-129

暖手器

液体热宝里面有一个盛有液体的塑料袋，袋内同时还有一个薄金属片，金属片在液体中弯曲可以产生一定的信号，信号触发液体使其转变为固体并释放热量，全转变为固体后，将暖手器放在热水或微波炉中即可还原。

例 8-130

岩石破碎

利用水在固态（冰）下膨胀的特性，来产生压力使岩石破碎。

S5.3.4   相变 4：向双相态转化

双相态代替单相态，使系统具有双特性。其问题模型和解决方案模型如图 8-112 所示。

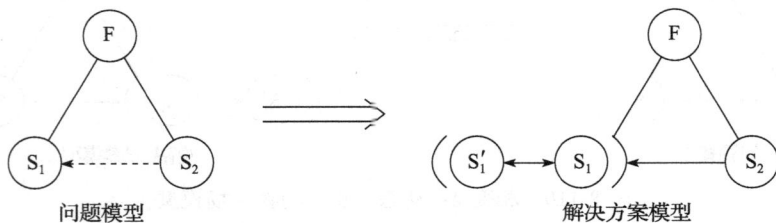

图 8-112   相变 4：向双相态转化的物 – 场模型

例 8-131

降低切削噪声

为减少噪声，捕获切削过程中产生的气泡和碎片。用泡沫盖住加工区，工具可以穿过泡沫，但噪声和气泡却穿不过去。

例 8-132

抛光坚硬物体的表面

利用熔化的铅和铁磁性研磨颗粒作为研磨介质，来抛光坚硬物体的表面。

S5.3.5　状态间作用

利用系统的相态间的相互作用增强系统的效率。其问题模型和解决方案模型如图 8-113 所示。

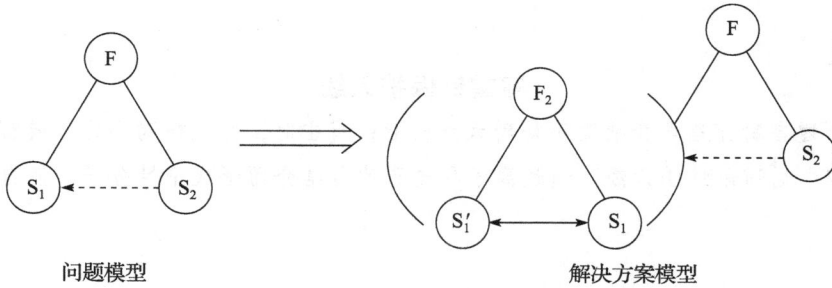

图 8-113　状态间作用的物 – 场模型

▐ 例 8-133

空调制冷

空调机中的制冷剂液体经压缩时吸收热量，冷凝时放出热量，周而复始，不断循环。

▐ 例 8-134

白兰地的保存

白兰地经过两次蒸馏后放在木桶中保存，这是木材和液体之间的相互作用。

S5.4　应用物理效应和现象的特性

S5.4.1　自我控制的转化

如果物体必须周期性地在不同的物理状态中调节和转换，这种转化可以通过物体本身可逆的物理转化来实现，如电离 – 再结合、分解 – 组合等。其问题模型和解决方案模型如图 8-114 所示。

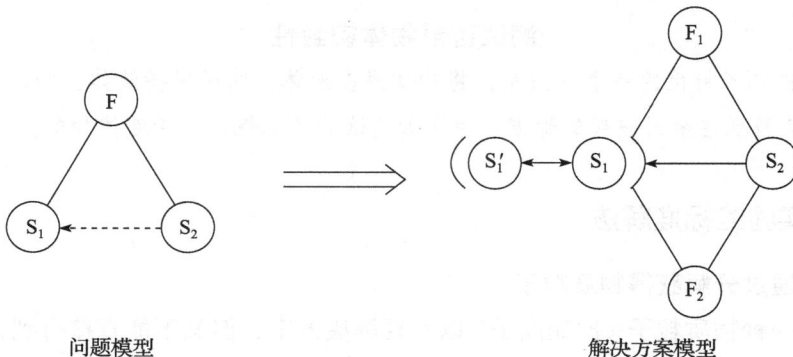

图 8-114　自我控制的转化的物 – 场模型

▍例 8-135

变色太阳镜

变色太阳镜在阳光下颜色变深，在阴暗处又恢复透明。

▍例 8-136

避雷针保护天线

在常态下避雷针充当电介质而不妨碍天线机能；雷击时，空气被离子化，避雷针作为电传异并形成一闪电通道以保护天线，通过离子和电子的再结介而形成中性分子，使自然状态得以恢复。

S5.4.2   放大输出场

如果要求弱感应下的强作用，物质转换器需接近临界状态，能量聚集在物质中，感应像"扣扳机"一样来工作。其问题模型和解决方案模型如图 8-115 所示。

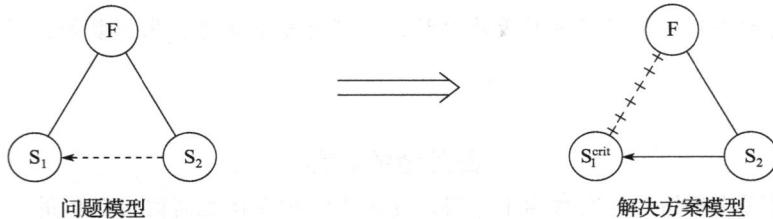

图 8-115   放大输出场的物 – 场模型

▍例 8-137

电流的控制

真空管、继电器和晶体管可以通过很小的电流控制大电流。

▍例 8-138

测试密封物体密封性

测试密封物体密封性的一个方法是，将物体浸在液体，同时保持液体上的压力小于物体中的压力，气泡会显现在密封破裂的地方。为增加测试的可见性，可将液体加热。

S5.5   根据实验的标准解法

S5.5.1   通过分解获得物质粒子

如果需要一种物质粒子（比如离子）以实现解决方案，但又不能直接得到，则可以通过分解更高结构级的物质（比如分子）来得到。其问题模型和解决方案模型如图 8-116 所示。

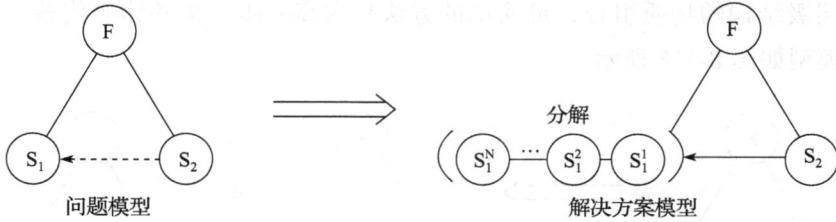

图 8-116　通过分解获得物质粒子的物 – 场模型

例 8-139

电解得到氢气

如果系统需要氢，但又不能直接引入氢，则可以考虑引入水，再将水电解转化为氢和氧。

S5.5.2　通过结合获得物质粒子

若在解决问题时。需要某种物质的粒子，如分子，根据问题的特定条件，无法通过标准解 S5.5.1 获得，则可以考虑通过化合物质某低层级结构的物质获得，如离子。其问题模型和解决方案模型如图 8-117 所示。

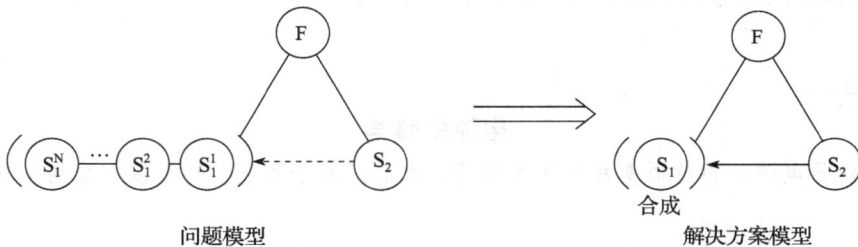

图 8-117　通过结合获得物质粒子的物 – 场模型

例 8-140

水分子联合体减少船的动阻力

为减少轮船的流体动阻力，利用高分子混合物来应用 Thoms 效应（汤姆斯效应），然而，这将伴随着大量聚合体的浪费，因此可以在电磁场下生成水分子的联合体。

例 8-141

树木的光合作用

树木吸收水分、二氧化碳，并且运用太阳光进行光合作用，得以茁壮成长。

S5.5.3　应用标准解法 S5.5.1 及标准解法 S5.5.2

如果需要更高层级结构的物质降解，又不能降解，就用次高水平物质代替，如果某一物质需要低层级结构的物质组合，最简单的方法是次高一级结构的物质代替。其问题模型和解决方案模型如图 8-118 所示。

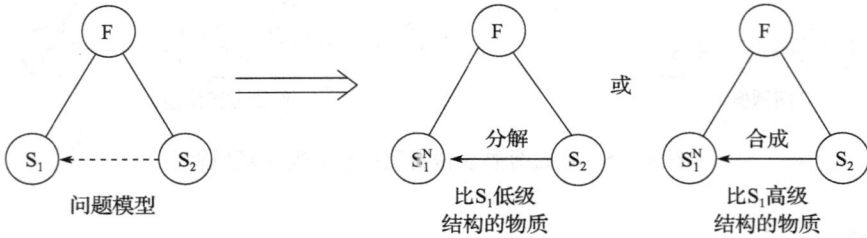

图 8-118　应用标准解法 S5.5.1 及标准解法 S5.5.2 的物 – 场模型

▌例 8-142

避雷针保护天线

使用避雷针保护天线，但会妨碍天线预期功能的实现能力。为解决这个问题，避雷针以低压下内在的空气作为电介质的方式制成。当避雷针静止时担当电介质因而不妨碍天线机能；当雷击时，空气变成离子，避雷针变成电导体以保护天线。通过气体分子分解生成解决方案所要求的离子，通过离子和电子的再结合而形成中性的分子。

▌例 8-143

电流的传导

如需要传导电流，将物质变成离子和电荷，之后，离子和电荷还可以继续组合在一起。

8.7　标准解法的应用

8.7.1　物 – 场分析与标准解法

物 – 场分析法是 TRIZ 理论的重要组成部分，更是一个重要的发明创新问题的分析工具，用来分析技术系统有关的模型问题。我们知道实现一个技术系统的功能，至少需要物质和相互作用两个必不可少的元素。物质通过相互作用最终实现系统的功能；而相互作用则以物质作为动作的依托，两者缺一不可，显然，以物质和相互作用为基本元素的物 – 场模型分析，也直指解决发明问题的本质所在。物 – 场分析可以反映出一个技术系统中存在的根本问题。

由 8.1 节的阐述可知，标准解法是基于物 – 场模型分析的一个解题工具，后者有很明显的传承关系。我们可以把无数个技术系统，按物 – 场模型分析后归纳到不同的类别中，再查找相应的标准解法。

鉴于以上的分析，我们可以将物 – 场分析法和标准解法结合使用（前面对每一级解法的讲解中有许多结合使用的案例），找到许多实际问题的解决方案，完成创新设计。首先将实际问题转化成物－场模型，根据模型的类型在对应的子级中找到该模型的标准解，在此基础上，再将标准解具体化得到实际问题的新原理解。其具体过程如图 8-119 所示。

图 8-119　物－场分析与标准解法

8.7.2　标准解法的应用流程

从 8.2 节到 8.6 节介绍可知：物－场分析模型的标准解分为 5 级、18 个子级，共 76 种标准解法，给实际问题提供了丰富的解决方法。但辩证地看待这 76 种标准解法可以发现，由于标准解法数量较多，内容复杂，导致使用起来极不方便，如果选择不当，势必降低标准解法解决问题的效率，事倍功半。为了让发明问题标准解法的使用能够循序渐进，变得比较容易操作。总结以下四个步骤。

第一步：确定所面对的问题类型

首先要确定所面对的问题是属于哪一类的问题，是要对系统进行改进，还是对某件物体有测量或探测的需求。问题的确定过程是一个复杂的过程，可以按照下列顺序进行：

（1）问题工作状况的描述，以图文并茂的方式介绍问题状况的描述为最好。

（2）将产品或系统的工作过程进行分析，尤其是物流过程需要表达清楚。

（3）组件模型分析包括系统、子系统、超系统这三个层面的组件，以确定可用资源。

（4）功能结构模型分析是将各个元件间的相互作用表达清楚，用物－场模型的作用符号进行标记。

（5）确定问题所在的区域和组件，划分出相关的元件，作为下一步工作的核心。

第二步：对技术系统进行改进

如果面临的问题是要求对技术系统进行改进，则应按下列顺序进行：

（1）建立现有技术系统的物－场模型。

（2）如果是不完整的物－场模型，应用标准解法第 1 级中的 8 种标准解法。

（3）如果是有害效应的完整物场模型，应用标准解法第 1 级中的 5 种标准解法。

（4）如果是效应不足的完整物场模型，应用标准解法第 2 级中的 23 种标准解法和标准解法第 3 级中的 6 种标准解法。

第三步：对某个组件进行测量或探测

如果问题是对某个组件有测量或探测的需求，应用标准解法第 4 级中的 17 种标准解法。

第四步：标准解法简化

当获得了对应的标准解法和解决方案，检查模型（即技术系统）是否可以应用标准解法第 5 级中的 17 种标准解法来进行简化。标准解法第 5 级也可以被认为是否有强大的约束限制着新物质的引入和交互作用。

在应用标准解法的过程中，必须紧紧围绕技术系统所存在问题的最终理想解，并考虑系统的实际限制条件，灵活地进行运用，并追求最优化的解决方案。在很多情况下，综合应用多个标准解法，对问题的彻底解决具有积极的意义，特别是第 5 级中的 17 种标准解法。

总结以上步骤，绘制如图 8-120 所示的标准解法的应用流程图。

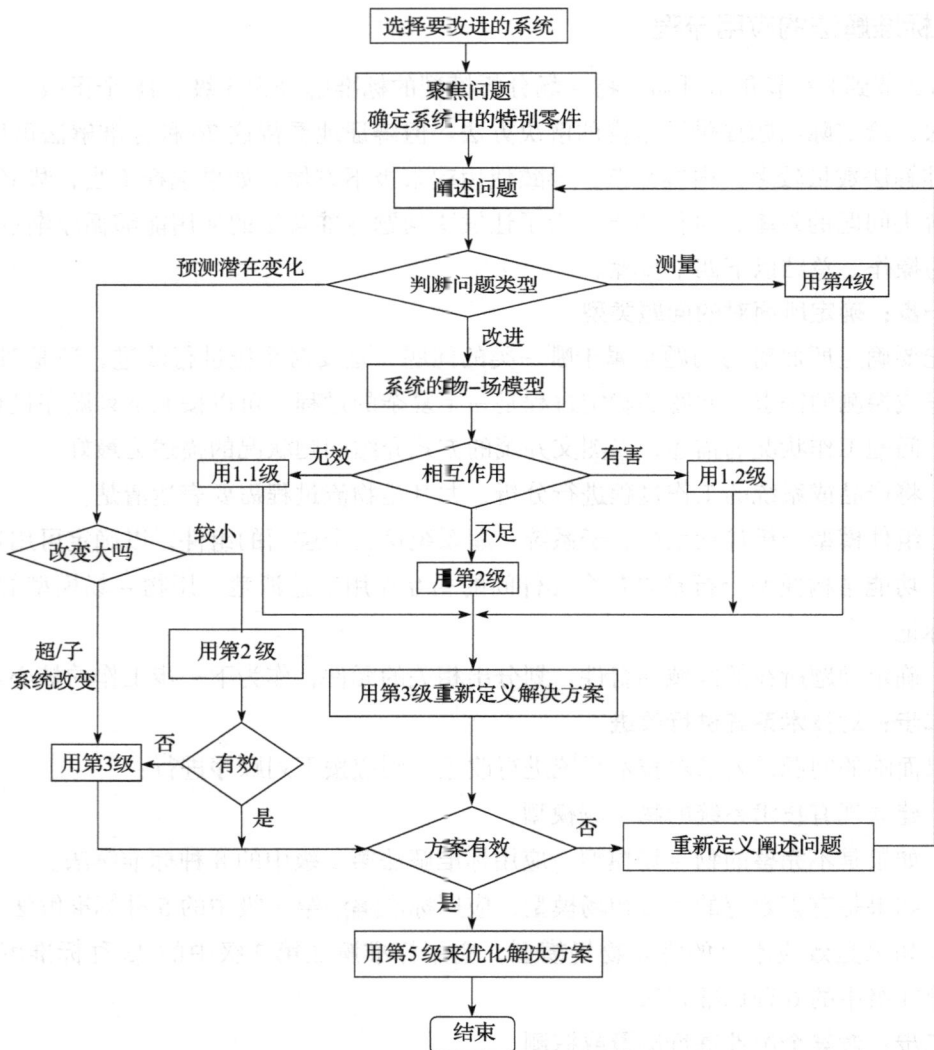

图 8-120   发明问题标准解法应用流程

8.7.3　标准解法的应用案例

例 8-144

飞机的隐身设计

本节继续以第 2 章所提到的飞机的隐身设计作为标准解法的应用案例。飞机的隐身技术即设法降低飞机的可探性，使之不易被敌方发现、跟踪和攻击的专门技术，当前的研究重点是雷达隐身技术和红外隐身技术。早在第二次世界大战中，美国便开始使用隐身技术来减少飞机被敌方雷达发现的可能。

由于一般飞机的外形比较复杂，总有许多部分能够强烈反射雷达波，像发动机的进气道和尾喷口、飞机上的凸出物和外挂物、飞机各部件的边缘和尖端以及所有能产生镜面反射的表面。因此，早期的隐身技术是对飞机外形和结构做较大的改进，所以我们能看到一些现役隐身飞机的外形十分独特，如美国的 F117 隐身战斗机，其隐身的主要原理是依靠奇特的外形设计、特种材料及特种涂料的共同作用。但 F117 战机也有自身不可避免的缺陷，如空气动力性能不好，飞行不稳定，机动性较差，飞行速度低，作战能力低下等。1993 年 3 月 27 日，一架 F117 误入敌方的探测和攻击范围，结果被老式的萨姆 3 导弹击落。随后一架 F117 也被击伤。

以下利用标准解法及其应用流程实现飞机的隐身设计创新。

第一步：问题描述

飞机隐身设计早期技术是采取对飞机外形做出较大改变的方法，但外形改变又会影响飞机的其他性能。为了不被雷达等探测仪器检测到飞机行踪，应采取相应手段既能达到好的隐身目的，又能克服以前旧技术自身的弊端。

第二步：确定问题类型并建立物 – 场模型

按照标准解法类型，此创新所面临的问题类型既可以定位为典型的测量和探测问题，也可定位为建立和拆解物 – 场模型中有害效应处理的问题（注意，此时应站在隐身飞机角度，雷达对其进行探测就是一种有害效应）。

鉴于以上分析，建立如图 8-121 所示的有害效应物 – 场模型。此时飞机和探测雷达同属于一个超系统中，S_1 为飞机，S_2 为探测雷达。

第三步：利用标准解对系统进行改进

对标准解法使用的一个重要原则是综合性和灵活性，查找第 4 级 17 种标准解法内容，选出标准解法 S4.2.3，以及第 1 级 13 种标准解法内容，选出标准解法 S1.1.5 与 S1.2.1。解法的内涵为：

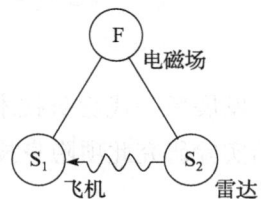

图 8-121　有害效应物 – 场模型

（1）S1.1.5 与环境和添加物一起的物 – 场模型：不允许在物质内外部引入添加物时可在环境中引入添加物。S1.2.1 引入 S_3 消除有害效应：系统存在有害作用，又无法限制 S_1 和 S_2 接触，在二者间引入 S_3 以消除有害作用。S4.2.3 与环境一起的测量的物 – 场模型：

不能引入添加物，可以在外部环境加入物质，对其进行测量。

综合以上三种解法，对于子系统飞机来说，不宜采取对系统本身做物质上的改变（旧技术对飞机外形做改变），在外部环境（即飞行环境）添加物质 S_3 来抵消雷达的探测是可行的（见图 8-122）。

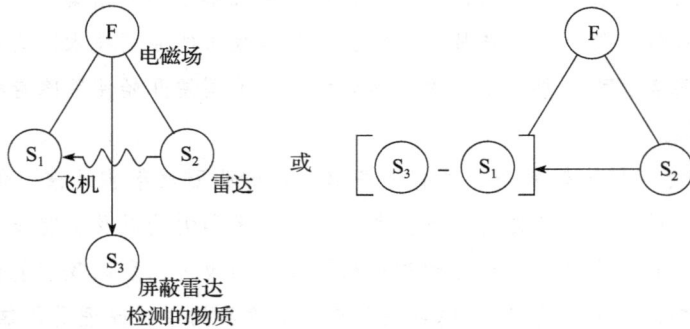

图 8-122　标准解法下的物 – 场模型

（2）解法改进为：在飞机和雷达之间加入物质的第四态等离子体，如利用放射性同位素发射 α 粒子，将周围空气电离，形成等离子体，吸收电磁波的能量，从而达到隐身目的（见图 8-123）。

图 8-123　α 粒子电离空气吸收电磁波

发展新一代隐身技术是世界各军事大国的目标，目前，俄罗斯、美国等国家已经相继开始实验研究此项隐身技术创新方法。

8.8　标准解法和发明原理的关系

近年来，TRIZ 专家们对 76 种标准解法与 40 条发明原理之间的关系进行了尝试性的研究，并取得了一些阶段性的成果。我们知道，40 条发明原理因其使用的时间比较长（是在

20 世纪 40 年代到 1972 年之间发明出来的），并且关于 40 条发明原理的英文、中文等参考资料都相对较多，已经相对成熟，所以是 TRIZ 最流行的工具之一，在全球范围内已经形成了统一、系统的认识。相对而言，76 种标准解法由于其复杂性和高水平级别的特点，被人们普遍接受、认知还比较困难。鉴于此，本节将其与 40 条发明原理结合起来，探讨其中的关系，将为人们学习理解 76 种标准解法提供更加广阔的思路，从而更好、更快捷地获得问题的解决方案。

从前面章节我们知道，阿奇舒勒通过对大量的专利进行研究、分析和总结提炼出了 TRIZ 理论中最重要的、具有普遍用途的 40 条发明原理，这 40 条发明原理蕴含了人类发明创新所遵循的共性原理，是 TRIZ 中用于解决矛盾的基本方法。本章主要阐述了物－场模型分析下的 76 种标准解法。可以定性地理解，每一种解法绝不是随意提出的，它的背后一定存在某种原理性支撑，才可以使其经得住考验，被人们接受。可以看出，76 种标准解和 40 条发明原理具有许多相似的地方，有些方法甚至是相同的。但两种工具的出发点是不同的，40 条发明原理更偏向于原理性思考，而 76 种标准解则是从对象之间的相互关系（物－场）出发进行问题解决方法的研究。熟悉 40 条原理的人能够通过研究物－场分析和 76 种标准解法进一步扩展自己解决问题的能力。需要注意的是 TRIZ 所提供的标准解是有层次的，按级别和标准解编号由低至高。表 8-8 展示了 40 条发明原理和 76 种标准解法的对应关系。

表 8-8 76 种标准解法与 40 条发明原理之间的关系

序 号	40 条发明原理	标准解法编号	标准解法内容说明
1	分割原理	5.1.2	分裂物质
		2.2.2	物质 S_2 的分裂
		2.2.4	动态性
		3.2.1	系统转化 2：向微观级转化
2	抽取原理		
3	局部质量原理	1.1.8	选择性最大模式
		1.2.5	切断磁影响
		2.2.6	构造物质
		5.1.1	间接方法
4	增加不对称性原理	2.2.6	构造物质
5	组合原理	1.1.2 ~ 1.1.5	内部合成物－场模型、外部合成物－场模型、与环境一起的外部物－场模型、与环境和添加物一起的物－场模型
		3.1.4	双、多系统的简化
6	多用性原理		
7	嵌套原理		
8	重量补偿原理		
9	预先反作用原理		
10	预先作用原理		
11	预先防范原理	1.1.8	选择最大模式
12	等势原理		

（续）

序　号	40 条发明原理	标准解法编号	标准解法内容说明
13	反向作用原理	2.4.6	与环境一起的铁－场模型
14	曲面化原理		
15	动态化原理	2.2.4	动态性
		2.4.8	动态性
16	未达到或过度的作用原理	1.1.6	最小模式
		5.1.4	大量引入物质
17	空间维数变化原理		
18	机械振动原理	2.3.1	匹配 F、S_1、S_2 的节奏
		2.4.10	在铁－场模型中匹配节奏
		4.3.2	应用样本的谐振
19	周期性作用原理	2.2.5	构造场
		2.4.10	在铁－场模型中匹配节奏
20	有效作用的连续性原理	2.3.3	匹配矛盾或预先独立的动作
21	减少有害作用原理		
22	变害为利原理	1.2.2	引入改进的 S_1 或（和）S_2 来消除有害效应
23	反馈原理	5.4.1	自我控制的转化
		2.4.8	动态性
24	借助中介物原理	1.1.7	最大模式
		2.4.9	构造场
		2.4.5	合成铁－场模型
		1.1.2 ~ 1.1.5	内部合成物－场模型、外部合成物－场模型、与环境一起的外部物－场模型、与环境和添加物一起的物－场模型
		5.1.1	间接方法
		4.1.2	应用拷贝
25	自服务原理	5.4.1	自我控制的转化
		2.4.8	动态性
26	复制原理	4.1.2	应用拷贝
		5.1.1	间接方法
27	廉价品替代原理		
28	机械系统替代原理	2.2.1	使用更易控制的场
		2.4（all）	铁－场模型（合成铁－场模型）
		4.2（all）	建立测量的物－场模型
		5.1.1（2）	间接方法——利用场代替物质
29	气压和液压结构原理	2.4.3	磁性液体
		5.1.1（1）	间接方法——利用"虚无"的物质
		5.1.4	大量引入物质
30	柔性壳体或薄膜原理	2.2.6	构造物质
31	多孔材料原理	2.2.3	使用毛细管和多孔物质
		2.2.6	构造物质
		2.4.4	在铁－场模型中应用毛细管结构
32	改变颜色原理	4.1.3	测量当作二次连续检验
		4.3.1	应用物理效应和现象

（续）

序　号	40 条发明原理	标准解法编号	标准解法内容说明
33	同质性原理		
34	抛弃与再生原理	5.1.3	物质的"自消失"
35	物理或化学参数改变原理	5.3.1	相变 1：变换状态
		1.1.2 ~ 1.1.5	内部合成物 – 场模型、外部合成物 – 场模型、与环境一起的外部物 – 场模型、与环境和添加物一起的物 – 场模型
		2.4.12	流变学的液体
36	相变原理	5.3（all）	相变
		2.4.7	应用自然现象和效用
		4.1.1	以系统的变化代替检验或测量
		4.3.1	应用物理效应和现象
37	热膨胀原理	4.1.1	以系统的变化代替检验或测量（通过热膨胀效应控制系统，不再测量温度）
		4.3.1	应用物理效应和现象（测量体积膨胀代替测量温度）
38	强氧化剂原理	5.5（all）	根据实验的标准解法
		5.1.1（4）	应用少量高活性添加物
39	惰性环境原理	1.1.3	外部合成物 – 场模型
		1.1.5	环境和添加物一起的物 – 场模型
40	复合材料原理	5.1.1（1）	间接方法——利用"虚无"的物质

思考题

1. 简答题

（1）简述标准解法和一般解法的关系。

（2）76 种标准解法分为几级？每一级都侧重解决哪些问题？

（3）物 – 场分析与标准解法之间有什么关系？

（4）简述标准解法应用流程。

2. 案例分析

机械式立体车库可有效解决停车难等问题，在现有的传统式立体车库中，车库整体固定不动，存取车辆的载车台，载车台可相对车库框架升降横移运动，平衡机构保证载车台不倾翻，如图 8-124 所示。但是只有载车台移动的车辆存取效果不足，若通过提高载车台的运转速度来提高存取车辆效率，会增加车库运转的安全隐患。现请结合标准解法的应用流程，提出你的创新方案。

图 8-124　立体车库

参 考 文 献

[1] 陈光.创新思维与方法 TRIZ 的理论与应用 [M].北京：科学出版社，2011.

[2] 陈国强，王振，董超.基于 TRIZ 创新理论的便携式耳机设计 [J].包装工程，2013（12）.

[3] 成思源，周金平，郭钟宁.技术创新方法 TRIZ 理论及应用 [M].北京：清华大学出版社，2014.

[4] 创新方法研究会，中国 21 世纪议程管理中心.创新方法教程（初级）[M].北京：高等教育出版社，2012.

[5] 创新方法研究会，中国 21 世纪议程管理中心.创新方法教程（中级）[M].北京：高等教育出版社，2012.

[6] 创新方法研究会，中国 21 世纪议程管理中心.创新方法教程（高级）[M].北京：高等教育出版社，2012.

[7] 高常青.TRIZ- 发明问题解决理论 [M].北京：科学出版社，2011.

[8] 高山行.知识产权理论与实务 [M].西安：西安交通大学出版社，2008.

[9] 根里奇·阿奇舒勒.创新算法：TRIZ、系统创新和技术创造力 [M].谭培波，茹海燕，谭增波，译.武汉：华中科技大学出版社，2008.

[10] 韩博.TRIZ 理论中的 STC 算子的应用研究 [J].科技创新与品牌，2015（5）.

[11] 韩雪.TRIZ 创新方法在研发中的应用 [J].读写算（教育教学研究），2015（50）.

[12] 胡建伟.基于 TRIZ 物 – 场分析方法的管理创新研究 [D].东北林业大学，2012.

[13] 黄庆，周贤永，杨智懿.TRIZ 技术进化理论及其应用研究述评与展望 [J].科学学与科学技术管理，2009（4）.

[14] 江帆，王一军，胡一丹.基于 TRIZ 理论的机构创新设计实例分析 [J].广州大学学报（自然科学版），2013（1）.

[15] 李海军，丁雪燕.经典 TRIZ 通俗读本 [M].北京：中国科学技术出版社，2009.

[16] 刘训涛，曹贺，陈国晶.TRIZ 理论及应用 [M].北京：北京大学出版社，2011.

[17] 彭开元，叶际隆，方春平，等.TRIZ 理论在自行小车优化设计中的应用 [J].机械制造与自动化，2014（6）.

［18］ 潘承怡 .TRIZ 理论与创新设计方法［M］.北京：清华大学出版社，2015.

［19］ 沈萌红 .创新的方法 TRIZ 理论概述［M］.北京：北京大学出版社，2011.

［20］ 沈世德 .TRIZ 法简明教程［M］.北京：机械工业出版社，2010.

［21］ 孙峰华 .TRIZ 创新理论与应用原理［M］.北京：科学出版社，2010.

［22］ 王传友 .TRIZ 新编创新 40 法及技术矛盾与物理矛盾［M］.西安：西北工业大学出版社，2010.

［23］ 文宗川，赵宏娟 .基于 TRIZ 理论的输电线路鸟害防治研究［J］.黑龙江科学，2014（11）.

［24］ 吴学彦 .TRIZ 技术进化理论在产业技术进步中的应用研究［J］.河南科技，2012（12）.

［25］ 徐起贺，任中普，戚新波 .TRIZ 创新理论实用指南［M］.北京：北京理工大学出版社，2011.

［26］ 严国平，严淑 .TRIZ 方法的实践体验与企业的创新思考［J］.科技创业月刊，2016（1）.

［27］ 颜惠庚，杜存臣 .技术创新方法实战 TRIZ 训练与应用［M］.北京：化学工业出版社，2014.

［28］ 颜惠庚，赵昊昱 .技术创新方法提高 TRIZ 流程与工具［M］.北京：化学工业出版社，2012.

［29］ 杨清亮 .发明是这样诞生的［M］.北京：机械工业出版社，2006.

［30］ 于惠玲 .简明创新方法教程［M］.北京：中央广播电视大学出版社，2014.

［31］ 赵敏，史晓凌，段海波 .TRIZ 入门及实践［M］.北京：科学出版社，2009.

［32］ 赵新军 .技术创新理论 TRIZ 及应用［M］.北京：化学工业出版社，2004.

［33］ 张明勤 .TRIZ1141 四类模型——物场模型与标准解法［J］.科技创新与品牌，2010（6）.

［34］ 张鹏 .TRIZ 创新理论在图书选题策划中的应用［J］.科技与出版，2013（5）.

［35］ 张明勤 .TRIZ 入门 100 问：TRIZ 创新工具导引［M］.北京：机械工业出版社，2012.

［36］ 周长青，彭伟 .TRIZ 理论物 – 场模型的演化及其应用［J］.轻工机械，2010（2）.

［37］ 周长青 .TRIZ 理论物 – 场模型及其在产品设计中的应用研究［D］.杭州：浙江工业大学，2010.

［38］ 周永清，臧铁钢，吴欣，等 .TRIZ 应用研究综述及展望［J］.江苏科技信息，2015（14）.

［39］ 朱力 .应用 TRIZ 理论矛盾矩阵解决薄板玻璃加工问题［J］.新技术新工艺，2008（12）.

推荐阅读

中文书名	作者	书号	定价
创业管理（第5版）（"十二五"普通高等教育本科国家级规划教材）	张玉利 等	978-7-111-65769-9	49.00
创业八讲	朱恒源	978-7-111-53665-9	35.00
创业画布	刘志阳	978-7-111-58892-4	59.00
创新管理：获得竞争优势的三维空间	李宇	978-7-111-59742-1	50.00
商业计划书：原理、演示与案例（第2版）	邓立治	978-7-111-60456-3	39.00
生产运作管理（第6版）	陈荣秋 等	978-7-111-70357-0	59.00
生产与运作管理（第5版）	陈志祥	978-7-111-74293-7	59.00
运营管理（第6版）（"十二五"普通高等教育本科国家级规划教材）	马风才	978-7-111-68568-5	55.00
战略管理（第2版）	魏江 等	978-7-111-67011-7	59.00
战略管理：思维与要径（第4版）（"十二五"普通高等教育本科国家级规划教材）	黄旭	978-7-111-66628-8	49.00
管理学原理（第2版）	陈传明 等	978-7-111-37505-0	36.00
管理学（第2版）	郝云宏	978-7-111-60890-5	49.00
管理学高级教程	高良谋	978-7-111-49041-8	65.00
组织行为学（第4版）	陈春花 等	978-7-111-64169-8	49.00
组织理论与设计	武立东	978-7-111-48263-5	39.00
人力资源管理（第2版）	刘善仕 等	978-7-111-68654-5	55.00
战略人力资源管理	唐贵瑶 等	978-7-111-60595-9	39.00
市场营销管理：需求的创造与传递（第5版）（"十二五"普通高等教育本科国家级规划教材）	钱旭潮 等	978-7-111-67018-6	49.00
管理经济学：理论与案例（"十二五"普通高等教育本科国家级规划教材）	毛蕴诗 等	978-7-111-39608-6	45.00
基础会计学（第2版）	潘爱玲	978-7-111-57991-5	39.00
公司财务管理（第2版）	马忠	978-7-111-48670-1	65.00
财务管理	刘淑莲	978-7-111-50691-1	40.00
企业财务分析（第4版）	袁天荣 等	978-7-111-71604-4	59.00
数据、模型与决策：管理科学的数学基础（第2版）	梁樑 等	978-7-111-69462-5	55.00
管理伦理学	苏勇	978-7-111-56437-9	35.00
商业伦理学	刘爱军	978-7-111-53556-0	39.00
领导学	仵凤清 等	978-7-111-66480-2	49.00
管理沟通：成功管理的基石（第4版）	魏江 等	978-7-111-61922-2	45.00
管理沟通：理念、方法与技能	张振刚 等	978-7-111-48351-9	39.00
国际企业管理	乐国林	978-7-111-56562-8	45.00
国际商务（第4版）	王炜瀚 等	978-7-111-68794-8	69.00
项目管理（第2版）（"十二五"普通高等教育本科国家级规划教材）	孙新波	978-7-111-52554-7	45.00
供应链管理（第6版）	马士华 等	978-7-111-65749-1	45.00
企业文化（第4版）（"十二五"普通高等教育本科国家级规划教材）	陈春花 等	978-7-111-70548-2	55.00
管理哲学	孙新波	978-7-111-61009-0	59.00
论语的管理精义	张钢	978-7-111-48449-3	59.00
大学·中庸的管理释义	张钢	978-7-111-56248-1	40.00